CHINA'S PENSION ANNUITY MARKET

中国养老年金市场

发展现状、国际经验与未来战略

China's Pension Annuity Market
Current Development,
International Experience and Future Strategy

孙祁祥 郑伟 等著

经济科学出版社
Economic Science Press

致　　谢

本课题研究得到美国信安金融集团的大力支持，在此致以衷心感谢！

特别感谢以下外方专家：

施伯文：美国信安金融集团董事长、总裁兼首席执行官

韦达志：美国信安金融集团信安国际总裁

欧阳伯权：美国信安金融集团亚洲总裁

施嘉芙：信安国际公司副总裁

袁时奋：信安国际亚洲区副总裁

崔素芳：信安北京代表处首席代表

ACKNOWLEDGEMENT

This research project has received great support from Principal Financial Group, which we hereby gratefully acknowledge.

With special thanks to the following experts:

Larry Zimpleman, Chairman, President and CEO, Principal Financial Group

Luis Valdes, President, Principal International, Principal Financial Group

Rex Auyeung, President, Principal Financial Group, Asia

Renee Schaaf, Vice President, Principal International Inc.

Keith Yuen, Vice President, Principal International (Asia) Ltd.

Sufang Cui, Chief Representative, Principal Beijing Representative Office

《中国养老年金市场
——发展现状、国际经验与未来战略》

课题组成员

课题主持人：孙祁祥　郑　伟
课题组成员：

孙祁祥

> 经济学博士，北京大学教授、博士生导师，北京大学经济学院院长，北京大学中国保险与社会保障研究中心（CCISSR）主任，中国保险学会副会长。

于小东

> 经济学博士，北京大学教授，北京大学中国保险与社会保障研究中心（CCISSR）副主任，《经济科学》副主编。

郑　伟

> 经济学博士，北京大学教授，北京大学经济学院风险管理与保险学系主任，北京大学中国保险与社会保障研究中心（CCISSR）秘书长，中国保险学会理事。

王国军

> 经济学博士，对外经济贸易大学教授、博士生导师，对外经济贸易大学保险学院院长助理，北京大学中国保险与社会保障研究中心（CCISSR）研究员。

房连泉

> 经济学博士，中国社会科学院拉丁美洲研究所副研究员，中国社会科学院世界社保研究中心秘书长。

锁凌燕

> 经济学博士，北京大学经济学院风险管理与保险学系讲师，北京大学经济学院院长教学助理，北京大学中国保险与社会保障研究中心（CCISSR）主任助理。

陈　凯

> 精算学博士，北京大学经济学院风险管理与保险学系讲师，北京大学中国保险与社会保障研究中心（CCISSR）研究员。

何小伟

> 经济学博士，对外经济贸易大学保险学院讲师。

贺　辞

值此《中国养老年金市场——发展现状、国际经验与未来战略》一书成功出版之际，我特向北京大学中国保险与社会保障研究中心（CCISSR）致以诚挚的祝贺！

在全球各国政府必须解决的所有问题中，几乎没有哪个比为公民提供退休保障更为重要。随着生育率下降和人口老龄化速度的加快，退休保障问题将得到财政和监管部门的高度关注。正如美国和其他发达国家所经历的一样，养老金改革对于资本市场的发展和拉动 GDP 增长有着重要的影响。学术研究在推动成长性产业的健康发展中扮演着重要的角色，美国信安金融集团希望通过支持这项研究推动中国养老金行业的稳健发展。

拥有超过 132 年历史的美国信安金融集团是美国首屈一指的养老金和退休储蓄管理公司。在信安开展业务的一些市场中，已经有私人养老金体系替代或部分替代公共养老金制度的先例。我们专注于为美国以及全球的客户提供"同类最佳"的退休和资产管理解决方案。信安在 20 世纪 90 年代就已在中国设立了代表处，在中国政策制定者推进养老金制度改革以应对中国老龄化挑战的过程中，我们一直与各界分享我们所拥有的经验。

全球人口老龄化问题的普遍性意味着会有"最佳实践"的经验，可供中国在开发和实施其独特的解决方案以应对老龄化挑战时加以借鉴。我们认为，《中国养老年金市场——发展现状、国际经验与未来战略》一书的出版，正是这一发展进程中的重要里程碑。

再次祝贺北京大学中国保险与社会保障研究中心的研究团队出版此项研究成果。美国信安金融集团为能够参与该重要研究而感到十分骄傲。

施伯文
美国信安金融集团
董事长、总裁兼首席执行官

CONGRATULATIONS

I would like to offer my sincere congratulations to the China Center for Insurance and Social Security Research (CCISSR) of Peking University on the successful publication of "China's Pension Annuity Market: Current Development, International Experience and Future Strategy".

Of all the issues that governments over the world have to tackle, few are as important as the issue of providing retirement security to its citizens. With falling birthrates and population that continues to age at an increasing rate, the issue of retirement security will be of great concern to financial and regulatory authorities. Pension reform has important implications as well on the development of capital markets and driving GDP growth, as has been the case in the United States and other developed countries. Academic research plays an important part in steering the right course of development for any growing industry and in sponsoring this research, Principal Financial Group (PFG) hopes to encourage the prudent development of the Chinese pension industry.

PFG is a premier pension and retirement savings company in the United States with over 132 years of history. We focus on providing "best in class" retirement and asset management solutions for our customers in the US and internationally; where some of the markets we operate in already have private pension systems in lieu of or as a partial replacement for public pension systems. We have established presence in China since the 1990s and have continued to share our experiences with Chinese policy makers as they implement changes to China's pension systems to meet China's aging challenges.

The universal nature of the world's aging problem means there are "best practices" ideas that China can consider as it develops and implements its unique set of solutions to its aging challenge. We see the publication of "China's Pension Annuity Market: Current Development, International Experience and Future Strategy" a major milestone in this development.

Once again, congratulations to the CCISSR research team on the publication of this research. PFG is very proud to be associated with this important project.

Larry Zimpleman
Chairman, President and CEO
Principal Financial Group

前 言

本书是北京大学中国保险与社会保障研究中心（CCISSR）承担的美国信安金融集团（Principal）支持项目《中国养老年金市场——发展现状、国际经验与未来战略》的研究成果。

中国人口老龄化是一个不争的事实，60 岁以上人口占总人口的比重，2000 年为 7%，2010 年为 13.3%，2050 年将达到 29.9%。2050 年，中国平均每 3.3 人中就有 1 位 60 岁以上老人，每 4.4 人中有 1 位 65 岁以上老人。"十二五"期间，劳动年龄人口总量在达到峰值后开始缓慢下行，老年人口出现第一次增长高峰，人口抚养比在经历 40 多年下降后首次开始上升。从某种意义上来说，"未富先老"的中国比世界上任何国家的养老问题都更加严峻，庞大的老龄人口将成为决定未来中国经济发展各种要素中的重中之重。

人口老龄化必将对中国养老保险体系带来重大的冲击和挑战，因此，通过发展基本养老保险之外的年金市场，来为国民提供更加完善的养老保障，不仅必要，而且急迫。中国的养老年金市场，正站在一个关键的十字路口！在这样一个大背景下，系统研究中国养老年金市场的发展现状、国际经验与未来战略，无疑具有十分重要的理论意义和现实意义。

本研究项目从 2011 年 10 月启动，历时一年多完成。课题由我和北京大学经济学院的郑伟教授共同主持，课题组其他成员还包括北京大学的于小东教授、对外经贸大学王国军教授、中国社科院房连泉副研究员、北京大学锁凌燕讲师、陈凯讲师、对外经贸大学何小伟讲师。郑伟教授在课题的总体设计、组织协调和课题出版等方面做了大量工作，北京大学经济学院姚奕讲师翻译了本书的英文摘要和英文目录。我要感谢他们及课题组全体成员对本研究项目的辛勤付出。

在本书出版之际，我要特别感谢美国信安金融集团的大力支持。2012年5月，美国信安金融集团董事长、总裁兼首席执行官 Larry Zimpleman 先生率信安金融集团代表团访问我院，课题组与代表团就中美两国养老年金市场发展问题进行了交流。2012年8月，我带领课题组部分成员访问了位于美国艾奥瓦州德美茵市的信安金融集团总部，与信安集团董事长 Larry Zimpleman 先生、信安国际总裁 Luis Valdes 先生、信安国际副总裁 Renee Schaaf 女士等20多位公司高管进行了会谈。之后我们还赴美国华盛顿特区访问了美国寿险业协会等相关机构，进一步了解美国养老年金市场的历史、现状和发展趋势。2012年12月，信安国际总裁 Luis Valdes 先生访问我院，为师生们带来了题为"拉丁美洲的养老金制度：一个动态目标"的专题演讲，并与课题组进一步讨论养老年金市场发展的问题。我还要特别感谢美国信安金融集团董事长 Larry Zimpleman 先生为本书出版发来贺辞；特别感谢信安亚太区总裁欧阳伯权先生、副总裁袁时奋先生、信安北京代表处首席代表崔素芳女士对本研究项目的持续关注和大力支持。

在课题研究过程中，课题组还访问了泰康养老保险股份有限公司，就中国养老年金市场的现状、困境和发展趋势等问题进行交流与探讨。经济科学出版社的齐伟娜编辑和她的同事为本书的顺利出版做了大量细致而有效的工作。在此一并致谢。

中国养老年金市场发展任重道远，我衷心希望本书的出版能够为推动中国养老年金市场发展和中国养老保障制度完善贡献绵薄之力，敬请广大专家和读者不吝指正。

孙祁祥

2013年2月1日

目 录

中国养老年金市场

Table of Contents

Chapter 7　Future Development Strategy and Policy Suggestions for China's Pension Annuity Market: 2013 – 2023　/　266

摘 要

中国人口老龄化是一个不争的事实，"十二五"期间，劳动年龄人口总量在达到峰值后开始缓慢下行，老年人口出现第一次增长高峰，人口抚养比在经历40多年下降后首次开始上升。"未富先老"的中国比世界上任何国家的养老问题都更加严峻，庞大的老龄人口将成为决定未来中国经济发展各种重要因素中的重中之重。

人口老龄化必将对中国养老保险体系带来重大的冲击和挑战，通过发展基本养老保险之外的年金市场，来为国民提供更加完善的养老保障，不仅必要，而且急迫。中国的养老年金市场，正站在一个关键的十字路口！在这样一个大背景下，系统研究中国养老年金市场的发展现状、国际经验与未来战略，具有十分重要的理论意义和现实意义。

本书共分七章。第一章是"中国养老年金市场：新环境呼唤新思路"；第二章是"年金市场发展：现实困境与机理分析"；第三章是"年金市场Ⅰ：企业年金的现状与展望"；第四章是"年金市场Ⅱ：机关事业单位职业年金的酝酿与规划"；第五章是"年金市场Ⅲ：商业年金的模式与变革"；第六章是"年金市场发展的国际经验借鉴"；第七章是"中国年金市场未来发展战略与政策建议：2013～2023"。

第一章"中国养老年金市场：新环境呼唤新思路"。本章首先介绍中国基本养老保险的体系框架，然后着重从人口、经济、社会、法律、国际等五个方面分析中国养老年金市场发展所面临的新环境，并在此基础上反思"养老靠谁"这一重大问题。从人口环境看，人口老龄化将对中国养老保险体系带来冲击和挑战，通过发展基本养老保险之外的年金市场，来为国民提供更加完善的养老保障，不仅必要，而且急迫。从经济环境看，经过改革开放30多年的发展，国民经济、人民生活和金融市场所具备的条件，为中国年金市场发展奠定了必要的基础性支撑。从社会环境看，政府提倡创新社会管理，对于人口老龄化的社会风险管理，必然要注重发挥年金市场的基础性作用，推行"政府＋市场"的模式。从法律环境看，近几年发布的一系列重要的法律、规划和报告，为年金市场发展提供了多方政策支持。从国际环境看，欧债危机具有重要启示，虽然中国当前养老保障制度改革的环境相对较为宽松，但是改革的"时间窗口"不可能长期敞开，我们不能贻误战机。未来中国人的养老保障，不仅需要依靠政府，而且需要依靠雇主、个人和家庭。中国的养老年金市场发展，正站在一个关键的十字路口，机遇和挑战并存。

第二章"年金市场发展：现实困境与机理分析"。本章从历史纵向的视角，对中国年金市场的发展历程进行系统考察和总结，随后对当前的市场格局进行深入剖析，以期找出年金市场陷入现实困境的根本原因。中国年金市场发育的过程，是市场因素在传统体制的退让和扶持中成长的过程，是"去行政化"不断加强、市场化程度不断加深的过程。正因为此，政府行为、特别是由政府主导的社会养老保障制度的发展路径以及各类支持性政策，对年金市场的培育有极为深远的影响。由转型的渐进式路线决定，中国社会养老保障制度建设具有阶段性特征；而在巨大的社会张力下，最为现实的选择是优先解决公平性和可及性的问题，政府在这方面比市场更为有效，而社会偏好也解释了"强政府"态势的正当性，"三大红利"支撑下的经济快速增长则进一步为财政责任的持续扩张提供了经济基础，更进一步地，政治体制改革的滞后削弱了政府培育市场的动力，也延滞了年金市场发展所需外部环境的完善。但是，由于"三大红利"正处于衰减过程，在未来的中长期内，"强政府"态势如不扭转，养老保障体系必将承受空前的资金压力。为了提升整个体系的可持续性，必须要更有效地培育市场，形成"强政府＋强市场"的格局。

第三章"年金市场Ⅰ：企业年金的现状与展望"。本章在回顾中国企业年金迄今为止发展状况的基础上，梳理自企业年金制度正式建立以来对市场具有重要影响的政策性文件，概括总结了中国企业年金发展的制度特性，结合企业年金市场八年来的实践运行揭示阻碍中国企业年金市场发展的深层原因，并对企业年金市场的发展前景做出展望。中国企业年金市场尚处于起步的初期阶段，在受到高度期待的同时也面临来自企业内生动力缺乏和外部环境激励不足的"内外夹击"。国有企业分配双绩效目标特点从更深层次解释了目前中国企业年金市场格局形成的内部机理。尽管中国企业年金制度从建立初期就蕴含了充分利用后发优势、将发达国家主流模式植根于中国土壤的思想，但如何与中国特有的政治、经济、社会背景更好地融合，克服路径依赖，突破传统观念的桎梏，却是进一步发展的关键所在。长远来看，若要使企业年金真正成为养老保障的一个支柱，顶层设计至关重要，通过有意识地进行养老保障体制的结构性调整，给第二、三支柱以实际的政策性支持，是企业年金市场发展的根本保障。从当前来看，在现有制度框架内进一步细化年金市场的产品与服务、推动集合年金计划的发展、积极探索与完善企业年金税收优惠政策等也会对企业年金市场的发展起到积极的推动作用。

第四章"年金市场Ⅱ：机关事业单位职业年金的酝酿与规划"。本章首先分析了发展机关事业单位职业年金的重要意义，然后在考察典型国家公职人员职业年金发展趋势的基础上，对中国机关事业单位职业年金的制度设计和配套改革进行了探讨。实践表明，中国机关事业单位的现行养老保险制度已经暴露出诸多弊端，而要克服这些弊端，我们就必须对其进行"结构性改革"。在改革过程中，职业年金有助于克服机关事业单位员工群体的"福利刚性"难题，实现帕累托改进。从国际范围来看，目前各国政府对公职人员养老保险制度进行了诸多改革，其中的一个重要趋势就是建立与发展公职人员职业年金。通过考察美国、英国、澳大利亚、丹麦等典型国家的职业年金计划，我们发现其中存在着一些共同特征，这包括从现收现付制向基金积累制转变、从待遇确定型向缴费确定型计划转变等。构建中国机关事业单位公职人员职业年金，我们需要从实施对象、计划类型、缴费筹资、治理结构、税收优惠等多个方面进行设计和论证，并努力推进事业单位分类制改革、公务员人事制度改革以及公务员工资福利制度改革等，为职业年金的发展创造良好外部条件。

第五章"年金市场Ⅲ：商业年金的模式与变革"。本章分析中国商业年金市场的现状和问题，并结合国外发达年金市场的发展经验，以期给出中国商业年金市场下一阶段的发展方向和改革建议。随着近些年来国民经济的快速增长，中国的商业年金市场也取得了长足的进步。然而，尽管团体养老年金保险和个人养老年金保险的销售额都有了一定的提高，但是占保险业整体的比重仍然偏低，无法有效地发挥养老体系中第三支柱的作用。在现阶段，中国商业年金市场发展遭遇"瓶颈"，有许多问题亟待解决，包括供需双方动力不足、市场竞争压力过大和产品结构单一，等等。造成这些问题最主要的原因是中国的养老体系缺乏有力的顶层设计，过于偏重第一支柱。这使得在商业年金制度模式方面，超越部门利益进行主动设计的成分不足，导致结构比较单一，只能靠保险公司来推动，没有实现多元主体竞争发展格局。反观世界其他国家的发展经验，例如美国、加拿大和澳大利亚等，通常是建立一套"个人养老计划"的架构并通过相关的激励政策吸引供需双方的注意力，除保险公司外其他金融机构也可以参与，展开良性竞争，从而推动商业年金市场的发展。因此，中国商业年金市场的未来发展也离不开一个兼顾战略性、一致性和前瞻性的制度设计，可以建立适合中国特点的"个人养老计划"，并辅以相应的政策支持，从政府、企业和个人三个角度共同推动中国商业年金市场健康平稳地发展。

第六章"年金市场发展的国际经验借鉴"。本章介绍全球年金市场的发展概况和经验教训，首先从养老金资产规模、计划覆盖面和待遇替代率三个方面，比较全球不同国家私营养老金市场的发展状况；然后选取美国、智利、丹麦和日本四个国家为典型案例，介绍这些国家各自年金市场的发展历史、制度框架及其发展经验和改革趋势；最后对中国年金市场整体发展情况进行国际比较，并提出改革建议。年金市场的发展历史与福利国家体制高度相关，"自由主义"、"保守主义"和"社会民主主义"三类福利国家的年金市场呈现出明显差异性；从公共、私营养老金混合发展的路径上分析，年金市场可分为政府强制、税收激励自发、协议退出与劳动契约四种模式；从市场监管体制角度出发，全球年金市场则呈现出"一体化"、"部分一体化"和"专业化"三种监管模式。在总结分析全球年金市场发展经验的基础上，对于中国年金市场发展，我们提出三个方面的改革建议，包括调整养老保障制度结构、引入专业化养老金管理公司以及调整企业年金税优政策。

第七章"中国年金市场未来发展战略与政策建议：2013～2023"。本章在分析国际和中国养老保障制度改革与发展的未来趋势的基础上，讨论中国年金市场发展的若干必要条件，然后，根据前面各章的分析结论，借鉴国际经验，结合中国国情，将未来年金市场的发展战略划分为三个实施阶段，勾画了中国年金市场未来10年的发展战略路线图。近年来，发达国家和发展中国家的养老保障制度有一些共同的改革倾向，比如，从公平优先向公平与效率并重转变，社会养老保障领域的公私合作得到更多的重视，养老保障的个人责任在政策中得到更多的体现，市场化元素在养老保障体系中的作用日益凸显，等等。在这样的背景下，中国养老保障制度发展和改革趋势也非常清晰，一个多层次、一体化、兼顾公平与效率的养老保障制度将是必然选择。而在未来，一个理想年金市场体系是否能够较快出现，取决于我国年金市场发展所面临的诸多约束条件的改善，如政策条件、经济条件、技术条件和法制条件，如果这些条件具备，年金市场的发展就会水到渠成；反之，如果这些条件不足甚至缺失，市场的发展就会陷入停滞乃至倒退。根据这些条件可能逐渐具备的时间阶段，本章给出了未来 10 年各阶段促进中国年金市场发展的支柱调整战略、税制改革战略、监管优化战略、技术革新战略和产品优化战略，以期为中国年金市场的健康发展、为应对即将到来的中国人口老龄化高峰提供决策参考。

Executive Summary

It is an indisputable fact that China is facing an aging population. During the 12th Five-Year Plan (2011–2015), the size of the labor force in China will start to shrink gradually after reaching its peak. With the aged population entering its first peak of growth, the dependency ratio is expected to go up for the first time for the past forty years, leading this country into the most serious challenge of "growing old before getting rich" as compared with other nations in the world. The gigantic size of the aged population will be one of, if not the foremost, key issues for the development of this second largest economy in the world.

Apparently, the aging population will bring significant challenges to and serious impacts on the country's pension system. With this background, it is both necessary and urgent for China to develop an effective pension annuity market to supplement its current basic pension system. China's pension annuity market is standing at a crossroad. It is against this backdrop that this systematic study on China's Pension Annuity Market: Current Development, International Experience and Future Strategy takes on major theoretical and practical significance.

This book is consisted of the following seven chapters: Chapter 1: China's Pension Annuity Market— New Environment Calls for New Approaches; Chapter 2: Current Development of China's Annuity Market—Analysis of the Challenge and its Mechanism; Chapter 3: China's Annuity Market Ⅰ —the Past and the Future for Enterprise Annuity; Chapter 4: China's Annuity Market Ⅱ —Thoughts and Plan for Occupational Annuity for Public Employees; Chapter 5: China's Annuity Market Ⅲ —Mode and Reform for Commercial Annuity; Chapter 6: International

Experiences of Pension Annuity Market Development; Chapter 7: Future Development Strategy and Policy Suggestions for China's Pension Annuity Market: 2013 – 2023.

The first chapter, "China's Pension Annuity Market—New Environment Calls for New Approaches", introduces the framework of the basic pension system in China. In addition, this chapter discusses the new market environment from five perspectives—demography, economy, society, legal system and international environment, and brings forth the important question of "who we should rely on for retirement security". From a demographic perspective, the aging population will be a significant challenge and will have an impact on the country's pension system. It is both necessary and urgent to develop an effective pension annuity system in addition to its current basic pension system in order to provide better pension benefits for its citizens. From an economic perspective, with the past thirty years of fast economic growth, the national economy, people's living standard and the financial markets have all improved to a level where a solid foundation is set for the development of the pension system. From a social perspective, the central government is promoting innovation in social management, and social risk management associated with an aging population will be strengthened by the development of the pension annuity market in a "Government + Market" solution. From a legal perspective, there has been multiple policy support for the development of the pension annuity market, which could be seen in various publicized laws, plans and reports. From a global perspective, important lessons should be learned from the recent Euro debt crisis. The time window can be and will be very short for the reform of domestic annuity market, even though we are facing a relatively "reform friendly" environment compared with the European countries. In short, the success of the pension system in China will depend on the joint efforts of the government, the employers, the individuals and the families. The development of China's pension annuity market is at this critical crossroad, where challenges and opportunities abound.

The second chapter, "Current Development of China's Annuity Market—Analysis of the Challenge and its Mechanism", analyzes and summarizes the development of the pension annuity market in China from a historical perspective, and then drills down to its market design and structure, with the aim of explaining the underlying reasons for the current dilemma. On the one hand, the central government has always played a leading role in the development of annuity system in China in terms of framework design and supporting policies, yet it has also been a process where regulatory power gradually gives way to market forces resulting in a greater degree of market mechanism at play. Therefore, supportive government policies and initiatives especially those related to social security have been the key to the growth of the annuity market. The pressure of the wealth gap pushes equity and accessibility of the social security system to the top of the priority list due to the transitional nature of economic development. To increase equity and accessibility, the government is commonly viewed as a more effective and efficient choice than the free-market mechanism, which in turn justifies the "Big Government" mode in the current annuity system. On the other hand, even though the fast growing economic development makes the government financially capable to expand the pension system, the lag of political reform eventually dampens the government's motivation to cultivate a powerful commercial market. With the "Three Dividends" fading away, the "Big Government" mode will face serious challenge in its cash flow, which in turn threatens the sustainability of the whole pension system. All in all, a "Big Government + Big Market" mode is our only way out of this dilemma.

The third chapter, "China's Annuity Market I — the Past and the Future for Enterprise Annuity", focuses on the development of the enterprise annuity system. This chapter looks at the development of enterprise annuity policies and their impact on the market. By listing historical policy changes side by side with the performance of annuity market in the past eight years, we summarize the characteristics of enterprise annuity development with an analysis of the fundamental reasons which have hindered market progress. In addition, we present our views on its future development. At this nascent developing stage, in spite of high expectations from all sources, enterprise annuity market growth is constrained "from the inside and the outside", i. e. the lack of motivation on the part of employers and the lack of incentive policies on the part of the regulators. This predicament is explained in depth by closely examining "The Dual Performance

Evaluation Structure" in the state owned enterprises (SOEs). China's enterprise annuity system takes advantage of its late start advantage by learning from the mainstream pension systems of the developed markets for local application; however, further progress would hinge on whether foreign experiences can be better integrated with China's unique political, economic and social environment with possibly a breakthrough out of the traditional constraints. In the short run, positive actions under the current framework such as products refinement, master trust plans, policy experiments with tax incentives can drive the enterprise annuity market forward. In the long run, the success of the enterprise annuity market, as one of the three pillars for the social security system, will largely rely on top level system design, which should be geared towards substantial policy support to the second and third pillars resulting in a structural change of the three pillar social security system.

The fourth chapter, "China's Annuity Market II — Thoughts and Plan for Occupational Annuity for Public Employees", focuses on annuity system for public employees. Based on historical research, this chapter discusses in depth the structural design and reform for the public employees' annuity. The research reveals many flaws and weaknesses in the current pension system and calls for a structural reform. There are many examples of pension reform for public employees in various countries, among which a popular practice is to introduce occupational annuity, because this could help solve the issue of public employees' "welfare solidity", and therefore leading to a Pareto improvement. Through the more detailed studies on the US, UK, Australia and Denmark cases, we find some common practices such as the transition from a "pay-as-you-go" system to a funded system, and also from the defined benefit plan to the defined contribution plan. To setup the public employees' occupational annuity system in China, we need to take various factors into serious consideration, including the target organizations, types of plans, contribution, governance structure, and tax incentives among others. In addition to all these, it is also important to improve external conditions, such as a reclassification of the public agencies and organizations, HR system reform for civil servants, and benefit package reforms for civil servants.

The fifth chapter, "China's Annuity Market III — Mode and Reform for

Commercial Annuity", focuses on current issues and development of the commercial annuity market in China. With the guidance from oversea developed market, we try to provide direction and advice for the future of the domestic commercial annuity market. With the economic development, commercial annuity has been growing at a fast pace in the past decades, leading to increased sales of group pension insurance products and individual pension insurance products; however, commercial annuity only takes up a small piece in the country's insurance market in terms of market share and hardly able to play the role of being the third pillar of the social security system. There are reasons for the current bottle neck, including the lack of motivation from both the demand and the supply sides, over-competitive market and simple and uniform products, with the main cause being over-emphasis on the first pillar in the top level design. The current structure of the commercial annuity market is not able to inspire a cross sectional solution to reach the overall optimal level, nor is it able to bring enough competition among various financial institutions. Experiences from the US, Canada and Australia show that individual retirement plans need be built with supporting policies to attract both demand and supply, and that financial institutions other than insurance companies participate and compete in this market in a fair manner. From this point of view, the future development of commercial annuity market in China also needs a strategic, forward-looking, and consistent structural design and policy support for individual retirement plan system. All this is only possible when government, enterprises and individuals work together under a proper top level structural design.

The sixth chapter, "International Experiences of Pension Annuity Market Development", provides an overview of the current issues and development of the global pension annuity market. This chapter first compares the private annuity market developments in several countries in terms of asset size, coverage as well as replacement ratio. Then we use the four countries, the US, Chile, Denmark and Japan as case studies and review respectively their market history, experience, framework and reform trends, hoping to come up with proposals for China by comparing it with other markets. According to our study, the development of the annuity market is highly correlated with the state social welfare system. The three types of state welfare systems, namely liberalistic, conservative and social democratic, result in distinctly different benefit systems. Classified from the private vs. public perspective, there are four types of annuity markets: mandatory by the government, voluntary with tax incentives, consent to opt out, and by labor contract. From the regulatory point of view, there are three types of annuity markets: integrated, partially integrated, and professionally supervised. At the end of the chapter, with experiences learned from other countries, we analyze the case of China before making our proposals, which include structural reform of the pension system, introducing professional pension annuity managers, and adjusting tax incentives for enterprise annuity.

Based on the previous six chapters, the seventh chapter, "Future Development Strategy and Policy Suggestions for China's Pension Annuity Market: 2013 - 2023", discusses the future development of the annuity market in China, and also points out the necessary conditions for desired future success. Combining domestic circumstances and international experiences, this chapter proposes a three-stage blueprint for the strategic development of annuity market in the next decade. In recent years, the development of annuity systems around the world, both in developed and emerging markets, share some common trends. For example, we can clearly see the movement from equity preferred design to "equity + efficiency" preferred design. We can also see more and more emphasis being placed on public-private partnership, individual responsibility, and free-market mechanism in the policy design. With this background, the future direction for the development of annuity system in China is also very clear—an equitable, efficient, integrated and multi-layered system will be the ultimate choice for this country. Achieving this goal, however, depends on the improvements in many aspects in our society, including political conditions, economic conditions, technical conditions, and legal conditions, without which the annuity market will face a stalemate or even a retreat. Based on the possible timeframe that these conditions will take to improve, we propose the pension pillar adjustment strategy, the tax system reform strategy, the supervisory improvement strategy and the technology innovation and product improvement strategy. We hope this will provide the policy makers references in dealing with China's aging population and in promoting the growth of China's pension annuity market.

第一章

中国养老年金市场：
新环境呼唤新思路

引 言

中国60岁以上人口占总人口的比重，2000年为7%，2010年为13.3%，2050年将达到29.9%。2050年，中国平均每3.3人中有1位60岁以上老人，每4.4人中有1位65岁以上老人。"十二五"期间，劳动年龄人口总量在达到峰值后开始缓慢下行，老年人口出现第一次增长高峰，人口抚养比在经历40多年下降后首次开始上升。有研究测算发现①，在中等情形的人口、经济和制度假设下，中国的城镇职工基本养老保险体系不可持续，养老保险基金当年收支将在2037年出现赤字，整个基金将在2048年耗尽枯竭。

这一系列已经发生或即将发生、关于人口年龄结构和基本养老保险体系的重大变化，传递着一个重要信息：中国的年金市场，正站在一个关键的十字路口！何去何从？

一、概念界定和本书框架

（一）概念界定

本书的研究对象是"中国年金市场"，年金与养老金是两个既有区别又

---

① 郑伟、陈凯、林山君：《人口老龄化对中国养老保险制度的影响及对策研究》，国务院第六次全国人口普查研究项目、国家社科基金项目"中国养老保险制度'参量式'改革效应评估及政策应用研究（11CJY108）"的阶段性成果。

有关联的概念。年金（annuity）强调的是支付方式，即"一系列定期有规则的支付"；养老金（pension）则强调保障目的，即"以养老为目的"，二者并不相同。但是，由于"一系列定期有规则的支付"这种方式更有利于实现"养老"这一目的，养老金经常采用年金的方式进行支付，因此在现实中，"年金"和"养老金"二者往往混用。

年金既包括"养老年金"，又包括"非养老年金"，比如教育年金。本书将所讨论的年金界定为"养老年金"。

养老年金既包括"基本养老金"（比如基本养老保险中的统筹养老金和个人账户养老金），又包括"补充养老金"。本书将所讨论的年金界定为"补充养老金"，具体包括企业年金、职业年金、商业年金。

（二）本书框架

全书共分七章。第一章"中国年金市场：新环境呼唤新思路"从人口、经济、社会、法律、国际等五个方面分析中国养老保险体系和年金市场发展所面临的新环境，并在此基础上反思"养老靠谁"这一重大问题，讨论年金市场发展的必要性和极端重要性。

第二章"年金市场发展：现实困境与机理分析"讨论中国年金市场在现实中所遭遇的发展困境，以及造成这些困境的深层机理。

第三、四、五章分别讨论"企业年金的现状与展望"、"机关事业单位职业年金的酝酿与规划"、"商业年金的模式与变革"等三个重要专题，深入剖析企业年金、职业年金和商业年金市场的现状、问题和未来发展。

第六章"年金市场发展的国际经验借鉴"讨论了全球年金市场发展概况以及美国、智利、丹麦、日本等典型国家的年金市场发展案例，并得出若干对中国年金市场发展具有重要意义的经验启示。

在前面各章分析基础上，第七章系统讨论了2013～2023年这10年间中国年金市场的三阶段发展战略与政策建议。

二、中国基本养老保险的体系框架

中国的养老保险制度包括基本养老保险、补充养老保险（企业年金、职业年金等）、商业年金等。其中，基本养老保险属于第一层次，是第二层次补充养老保险和第三层次商业年金的基础。由于本书后面各章将针对企业年金、职业年金和商业年金展开专门讨论，所以本部分仅讨论"基本养老保险"，为后续各章讨论提供一个必要的基础。

在本部分，我们首先介绍基本养老保险制度的总体框架，然后分别讨论城镇职工基本养老保险、新型农村社会养老保险和城镇居民社会养老保险三个制度的基本背景、当前制度框架和基本情况等。

（一）基本养老保险体系的总体框架

经过多年的改革探索，当前中国的基本养老保险制度主要由三个部分组成：城镇职工基本养老保险制度、新型农村社会养老保险制度、城镇居民社会养老保险制度。

城镇职工基本养老保险制度始于 1951 年政务院颁布的《劳动保险条例》，历经 60 余年的改革变迁，目前基本定型。

2009 年 9 月，国务院发布《关于开展新型农村社会养老保险试点的指导意见》，标志着新型农村社会养老保险制度建设的正式启动。2011 年 6 月，国务院发布《关于开展城镇居民社会养老保险试点的指导意见》，标志着城镇居民社会养老保险制度建设的正式启动。2010 年颁布、2011 年 7 月 1 日施行的《社会保险法》明确规定，"建立和完善新型农村社会养老保险制度"，"建立和完善城镇居民社会养老保险制度"。2012 年 7 月 1 日起，人力资源和社会保障部在全国范围内启动城乡居民养老保险全覆盖工作，计划年底前完成。

因此可以说，至 2012 年底，中国的基本养老保险制度从法律和政策层面实现了"全覆盖"。

（二）城镇职工基本养老保险

1. 基本背景①

1951 年，政务院颁布《劳动保险条例》，对企业职工的养老保险制度作出规定。"文化大革命"期间，企业职工劳动保险制度被取消，职工退休费用改由所在企业负担，实际演变为"企业保险"。随着计划经济体制向市场经济体制转轨，20 世纪 80 年代实行退休费用社会统筹试点，开始进行改革探索，90 年代改革全面展开并不断深化。1997 年，国务院发布《关于建立统一的企

---

① 尹蔚民主编：《中华人民共和国社会保险法释义》，中国劳动社会保障出版社 2010 年版。

业职工基本养老保险制度的决定》，建立了由国家、企业和个人共同负担的基金筹集模式，确定了社会统筹与个人账户相结合的基本模式，统一了企业职工基本养老保险制度。2005 年，在总结东北三省开展完善城镇社会保障体系试点经验的基础上，国务院发布《关于完善企业职工基本养老保险制度的决定》，改革基本养老金计发办法，进一步完善企业职工养老保险制度。

2. 当前制度框架

目前城镇职工基本养老保险制度主要覆盖城镇各类企业及其职工、企业化管理的事业单位及其职工、城镇个体工商户和灵活就业人员。公务员和参照《中华人民共和国公务员法》管理的工作人员养老保险的办法由国务院规定。

基本养老保险实行社会统筹与个人账户相结合的模式。基本养老保险基金由用人单位和个人缴费以及政府补贴等组成。针对不同人群，城镇职工退休的养老待遇采取"新人新制度、老人老办法、中人逐步过渡"的改革方式。

领取基本养老金必须符合两个条件：一是必须达到法定退休年龄；二是参加基本养老保险的个人累计缴费满 15 年。我国的法定退休年龄是，男职工年满 60 周岁，女干部年满 55 周岁，女工人年满 50 周岁。同时规定了若干类可以提前退休的情况。

国家建立基本养老金正常调整机制。根据职工平均工资增长、物价上涨情况，适时提高基本养老保险待遇水平。

3. 历年参保人数和基金收支

（1）参保人数。

表 1-1 列出了 1989～2011 年期间城镇职工基本养老保险的参保人数，图 1-1 较为直观地显示了参保人数的增长情况。

表 1-1　　　　　　　城镇职工基本养老保险的参保人数　　　　　　单位：万人

年份	合计	职工		离退休人员		职工人数/离退休人数
			企业（含其他）		企业（含其他）	
1989	5 710.3	4 816.9	4 816.9	893.4	893.4	5.4
1990	6 166.0	5 200.7	5 200.7	965.3	965.3	5.4
1991	6 740.3	5 653.7	5 653.7	1 086.6	1 086.6	5.2
1992	9 456.2	7 774.7	7 774.7	1 681.5	1 681.5	4.6
1993	9 847.6	8 008.2	8 008.2	1 839.4	1 839.4	4.4
1994	10 573.5	8 494.1	8 494.1	2 079.4	2 079.4	4.1

续表

年份	合计	职工		离退休人员		职工人数/离退休人数
			企业（含其他）		企业（含其他）	
1995	10 979.0	8 737.8	8 737.8	2 241.2	2 241.2	3.9
1996	11 116.7	8 758.4	8 758.4	2 358.3	2 358.3	3.7
1997	11 203.9	8 670.9	8 670.9	2 533.0	2 533.0	3.4
1998	11 203.1	8 475.8	8 475.8	2 727.3	2 727.3	3.1
1999	12 485.4	9 501.8	8 859.2	2 983.6	2 863.8	3.2
2000	13 617.4	10 447.5	9 469.9	3 169.9	3 016.5	3.3
2001	14 182.5	10 801.9	9 733.0	3 380.6	3 171.3	3.2
2002	14 736.6	11 128.8	9 929.4	3 607.8	3 349.2	3.1
2003	15 506.7	11 646.5	10 324.5	3 860.2	3 556.9	3.0
2004	16 352.9	12 250.3	10 903.9	4 102.6	3 775.0	3.0
2005	17 487.9	13 120.4	11 710.6	4 367.5	4 005.2	3.0
2006	18 766.3	14 130.9	12 618.0	4 635.4	4 238.6	3.0
2007	20 136.9	15 183.2	13 690.6	4 953.7	4 544.0	3.1
2008	21 891.1	16 587.5	15 083.4	5 303.6	4 868.0	3.1
2009	23 549.9	17 743.0	16 219.0	5 806.9	5 348.0	3.1
2010	25 707.3	19 402.3	17 822.7	6 305.0	5 811.6	3.1
2011	28 391	21 565	—	6 826	—	3.2

资料来源：1989～2010 年数据来自《中国统计年鉴（2011）》，2011 年数据来自人力资源和社会保障部：《2011 年度人力资源和社会保障事业发展统计公报》，2012 年 6 月 4 日。

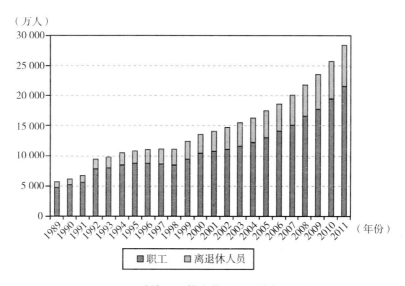

图 1-1　城镇职工基本养老保险的参保人数

从表1-1可以看出,参保总人数从1989年的5 710.3万人增加到2011年的28 391万人(5.0倍);其中参保职工从4 816.9万人增加到21 565万人(4.5倍),参保离退休人员从893.4万人增加到6 826万人(7.6倍)。可见,参保离退休人数的增长速度明显快于参保总人数和参保职工人数的增长速度。与之相对应,制度内的职工人数与离退休人数之比也从1989年的5.4(即平均每5.4个在职职工供养1个离退休人员)迅速下降为1998年的3.1(即平均每3.1个在职职工供养1个离退休人员),此后一直在3.0~3.3之间徘徊。

(2)基金收支和累计结余。

表1-2列出了城镇职工基本养老保险基金收支及累计结余情况,图1-2较为直观地显示了养老保险基金收支及累计结余的增长情况。从表1-2可以看出,从1989~2011年,养老保险基金收入从146.7亿元增加到16 895亿元(115倍),养老保险基金支出从118.8亿元增加到12 765亿元(107倍),养老保险基金累计结余从68亿元增加到19 497亿元(287倍)。尤其是自2001年养老保险基金累计结余突破1 000亿元之后,更是呈现快速增长态势。

表1-2　　　　城镇职工基本养老保险基金收支及累计结余　　　　单位:亿元

年份	基金收入	基金支出	累计结余
1989	146.7	118.8	68.0
1990	178.8	149.3	97.9
1991	215.7	173.1	144.1
1992	365.8	321.9	220.6
1993	503.5	470.6	258.6
1994	707.4	661.1	304.8
1995	950.1	847.6	429.8
1996	1 171.8	1 031.9	578.6
1997	1 337.9	1 251.3	682.8
1998	1 459.0	1 511.6	587.8
1999	1 965.1	1 924.9	733.5
2000	2 278.5	2 115.5	947.1
2001	2 489.0	2 321.3	1 054.1
2002	3 171.5	2 842.9	1 608.0
2003	3 680.0	3 122.1	2 206.5

续表

年份	基金收入	基金支出	累计结余
2004	4 258.4	3 502.1	2 975.0
2005	5 093.3	4 040.3	4 041.0
2006	6 309.8	4 896.7	5 488.9
2007	7 834.2	5 964.9	7 391.4
2008	9 740.2	7 389.6	9 931.0
2009	11 490.8	8 894.4	12 526.1
2010	13 419.5	10 554.9	15 365.3
2011	16 895	12 765	19 497

资料来源：1989～2010 年数据来自《中国统计年鉴（2011）》，2011 年数据来自《2011 年度人力资源和社会保障事业发展统计公报》。

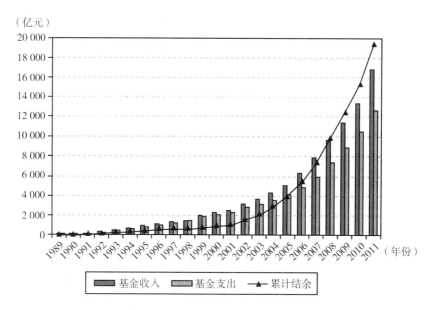

图 1-2　城镇职工基本养老保险基金收支及累计结余

（三）新型农村社会养老保险

1. 基本背景①

1986 年，国家"七五"计划提出："探索研究建立农村社会保险制度，

---

① 尹蔚民主编：《中华人民共和国社会保险法释义》，中国劳动社会保障出版社 2010 年版。

并根据各地经济发展情况，进行试点，逐步实行"。1991 年，经国务院同意，民政部开始选择部分县市进行农村社会养老保险试点。在总结经验的基础上，民政部于 1992 年 1 月正式发布了《县级农村社会养老保险基本方案》。2002 年 11 月，党的十六大提出："在有条件的地方探索建立农村社会养老保险制度"，从 2003 年起，一些地区开始探索试点。

2007 年，党的十七大提出，2020 年基本建立覆盖城乡居民的社会保障体系。党的十七届三中全会第一次提出了新型农村社会养老保险的概念，并明确了个人缴费、集体补助、政府补贴相结合的原则。2009 年，在总结各地探索经验的基础上，国务院决定开展个人缴费、集体补助、政府补贴相结合的新型农村社会养老保险试点，并发布了《关于开展新型农村社会养老保险试点的指导意见》。2009 年试点覆盖面为全国 10% 的县（市、区、旗），2010 年将试点范围扩大到 23% 的县（市、区、旗），2011 年试点覆盖地区范围提高至 60%，2012 年计划基本实现新型农村社会养老保险制度全覆盖。

2. 当前制度框架

年满 16 周岁（不含在校学生）、未参加城镇职工基本养老保险的农村居民，可以在户籍地自愿参加新农保。

新农保基金由个人缴费、集体补助、政府补贴构成。

关于个人缴费。参加新农保的农村居民应当按规定缴纳养老保险费。缴费标准目前设为每年 100 元、200 元、300 元、400 元、500 元 5 个档次，地方可以根据实际情况增设缴费档次。参保人自主选择档次缴费，多缴多得。国家依据农村居民人均纯收入增长等情况适时调整缴费档次。

关于集体补助。有条件的村集体应当对参保人缴费给予补助，补助标准由村民委员会召开村民会议民主确定。鼓励其他经济组织、社会公益组织、个人为参保人缴费提供资助。

关于政府补贴。政府对符合领取条件的参保人全额支付新农保基础养老金，其中中央财政对中西部地区按中央确定的基础养老金标准给予全额补助，对东部地区给予 50% 的补助。地方政府应当对参保人缴费给予补贴，补贴标准不低于每人每年 30 元；对选择较高档次标准缴费的，可给予适当鼓励，具体标准和办法由省（区、市）人民政府确定。对农村重度残疾人等缴费困难群体，地方政府为其代缴部分或全部最低标准的养老保险费。

国家为每个新农保参保人建立终身记录的养老保险个人账户。个人缴费，集体补助及其他经济组织、社会公益组织、个人对参保人缴费的资助，地方政府对参保人的缴费补贴，全部记入个人账户。个人账户储存额目前每年参考中国人民银行公布的金融机构人民币一年期存款利率计息。

养老金待遇由基础养老金和个人账户养老金组成，支付终身。中央确定的基础养老金标准为每人每月 55 元。地方政府可以根据实际情况提高基础养老金标准，对于长期缴费的农村居民，可适当加发基础养老金，提高和加发部分的资金由地方政府支出。个人账户养老金的月计发标准为个人账户全部储存额除以 139（与现行城镇职工基本养老保险个人账户养老金计发系数相同）。参保人死亡，个人账户中的资金余额，除政府补贴外，可以依法继承；政府补贴余额用于继续支付其他参保人的养老金。

年满 60 周岁、未享受城镇职工基本养老保险待遇的农村有户籍的老年人，可以按月领取养老金。新农保制度实施时，已年满 60 周岁、未享受城镇职工基本养老保险待遇的，不用缴费，可以按月领取基础养老金，但其符合参保条件的子女应当参保缴费；距领取年龄不足 15 年的，应按年缴费，也允许补缴，累计缴费不超过 15 年；距领取年龄超过 15 年的，应按年缴费，累计缴费不少于 15 年。要引导中青年农民积极参保、长期缴费，长缴多得。具体办法由省（区、市）人民政府规定。同时，国家根据经济发展和物价变动等情况，适时调整全国新农保基础养老金的最低标准。

3. 2011 年的基本情况①

截至 2011 年底，全国 27 个省、自治区的 1 914 个县（市、区、旗）和 4 个直辖市部分区县纳入国家新型农村社会养老保险试点，总覆盖面约为 60%。国家新农保试点参保人数达到 3.26 亿人（含已开展城乡居民养老保险地区，下同），其中 60 岁以下参保人数 2.37 亿人。此外，还有 17 个省份的 339 个县（市、区、旗）自行开展了新农保试点。全国共计 3.58 亿人参加新农保。北京、天津、浙江、江苏、宁夏、青海、海南、西藏等 8 个省（区、市）已经实现新农保制度全覆盖。

2011 年，全年新型农村社会养老保险基金收入 1 070 亿元，比上年增长

---

① 人力资源和社会保障部：《2011 年全国社会保险情况》；人力资源和社会保障部：《2011 年度人力资源和社会保障事业发展统计公报》。

135.9%。其中个人缴费 415 亿元，比上年增长 84.0%。基金支出 588 亿元，比上年增长 193.3%。基金累计结存 1 199 亿元，其中个人账户累计积累 1 077 亿元。截至 2011 年底，全国试点地区共有 8 922 万人领取新农保养老金。

（四）城镇居民社会养老保险

1. 基本背景①

目前，城镇企业职工基本养老保险制度覆盖各类企业、个体工商户和灵活就业人员以及与用人单位建立劳动关系的农民工，机关公务员和事业单位工作人员有退休养老制度。2009 年开展的新农保试点，将覆盖未参加职工基本养老保险的农村适龄居民。但是，城镇中未就业人员以及就业不稳定无法纳入职工基本养老保险制度的居民缺乏制度性养老保障，成为我国养老保险实现全覆盖的最后一个"缺项"。特别是新农保试点开展以来，试点地区农村适龄居民积极参保，符合条件的农村老年居民按月领取养老金，社会各界广泛呼吁尽快建立城镇居民养老保险制度，解决城镇居民老有所养问题。

2011 年，国务院发布《关于开展城镇居民社会养老保险试点的指导意见》，同年 7 月 1 日启动试点工作，首批试点覆盖面为 60%，2012 年计划基本实现城镇居民社会养老保险制度全覆盖。

2. 当前制度框架

年满 16 周岁（不含在校学生）、不符合职工基本养老保险参保条件的城镇非从业居民，可以在户籍地自愿参加城镇居民养老保险。

城镇居民养老保险基金主要由个人缴费和政府补贴构成。此外，鼓励其他经济组织、社会组织和个人为参保人缴费提供资助。

关于个人缴费。参加城镇居民养老保险的城镇居民应当按规定缴纳养老保险费。缴费标准目前设为每年 100 元、200 元、300 元、400 元、500元、600 元、700 元、800 元、900 元、1 000 元 10 个档次，地方人民政府可以根据实际情况增设缴费档次。参保人自主选择档次缴费，多缴多得。国家依据经济发展和城镇居民人均可支配收入增长等情况适时调整缴费档次。

---

① 中共中央宣传部、人力资源和社会保障部：《开展城镇居民社会养老保险试点工作宣传提纲》，2011 年。

关于政府补贴。政府对符合待遇领取条件的参保人全额支付城镇居民养老保险基础养老金。其中，中央财政对中西部地区按中央确定的基础养老金标准给予全额补助，对东部地区给予50%的补助。地方人民政府应对参保人员缴费给予补贴，补贴标准不低于每人每年30元；对选择较高档次标准缴费的，可给予适当鼓励，具体标准和办法由省（区、市）人民政府确定。对城镇重度残疾人等缴费困难群体，地方人民政府为其代缴部分或全部最低标准的养老保险费。

国家为每个参保人员建立终身记录的养老保险个人账户。个人缴费、地方人民政府对参保人的缴费补贴及其他来源的缴费资助，全部记入个人账户。个人账户储存额目前每年参考中国人民银行公布的金融机构人民币1年期存款利率计息。

养老金待遇由基础养老金和个人账户养老金构成，支付终身。中央确定的基础养老金标准为每人每月55元。地方人民政府可以根据实际情况提高基础养老金标准，对于长期缴费的城镇居民，可适当加发基础养老金，提高和加发部分的资金由地方人民政府支出。个人账户养老金的月计发标准为个人账户储存额除以139（与现行职工基本养老保险及新农保个人账户养老金计发系数相同）。参保人员死亡，个人账户中的资金余额，除政府补贴外，可以依法继承；政府补贴余额用于继续支付其他参保人的养老金。

参加城镇居民养老保险的城镇居民，年满60周岁，可按月领取养老金。城镇居民养老保险制度实施时，已年满60周岁，未享受职工基本养老保险待遇以及国家规定的其他养老待遇的，不用缴费，可按月领取基础养老金；距领取年龄不足15年的，应按年缴费，也允许补缴，累计缴费不超过15年；距领取年龄超过15年的，应按年缴费，累计缴费不少于15年。要引导城镇居民积极参保、长期缴费，长缴多得；引导城镇居民养老保险待遇领取人员的子女按规定参保缴费。具体办法由省（区、市）人民政府规定。同时，国家根据经济发展和物价变动等情况，适时调整全国城镇居民养老保险基础养老金的最低标准。

3. 2011年的基本情况[①]

截至2011年底，全国27个省、自治区的1 902个县（市、区、旗）和

---

① 人力资源和社会保障部：《2011年全国社会保险情况》；人力资源和社会保障部：《2011年度人力资源和社会保障事业发展统计公报》。

4个直辖市部分区县及新疆兵团开展国家城镇居民社会养老保险试点，总覆盖面约为60%。国家城镇居民社会养老保险试点参保人数达到539万人（不含已开展城乡居民养老保险地区，下同），其中60岁以下参保人数276万人。

2011年，全年城镇居民社会养老保险基金收入40亿元，其中个人缴费6亿元。基金支出11亿元。基金累计结存32亿元，其中个人账户累计积累9亿元。截至2011年底，全国共有235万居民领取城镇居民社会养老保险养老金。

三、人口老龄化：一场静悄悄的革命[①]

养老保险和年金市场的本质功能是为人们提供养老保障，因此，它与一个国家的人口年龄结构息息相关。中国的人口老龄化已是不争的事实，它将深刻影响中国现行基本养老保险体系的财务可持续性，并对未来年金市场发展提出强烈需求。

（一）人口老龄化的现状

从国际经验看，人口老龄化主要源于两方面的影响：一是人口预期寿命延长；二是生育率下降。中国也不例外。

首先看预期寿命。表1-3显示了自1950年以来中国人口预期寿命的变化情况。在过去60年中，中国人口预期寿命已由1950～1955年的44.58岁延长至2010年的74.83岁，共延长30.25岁。

表1-3 中国人口预期寿命

年　份	预期寿命（岁）
1950～1955	44.58
1955～1960	45.00
1960～1965	43.96
1965～1970	59.42

---

① 本节部分资料来源：郑伟、陈凯、林山君：《人口老龄化对中国养老保险制度的影响及对策研究》，国务院第六次全国人口普查研究项目、国家社科基金项目"中国养老保险制度'参量式'改革效应评估及政策应用研究（11CJY108）"的阶段性成果。

年　份	预期寿命（岁）
1970～1975	64.57
1975～1980	66.28
1980～1985	67.67
1985～1990	68.90
1990～1995	69.92
1995～2000	70.83
2000～2005	71.62
2005～2010	72.71
2010	74.83

资料来源：United Nations（Population Division，Department of Economics and Social Affairs），2011：World Population Prospects：The 2010 Revision.

其次看生育率。由于生育政策和生育意愿的影响，中国人口的总和生育率持续下降。表1－4显示，总和生育率从1950～1955年的6.11下降至2005～2010年的1.64，已经低于2.1的生育更替水平。

表1－4　　　　　　　　　　中国人口总和生育率

年　份	总和生育率
1950～1955	6.11
1955～1960	5.48
1960～1965	5.61
1965～1970	5.94
1970～1975	4.77
1975～1980	2.93
1980～1985	2.61
1985～1990	2.63
1990～1995	2.01
1995～2000	1.80
2000～2005	1.70
2005～2010	1.64

资料来源：United Nations（Population Division，Department of Economics and Social Affairs），2011：World Population Prospects：The 2010 Revision.

由于人口预期寿命延长和生育率的下降，人口老龄化自然不可避免。表1-5显示了自新中国成立以来历次人口普查的主要数据。2000年，65岁以上人口在总人口中的占比达到7%，标志着中国进入老龄化社会。2010年，65岁以上人口占比上升为8.9%，人口老龄化程度进一步加大。无论从哪个指标来衡量（包括65岁以上人口占比、少儿人口占比、年龄中位数、老少比等），当今中国都已经是一个典型的"老年型"社会了。

表1-5　　　　　　　　　中国历次普查人口结构及抚养比

年份	总人口（年末，万人）	按年龄组分						总抚养比（%）	少儿抚养比（%）	老年抚养比（%）
		0~14岁		15~64岁		65岁及以上				
		人口数	比例（%）	人口数	比例（%）	人口数	比例（%）			
1953	58 260	—	36.3	—	59.3	—	4.4	68.6	61.2	7.4
1964	69 458	—	40.7	—	55.8	—	3.6	79.4	72.9	6.5
1982	101 654	34 146	33.6	62 517	61.5	4 991	4.9	62.6	54.6	8.0
1990	114 333	31 659	27.7	76 306	66.7	6 368	5.6	49.8	41.5	8.3
2000	126 743	29 012	22.9	88 910	70.1	8 821	7.0	42.6	32.6	9.9
2010	134 091	22 259	16.6	99 938	74.5	11 894	8.9	34.2	22.3	11.9

资料来源：《中国统计年鉴》及《2010年第六次全国人口普查主要数据》。

（二）人口老龄化的未来趋势

在未来人口趋势预测中，我们采用联合国人口司关于中国人口高、中、低生育率的估计来测算2010~2100年期间中国人口年龄结构的变化趋势。表1-6显示了这一结果。在中生育率方案下，中国65岁以上人口占比将达到30.8%（2060年），之后虽略有下降，但也维持在28.3%的高位上（2100年）。如果假设低生育率方案，那么65岁以上人口占比将达到41.1%（2080年）。即使假设高生育率方案，65岁以上人口占比也将达到25.5%（2060年）。由此可见，无论人口生育率采用高、中、低哪种假设，几十年之后的"银发中国"都是不可避免的。而且，与其他国家相比，中国人口老龄化还具有几个显著的特点：一是来得早；二是来得快；三是持续时间长。

表1-6　　　　　　不同方案中国人口年龄结构变化趋势对比

年份	0~14 岁人口比例（%）			15~64 岁人口比例（%）			65 岁及以上人口比例（%）		
	高方案	中方案	低方案	高方案	中方案	低方案	高方案	中方案	低方案
2010	16.9	16.9	16.9	74.3	74.3	74.3	8.8	8.8	8.8
2020	19.0	17.0	15.0	68.8	70.5	72.2	12.2	12.5	12.8
2030	18.1	14.7	10.8	65.7	68.3	71.1	16.2	17.1	18.0
2040	16.3	13.1	9.5	61.7	63.0	64.3	22.0	23.9	26.1
2050	18.2	13.8	9.4	58.6	59.7	60.2	23.3	26.5	30.4
2060	18.6	13.7	8.8	56.0	55.5	53.7	25.5	30.8	37.5
2070	19.0	14.1	9.0	58.4	56.6	52.4	22.6	29.3	38.6
2080	20.4	15.0	9.5	57.9	55.5	49.4	21.7	29.4	41.1
2090	20.5	15.3	9.8	57.2	55.2	49.9	22.2	29.5	40.3
2100	20.8	15.7	10.3	58.0	56.0	51.1	21.2	28.3	38.7

（三）人口老龄化对养老保险体系的影响

人口老龄化的不断深化和加剧，将对中国养老保险体系产生持续深远的影响，这是一场"静悄悄的革命"。人口老龄化的一个直接影响是，在社会养老保险体系中，年轻人少了，老年人多了；在职缴费的人少了，退休领养老金的人多了。这样的人口年龄结构的变化，将导致基本养老保险基金的收入减少、支出增加，基金结余减少，最后甚至面临基金枯竭的风险。这种风险在短期内不会立刻显现（由于养老保险扩面，短期内养老保险基金状况甚至可能有所好转），但是会不断累积，如果不未雨绸缪，及时研判调整，未来必将剧烈爆发，由此对整个社会的稳定和发展产生重大影响。

▓ 四、经济金融发展：奠定基础支撑

国际经验表明，养老保障制度完善和年金市场发展有赖于经济金融发展。具体而言，一是需要国民经济的长期持续增长，二是需要人民生活的持续改善，三是需要金融市场的持续发展。经过改革开放30多年的发展，应当说，中国在国民经济、人民生活、金融市场这三个方面具备了一定的条件，为年金市场的发展奠定了必要的基础性支撑。

（一）国民经济增长[①]

改革开放 30 多年来，特别是进入 21 世纪的 10 多年来，中国国民经济持续快速增长。图 1-3 显示了 2003～2012 年国内生产总值及其增长速度的基本情况。2003～2011 年，国内生产总值年均实际增长 10.7%，这一时期的年均增速不仅远高于同期世界经济 3.9% 的年均增速，而且高于改革开放以来 9.9% 的年均增速。

过去的 10 年间，中国经济总量连续跨越新台阶，居世界的位次稳步提升，由 2002 年的 4.4% 提高到 2011 年的 10% 左右，对世界经济增长的贡献率超过 20%。2008 年国内生产总值超过德国，位居世界第三位；2010 年超过日本，位居世界第二位，成为仅次于美国的世界第二大经济体。

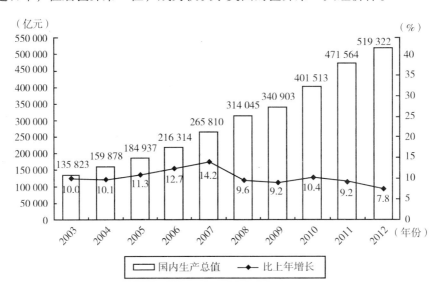

图 1-3　2003～2012 年国内生产总值及其增长速度

同期，中国人均国内生产总值也快速增加。2011 年，我国人均国内生产总值达到 35 083 元，扣除价格因素，比 2002 年增长 1.4 倍，年均增长 10.1%。按照平均汇率折算，我国人均国内生产总值由 2002 年的 1 135 美元上升至 2011 年的 5 432 美元。国家财政实力明显增强。2011 年，我国财政收入超过 10 万亿元，达到 103 740 亿元，比 2002 年增长 4.5 倍，年均增

[①]　资料来自国家统计局网站。

长 20.8%。

2012 年，据初步核算，全年国内生产总值 519 322 亿元，按可比价格计算，比上年增长 7.8%。全年居民消费价格比上年上涨 2.6%。[①]

（二）人民生活改善[②]

过去 10 年间，人民生活持续改善。图 1-4 显示了 2003~2011 年城镇居民人均可支配收入及其实际增长速度，图 1-5 显示了 2003~2012 年农村居民人均纯收入及其实际增长速度。

2011 年，城镇居民人均可支配收入 21 810 元，比 2002 年增长 1.8 倍，扣除价格因素，年均实际增长 9.2%；农村居民人均纯收入 6 977 元，比 2002 年增长 1.8 倍，扣除价格因素，年均实际增长 8.1%。城乡居民收入年均增速超过 1979~2011 年 7.4% 的年均增速，是历史上增长最快的时期之一。城乡居民家庭恩格尔系数分别为 36.3% 和 40.4%，分别比 2002 年降低了 1.4 和 5.8 个百分点。

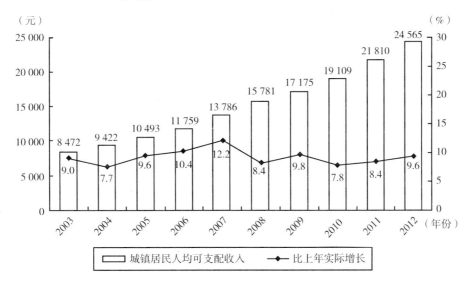

图 1-4　2003~2012 年城镇居民人均可支配收入及其实际增长速度

2012 年全年，城镇居民人均总收入 26 959 元。其中，城镇居民人均可支配收入 24 565 元，比上年名义增长 12.6%；扣除价格因素，实际增长

---

①②　资料来源：国家统计局网站。

9.6%。全年农村居民人均纯收入 7 917 元，比上年名义增长 13.5%；扣除价格因素，实际增长 10.7%。①

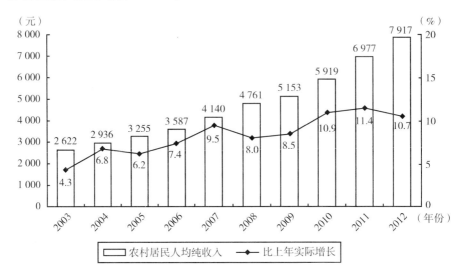

图 1－5　2003～2012 年农村居民人均纯收入及其实际增长速度

（三）金融市场发展②

经过 30 多年的改革开放，中国金融业得到了快速的发展，具体表现在金融机构、金融市场、金融监管等方面，为年金市场发展提供了必要的金融支撑。

在金融机构方面，2012 年，银行业金融机构总资产达 131.27 万亿元，总负债为 122.63 万亿元③。114 家证券公司总资产 1.72 万亿元，净资产 6 943.46 亿元，净资本 4 970.99 亿元，客户交易结算资金余额 6 002.71 亿元，托管证券市值 13.76 万亿元，受托管理资金本金总额 1.89 万亿元④。保险业全年保费收入 1.55 万亿元，同比增长 8%，保险公司总资产 7.35 万亿元，较年初增长 22.9%。

---

① 资料来源：国家统计局网站。

② 中国人民银行、中国银行业监督管理委员会、中国证券监督管理委员会、中国保险监督管理委员会、国家外汇管理局：《金融业发展和改革"十二五"规划》。

③ 资料来源：中国银监会网站。

④ 资料来源：中国证券业协会网站。

在金融市场方面，2012 年，金融市场保持健康平稳发展。货币市场交易活跃；债券发行规模大幅增加；股票市场指数跌至底部后有所反弹；保险业总资产继续快速增长；外汇市场交易平稳，掉期交易保持快速增长。①

在金融监管方面，银行业监管能力不断提升，证券期货业基础监管制度趋于完善，保险业现代监管框架基本形成。金融监管协调和信息共享进一步加强。系统性金融风险防范和处置机制不断完善，金融稳定动态评估机制逐步健全，金融安全网建设稳步推进，证券投资者保护基金、期货投资者保障基金和保险保障基金设立，存款保险制度建设得到推进。

五、社会管理创新：厘清政府市场关系

中国曾长期实行高度集中的计划经济，长期习惯"强政府、弱市场"的格局。传统的社会管理是靠政府，靠硬性行政手段；党的十八大提出要加快形成"党委领导、政府负责、社会协同、公众参与、法治保障"的社会管理体制，其含义是要综合运用行政、经济、社会、法律、文化等多种手段，调动各方积极力量，共同实施社会管理。同样道理，对于养老保障，政府也将不再大包大揽，而是要逐步推行"政府＋市场"的模式。

（一）年金市场与社会管理创新

当今中国正处于经济社会发展攻坚克难的关键阶段，特定发展阶段的中国社会管理和社会建设，其任务之重，挑战之大，难度之高，"举世罕有，史无前例"。

"加强社会建设，是社会和谐稳定的重要保证。必须从维护广大人民根本利益的高度，加快健全基本公共服务体系，加强和创新社会管理，推动社会主义和谐社会建设"。怎么理解党的十八大关于社会建设的这一表述呢？通俗地讲，可将社会管理和社会建设工作概括为"一高一低"。"高"指的是提高民生保障水平，"低"指的是降低社会风险等级。如果这"一高一低"的工作做好了，社会管理就做好了，社会建设就到位了，社会和谐就有保证了。

---

① 中国人民银行《2012 年第四季度中国货币政策执行报告》。

在这"一高一低"的工作中，年金市场能发挥什么作用呢？首先，在提高民生保障水平方面，年金市场作为社会养老保障体系的重要组成部分，对于提高民生保障水平具有重要意义，年金市场可以通过提供社会基本养老保障之上的补充保障，来满足公众的多样化、选择性和个性化的保障需求。其次，在降低社会老龄化风险等级方面，年金市场具有独特的专业优势。年金市场不仅可以帮助个人、家庭和企业去管理"个体微观养老风险"，而且可以帮助政府管理"社会宏观老龄化风险"。从某种意义上说，只要管理好个人、家庭和企业的养老风险，社会的人口老龄化风险也就容易管理了。

（二）"公私合作"是解决社会管理改革难题的一剂良方

虽然世界各国的改革方案千差万别，但在社会管理和社会建设领域有一条可资借鉴的共同经验，即"公私合作"（Public-Private Partnership，PPP），这是解决改革难题的一剂良方。公私合作在本质上反映了政府与市场的关系处理问题。2010 年温家宝总理在谈到大力推进社会事业领域的改革时撰文指出，"把应该由社会和市场发挥作用的真正交给社会和市场。……各项社会事业都应当区分'基本'和'非基本'。'非基本'的社会事业交给社会和市场，通过发展相关产业，满足多层次、个性化的需求，政府要履行监管责任。……对此，思想要解放一点，胆子要大一点，步子要快一点。"同理，作为社会事业领域的典型代表，养老保障领域的改革也要区分"基本"和"非基本"，政府主要提供基本养老保障，而基本保障之上的多层次和个性化的养老保障则要交给社会办，由市场调节，鼓励企业和个人通过年金（包括企业年金、职业年金、商业年金）等方式解决基本养老保障之外的需求。

有人质疑说，如果由市场提供养老保障，那些提供养老产品和服务的市场主体都是怀有利润动机的金融保险公司等商业机构，我们是否应当允许这些商业机构参与养老保障呢？我们认为，商业机构的利润动机不应成为遭到排斥的理由，原因如下：其一，追求利润无可非议。作为市场竞争主体，商业保险机构通过开发、销售年金产品来获取利润，只要合法合理，我们都应保护和鼓励，实际上，经济社会的发展，何尝不是在亚当·斯密的"看不见的手"的导引下同时实现利他和利己的？其二，完全依靠政府举办未必成功。历史上，商业保险曾因利润动机长期被排斥在社会保障体系之外，比如 20 世纪 90 年代初，政府举办农村社会养老保险制度（即"老农保"）

时，曾有一个流行观点——"举办农村社会养老保险，是排除商业保险利润动机、由政府主持为农民谋利益的行动"，遗憾的是，"好的初衷"并不必然等于"好的结果"，后来的实践证明，由于缺乏扎实的前期论证、专业的制度设计和完善的配套监管，"老农保"制度失败了。可见，依靠政府举办，欲达成功，也是需要条件的。其三，政府举办同样需要成本，而且弹性较小。政府举办需要增加机构、人员、经费，不是免费的，甚至成本有可能更高，需要进行成本对比选择；而且，政府举办的沉没成本较大，弹性较小，比如人员编制，一旦增加，不易调整，灵活性较小，而如果通过商业机构提供产品和服务的方式，则灵活性和调整余地较大。

对于私人部门参与养老保障体系，人们主要担心其可能有损公平性。但国际经验表明，只要制度设计、产品设计、监管安排得当，公私合作模式完全能够提供有效率且不损公平性的养老风险转移方案。

（三）政府应从"创新社会管理"的高度来统筹规划年金市场的发展

党的十八大提出，"在学有所教、劳有所得、病有所医、老有所养、住有所居上持续取得新进展"。年金市场作为养老保障体系的重要组成，如果不能充分发展，社会管理创新将受限，十八大提出的目标也难以实现。我们认为，从理念上说，政府应从"创新社会管理"的高度来统筹规划年金市场的发展。

近年来在社会管理和市场经济改革方面的一个重要国际趋势是加强公私合作，即政府在管理社会和提供公共服务的过程中，不是单纯地"大包大揽"、"亲历亲为"，而是站在更高的高度来组织、调动和协调相关社会资源，特别是重视发挥市场机制的作用，使市场和政府形成有效合力，以更好地达成服务经济社会发展的目的。对于市场经济条件下的人口老龄化风险管理，政府除了自身提供的社会保险和公共救济之外，还应当特别注重发挥年金市场的基础性作用。

为充分发挥年金市场的独特而重要的作用，政府应当为年金市场的正常发展提供必要的政策环境支持。在未来的一个时期中，许多领域都亟须政府在更高层面进行统筹协调，排除不同部门和地区之间的龃龉和掣肘，以顺利推进关乎经济社会发展的年金市场的有效运转。政府提供政策支持的目的不是为发展年金市场而发展年金市场，而是为了实现更高层次的经济社会协调发展的目标，是为了发挥年金市场在"创新社会管理"方面的不可或缺的作用。

六、法律规划发布：提供多方支持

近几年来，一系列有关年金市场发展的重要法律、规划和报告陆续发布，包括《社会保险法》、国民经济和社会发展"十二五"规划纲要、国家人口发展"十二五"规划、中国老龄事业发展"十二五"规划、社会保障"十二五"规划纲要、中国保险业发展"十二五"规划、金融业发展和改革"十二五"规划、十八大报告等。这些法律、规划和报告，从法律、经济社会发展、人口、老龄事业、社会保障、保险、金融、全面建成小康社会等角度，规定和勾勒了未来中国年金市场发展的相关政策环境。总体而言，这些法律、规划和报告从多个方面提供支持，政策环境有利于未来年金市场的发展。

（一）社会保险法

2010 年 10 月 28 日，全国人大常委会审议通过《社会保险法》，并于 2011 年 7 月 1 日施行①。该法是中国第一部社会保险领域的权威法律，是中国特色社会主义法律体系中起支架作用的重要法律。

《社会保险法》的颁布实施，使我国社会保险制度发展全面进入法制化轨道，是我国社会保障法制建设中的一个里程碑，对于建立覆盖城乡居民的社会保障体系，更好地维护公民参加社会保险和享受社会保险待遇的合法权益，使公民共享发展成果，促进社会主义和谐社会建设，具有十分重要的意义。

《社会保险法》明确规定，国家建立基本养老保险、基本医疗保险、工伤保险、失业保险、生育保险等社会保险制度，保障公民在年老、疾病、工伤、失业、生育等情况下依法从国家和社会获得物质帮助的权利。同时规定，社会保险制度坚持广覆盖、保基本、多层次、可持续的方针，社会保险水平应当与经济社会发展水平相适应。

---

① 在 2007～2010 年期间，全国人大常委会对《社会保险法（草案）》进行了四次审议修改，其间还于 2008 年 12 月至 2009 年 2 月间向社会公开征求对社会保险法草案的意见。

从养老保险视角看，《社会保险法》上述规定的基本含义是：其一，国家提供基本养老保险，保障公民在年老情况下从国家和社会获得一定帮助；其二，国家提供的基本养老保险水平应当与经济社会发展水平相适应，只能是"保基本"的水平；其三，国家鼓励发展"多层次"的社会保险制度，即鼓励发展基本养老保险之上的"补充养老保险"，鼓励发展以养老保障为本质功能的年金市场。

（二）国民经济和社会发展"十二五"规划纲要

2011 年 3 月，国家发布《国民经济和社会发展"十二五"规划纲要》，其中第 33 章专门论述了"健全覆盖城乡居民的社会保障体系"。

《规划纲要》提出，坚持广覆盖、保基本、多层次、可持续方针，加快推进覆盖城乡居民的社会保障体系建设，稳步提高保障水平。

《规划纲要》还提出要加快完善社会保险制度，实现新型农村社会养老保险制度全覆盖。完善实施城镇职工和居民养老保险制度，全面落实城镇职工基本养老保险省级统筹，实现基础养老金全国统筹，切实做好城镇职工基本养老保险关系转移接续工作。逐步推进城乡养老保障制度有效衔接。推动机关事业单位养老保险制度改革。发展企业年金和职业年金。扩大工伤保险覆盖面，提高保障水平，健全预防、补偿、康复相结合的工伤保险制度。完善失业、生育保险制度。发挥商业保险补充性作用。继续通过划拨国有资产、扩大彩票发行等渠道充实全国社会保障基金，积极稳妥地推进养老基金投资运营。

其中，《规划纲要》提出的"推动机关事业单位养老保险制度改革"、"发展企业年金和职业年金"、"发挥商业保险补充性作用"等表述，对于年金市场的发展具有重要意义。

（三）国家人口发展"十二五"规划

2011 年 11 月，国务院印发《国家人口发展"十二五"规划》，阐明了"十二五"时期国家人口发展的基本思路、发展目标和工作重点，是指导"十二五"时期我国人口发展的纲领性文件。

《规划》对"十二五"时期人口发展的阶段性特征的基本判断是：第一，人口增长势头减弱。生育旺盛期妇女数量开始呈现下降态势，同时，随着人口老龄化程度提高，人口死亡率有所上升，在生育政策不变的条件下，人口增长的势头进一步减弱。第二，主要劳动年龄人口达到峰值。"十二五"是我国人力资源最为丰富的时期，劳动年龄人口总量达到峰值，此后缓慢下行，人口抚养比在经历40多年下降后开始上升。第三，老年人口出现第一次增长高峰。20世纪50年代第一次生育高峰出生人口相继进入老年，"十二五"期间我国60岁以上老年人口年均增长800万以上，总量将突破2亿。第四，城镇人口历史性超过农村人口。城镇化率超过50%，城乡人口格局正在发生根本性变化。随着产业转移的加快、中西部城市群的发展，人口流动迁移呈现出新的特点，人口流向趋于多元化。

综上所述可见，"十二五"时期，中国人口老龄化程度将进一步加剧，老年人口出现第一次增长高峰，人口抚养比开始上升。"十二五"之后，中国人口老龄化将更加严重。这种人口年龄结构的重大变化，将对现行社会养老保险体系的可持续性提出严峻挑战，对年金市场发展提出强烈需求。

（四）中国老龄事业发展"十二五"规划

2011年9月，国务院印发《中国老龄事业发展"十二五"规划》，《规划》制定的主要目的是积极应对人口老龄化，加快发展老龄事业。

《规划》对"十二五"时期老龄事业面临形势的基本判断是：随着第一个老年人口增长高峰的到来，我国人口老龄化进程将进一步加快。从2011年到2015年，全国60岁以上老年人将由1.78亿增加到2.21亿，平均每年增加老年人860万；老年人口比重将由13.3%增加到16%，平均每年递增0.54个百分点。老龄化进程与家庭小型化、空巢化相伴随，与经济社会转型期的矛盾相交织，社会养老保障和养老服务的需求将急剧增加。未来20年，我国人口老龄化日益加重，到2030年全国老年人口规模将会翻一番，老龄事业发展任重道远。

《规划》指出，我们必须深刻认识发展老龄事业的重要性和紧迫性，充分利用当前经济社会平稳较快发展和社会抚养比较低的有利时机，着力解决老龄工作领域的突出矛盾和问题，从物质、精神、服务、政策、制度和体制机制等方面打好应对人口老龄化挑战的基础。

（五）社会保障"十二五"规划纲要

关于社会保障的"十二五"规划纲要共有两个，一是人力资源和社会保障部印发的《人力资源和社会保障事业发展"十二五"规划纲要》，二是国务院批转、六部委共同制定的《社会保障"十二五"规划纲要》。

2011年7月，人力资源和社会保障部印发《人力资源和社会保障事业发展"十二五"规划纲要》。该《规划纲要》提出，制定优惠鼓励政策，发展企业年金、职业年金。鼓励商业保险公司等社会机构提供与社会保险相衔接的产品和服务。

2012年6月，国务院批转《社会保障"十二五"规划纲要》，该《规划纲要》由人力资源社会保障部、发展改革委、民政部、财政部、卫生部、社保基金会等六部委共同制定。

《社会保障"十二五"规划纲要》提出"大力发展补充保险"，具体而言，在建立健全各项基本社会保险制度的基础上，针对人们不同的社会保障需求，落实和完善税收支持政策，积极稳妥发展多层次社会保障体系。发展企业年金和职业年金，鼓励用人单位为劳动者建立补充养老保险；鼓励个人建立储蓄性养老保险；鼓励发挥商业保险的补充性作用。

同时，《社会保障"十二五"规划纲要》提出"严格基金监管"。加强社会保障基金监督管理，维护基金安全。健全社会保险基金预算管理制度，规范基金收支，明确政府投入责任。完善基金监管政策法规，积极稳妥推进基本养老保险基金投资运营，进一步规范企业年金、职业年金市场化运营。大力推行社会保险基金网络监管软件应用，逐步实现现场监督检查与非现场监管相结合。指导社会保险基金和企业年金、职业年金基金管理机构加强内控和风险防范，实行规范运作，提高基金管理能力和运作水平，实现基金保值增值。建立社会保险基金和企业年金、职业年金管理情况报告制度和信息披露制度。建立行政监督与社会监督相结合的基金监管机制。

可见，从《社会保障"十二五"规划纲要》看，人力资源社会保障部、发展改革委、民政部、财政部、卫生部、社保基金会这六个与社会保障密切相关的政府部门，对于补充保险和年金市场发展是持肯定和积极态度的。

（六）中国保险业发展"十二五"规划

2011年8月，中国保监会发布《中国保险业发展"十二五"规划纲要》，明确了我国保险业"十二五"时期的发展方向、重点任务和政策措施，它是"十二五"时期保险业的行动纲领，是保险监管机构引导保险市场行为、履行监管职责的重要依据。

《规划纲要》提出，随着社会主义市场经济体制的不断完善，保险作为市场经济条件下风险管理的基本手段，在创新社会风险管理、基本公共服务体系建设和人民群众养老、医疗等方面能够发挥更大作用。鼓励发展养老、健康、责任、汽车和农业等专业保险公司。服务扩大内需战略，大力发展个人寿险、健康保险、养老保险，以及与住房、汽车等消费有关的保险业务，稳定居民预期，促进消费增长。

《规划纲要》提出，要参加多层次社会保障体系建设，满足人民群众日益增长的多样化、多层次保险保障需求，大力发展商业养老保险和健康保险等保险业务。大力拓展企业年金业务，支持有条件的企业建立商业养老保障计划，提高员工保障水平，探索个人养老年金保险业务，拓宽商业养老保险服务领域。加快推动个人税延型养老保险试点工作，不断完善政策，逐步扩大试点范围。支持符合条件的保险机构投资养老保险服务产业。

《规划纲要》还提出，推动研究实施个人养老保险递延纳税试点办法，逐步建立适合国情的养老保险支持政策。推动研究保险资金投资养老产业、参与医药卫生体制改革等税收支持政策。

（七）金融业发展和改革"十二五"规划

2012 年 9 月，中国人民银行、中国银行业监督管理委员会、中国证券监督管理委员会、中国保险监督管理委员会、国家外汇管理局共同发布《金融业发展和改革"十二五"规划》，旨在阐明国家在"十二五"时期推动金融业改革发展的指导思想、主要目标和政策导向，明确金融工作重点，凝聚各方力量，推动金融发展再上新台阶。

《规划》提出，继续推动社会保障基金、企业年金等中长期资金参与资本市场。大力发展个人寿险、健康保险、养老保险、企业年金业务，以及与住房、汽车消费有关的保险业务。搞好个人税收递延型养老保险试点。总结推广商业保险参与社会保障、医疗保障体系建设的经验和做法。鼓励发展养老、健康、责任、汽车和农业等专业保险公司，探索发展信用保险专业机构，初步形成专业性保险公司差异化竞争优势。

（八）党的十八大报告

2012 年 11 月 8 日，胡锦涛总书记在党的十八大开幕式上作了题为《坚定不移沿着中国特色社会主义道路前进，为全面建成小康社会而奋斗》的报告。

在"过去五年的工作和十年的基本总结"部分，十八大报告提到，社会保障体系建设成效显著，城乡基本养老保险制度全面建立，新型社会救助体系基本形成。十年来，社会保障水平迈上一个大台阶。

在"夺取中国特色社会主义新胜利"部分，十八大报告提出，要在全体人民共同奋斗、经济社会发展的基础上，加紧建设对保障社会公平正义具有重大作用的制度，逐步建立以权利公平、机会公平、规则公平为主要内容的社会保障体系，努力营造公平的社会环境，保证人民平等参与、平等发展权利。

在"全面建成小康社会和全面深化改革开放的目标"部分，十八大报告提出，社会保障全民覆盖，人人享有基本医疗卫生服务，住房保障体系基本形成，社会和谐稳定。

在"在改善民生和创新社会管理中加强社会建设"部分，十八大报告提出，统筹推进城乡社会保障体系建设。社会保障是保障人民生活、调节社会分配的一项基本制度。要坚持全覆盖、保基本、多层次、可持续方针，以增强公平性、适应流动性、保证可持续性为重点，全面建成覆盖城乡居民的社会保障体系。十八大报告还提出，积极应对人口老龄化，大力发展老龄服务事业和产业。

十八大报告将原来社会保障"广覆盖、保基本、多层次、可持续"方针，改为"全覆盖、保基本、多层次、可持续"，一是强调"全覆盖"，二是重申"多层次"。"多层次"的含义就是，除了基本保险之外，还要鼓励发展各种类型的补充保险，如企业年金、职业年金、商业年金等。

七、国际危机启示：把握时间窗口

近几年，欧债危机对欧洲各国乃至国际社会都影响巨大。欧债危机的本质是因政府的债务负担超过了自身的承受范围而引起的政府债务违约风险。

2009年10月20日，希腊政府宣布当年财政赤字占国内生产总值的比例将超过12%，远高于欧盟设定的3%上限。随后，全球三大评级公司相继下调希腊主权信用评级，欧洲主权债务危机率先在希腊爆发。2010年希腊社会福利支出占GDP的比重为20.6%，而社会福利在政府总支出中的占比更是高达41.6%。这种状况在经济发展良好的时候并不会出现问题，但在外在冲击、本国经济增长停滞时，危机则不可避免。

欧债危机其实与养老保障制度有着紧密的关系，养老金赤字就是希腊主权债务危机爆发的重要诱因。欧债危机对中国养老保障制度改革带来很多启示，其中之一即是，政府提供的基本保障水平要与经济发展水平相适应，不能陷入"福利陷阱"，在为国民提供养老保障这一问题上，固然不能光靠市场，但也不能过度依赖政府，政府与市场应当相互协调配合，共同推进改革。

世界银行 2005 年提出的"五支柱"养老保障制度框架，有的支柱主要依靠"政府"，有的支柱主要依靠"市场"，每个支柱既有其自身的优势（即可以应对某些风险），同时又存在各自的风险，各个支柱之间需要相互补充，才能共同构建完善的养老保障体系。

世界范围内的养老保障制度改革进行了几十年，从中可以看出一些基本的国际经验和趋势：第一，清晰界定政府与市场角色，是完善养老保险制度、促进国民经济和社会发展的重要前提；第二，通过年金市场提供的养老保险是国家整个养老保障制度的重要组成部分，不仅是有益补充，而且是重要组成部分，不可或缺；第三，税收优惠政策是完善养老保障制度的重要杠杆，税收优惠不是为优惠而优惠，重要目的是为了调动各方力量（包括企业和个人），撬动"完善养老保障制度"这项关乎国民经济和社会发展全局的工作；第四，养老保险基金是促进金融结构变迁和资本市场发展的重要力量，涉及间接融资与直接融资、个人投资者与机构投资者等结构性问题。此外，在养老保障制度改革中还需注意，好的改革初衷并不必然等于好的结果，白手起家的改革与制度转轨的改革有着不同的路径，他国经验必须与本国国情相结合。

在讨论养老保障制度改革中的政府与市场的关系时，我们首先要厘清"政府"的内涵。我们使用"政府"这一概念时往往有两种不同的内涵：一个是替代市场的政府（market-substituting government），即为弥补市场失灵而替代市场来提供公共品的政府；另一个是监管市场的政府（market-regulating government），即为矫正市场竞争的负外部性而对市场进行监管的政府。这是两个不同的概念。例如，为全体国民提供最基本的养老保障，使人们免受饥贫病残的困扰，这不是市场所能胜任的，是市场失灵的方面，而这恰恰是政府应当有所积极作为的方面，是"替代市场的政府"应当承担责任的领域。再如，对于基本养老保障之上的公众的差异化的养老保障需求，就无须"麻烦"政府替代市场来提供产品和服务了，而应完全交给"市场"去做，让市场机制发挥基础的资源配置作用，当然在这一"市场"中，政府也不是完全无所作为，政府的作用是对市场进行监管，着力避免或减少市场竞争的负外部性，这就是"监管市场的政府"应当承担责任的领域。可见，"替代市场的政府"与"监管市场的政府"有着本质的不同，前者强调政府要替代市场进行资源配置，而后者强调政府只是市场的一个监管者，资源配置的主体仍是市场。

区分这两个"政府"概念具有重要意义。第一，它有利于构建共同的话语基础。如果不对这两个概念进行区分，则可能造成"形似而神非"的现象，使讨论者缺乏共同的话语基础，而在自我构建的语境中"自圆其说"，这不利于将问题讨论引向深入。第二，有利于清晰地界定政府的职责。政府在不同领域有着不同性质的作用需要发挥，如果只是笼而统之地说要发挥政府作用，则可能模糊政府的具体职责，一方面，可能使本该"监管市场的政府"异化为"替代市场的政府"，即政府越位替代市场；另一方面，可能使本该"替代市场的政府"缺位不作为，未能提供相应的产品和服务。第三，有利于更好地发挥市场的作用。对于本该由市场提供产品和服务的，如果政府越位替代市场，则必将造成资源错配和效率低下；同样，对于本该由政府进行市场监管的，如果出现"监管真空"或"监管过度"，则也会造成资源配置的扭曲。

政府与市场，在养老保障制度的不同层次或支柱中扮演不同的角色，承担不同的责任。以世行"五支柱"框架为例，零支柱是普惠性养老金，由政府组织提供；第一支柱是强制性社会统筹养老金，由政府组织提供；第二支柱是强制性个人账户养老金，由政府主导，市场参与；第三支柱是自愿性养老金，由市场主导，政府监管，政策支持；第四支柱是非正式家庭养老保障，由家庭主导。可见，在不同的制度层面，政府与市场应有不同的担当。

欧债危机对中国养老保障制度改革的一个重要启示是，要高度重视政府与市场的关系，构建和谐的公私合作模式，通过大力发展基本养老保险之外的年金市场，一方面为政府"减负"，另一方面也为国民提供更加完善的养老保障。需要特别强调的是，虽然中国当前养老保障制度改革的环境相对较为宽松，但是改革的"时间窗口"不可能长期敞开，改革时机稍纵即逝，我们不能贻误时机。

八、反思"养老靠谁"

(一) 年金市场发展环境小结

从以上讨论的人口、经济、社会、法律、国际五个方面看，应当说，中国年金市场发展所面临的环境出现了诸多新情况、新形势。简而言之，经济社会越发展，年金市场越重要。

从人口环境看，"十二五"期间，劳动年龄人口总量达到峰值，此后缓慢下行；老年人口出现第一次增长高峰，60 岁以上老年人口总量将首次突破 2 亿；人口年龄结构拐点到来，人口抚养比在经历 40 多年下降后首次开始上升，人口红利消失。而且，与其他国家相比，中国人口老龄化还具有几个显著的特点：一是来得早，二是来得快，三是持续时间长。人口老龄化将对中国当前的社会养老保险体系带来冲击和挑战，国家提供的基本养老保险的替代率将不断下降，且长期财务不可持续，通过发展基本养老保险之外的年金市场，来为国民提供更加完善的养老保障，不仅必要，而且急迫。

从经济环境看，经过改革开放三十多年的发展，中国国民经济仍处于一个快速发展的时期，人民生活持续改善，金融市场不断完善。2010 年，中国国内生产总值超过日本，位居世界第二位，成为仅次于美国的世界第二大经济体。人均国内生产总值由 2002 年的 1 135 美元上升至 2011 年的 5 432 美元。城乡居民人均收入快速增长。银行业、证券业、保险业金融机构不断发展，货币市场、资本市场、保险市场等金融市场不断完善。这些国民经济、人民生活和金融市场所具备的条件，都为中国年金市场发展奠定了必要的基础性支撑。

从社会环境看，中国正在加快创新社会管理，近年来在社会管理和市场经济改革方面的一个重要国际趋势是加强公私合作，即政府在管理社会和提供公共服务的过程中，不是单纯地"大包大揽"、"亲历亲为"，而是站在更高的高度来组织、调动和协调相关社会资源，特别是重视发挥市场机制的作用，使市场和政府形成有效合力，以更好地达成服务经济社会发展的目的。对于市场经济条件下的人口老龄化风险管理，从创新社会管理的视角看，政府除了自身提供的社会保险和公共救济之外，必然要注重发挥年金市场的基础性作用，推行"政府＋市场"的模式。

从法律环境看，近几年发布的一系列重要的法律、规划和报告，多次直接或间接地提出要"大力发展补充保险"，在建立健全各项基本社会保险制度的基础上，针对人们不同的社会保障需求，落实和完善税收支持政策，积极稳妥发展多层次社会保障体系；发展企业年金和职业年金，鼓励用人单位为劳动者建立补充养老保险；鼓励个人建立储蓄性养老保险；鼓励发挥商业保险补充性作用。这一系列的法律、规划和报告为年金市场发展提供了多方政策支持。

从国际环境看，欧债危机与养老金赤字高度相关，对中国养老保障制度改革具有重要启示。政府提供的基本保障水平要与经济发展水平相适应，不能陷入"福利陷阱"，在为国民提供养老保障这一问题上，固然不能光靠市场，但也不能过度依赖政府，政府与市场应当相互协调配合，共同推进改革。需要特别强调的是，虽然中国当前养老保障制度改革的环境相对较为宽松，但是改革的"时间窗口"不可能长期敞开，改革时机稍纵即逝，我们不能贻误时机。

（二）"养老靠谁"

2012 年 7 月，美国著名智库"战略与国际研究中心（CSIS）"发布了一份题为《平衡传统与现代：东亚地区退休养老前景》的报告，该报告基于在中国大陆、中国香港、中国台湾、新加坡、韩国和马来西亚进行的一项问卷调查。其中有一组数据给人留下了非常深刻的印象，问卷的问题是：谁最应当负责为退休养老提供收入（Who, ideally, should be mostly responsible for providing income to retired people）？在回答中，选择"退休者自己"的比例，中国大陆最低（9%），然后是马来西亚（31%）、新加坡（40%）、中国香港（40%）、中国台湾（45%）、韩国（53%）；选择"政府"的比例，中国大陆最高（63%），然后是马来西亚（39%）、中国香港（37%）、中国台湾（36%）、新加坡（32%）、韩国（31%）；选择"成年子女或其他家庭成员"的比例，中国大陆最低（4%），然后是韩国（5%）、中国台湾（7%）、中国香港（12%）、马来西亚（14%）、新加坡（22%）。从这组数据看，如果说"养儿防老"是中国人以前的传统观念的话，那么，现在已经演变成"养老靠政府"了。[①]

———————

① 郑伟：《养老靠谁》，载《中国保险报》2012 年 8 月 28 日。

为什么中国人从一个极端走向另一个极端，现在开始信奉"养老靠政府"了呢？我们认为至少有以下三个方面的原因：其一，受计划经济的影响。在长期计划经济影响之下，公众感觉政府如父母，应当包办一切，包括养老。其二，受社保扩面的影响。近年政府注重民生保障，社保不断扩面，从城镇职工基本养老保险扩展至新型农村社会养老保险，从新农保又扩展至城镇居民社会养老保险，政府养老保障力度不断加强。其三，受媒体宣传的影响。比如，2011 年《新华每日电讯》一则报道的标题是："农民加入新农保，靠政府就能养老"，传递的信息似乎是，养老靠政府就够了。

养老真的仅靠政府就够了吗？似乎不太现实。我们首先来看 2011 年《社会保险法》的规定。社保法明确写道，"社会保险制度坚持广覆盖、保基本、多层次、可持续的方针，社会保险水平应当与经济社会发展水平相适应"，这意味着，虽然覆盖面扩大了，但是保障水平不可能太高，虽然措辞从原来的"广覆盖、低保障"变成了"广覆盖[①]、保基本"，但本质意思没有变，就是政府提供的保障只能是低水平的基本保障，不可能超越相应的经济社会发展水平。

其次，从国际经验看，似乎没有哪个国家能够为全体国民提供长期高水平的养老保障。以世界第一经济强国——美国为例，政府提供的社会养老保险的替代率（即占退休前工资的比例）目前平均约为 40% ~ 45%。若要保持退休前的生活水平，大约需要 85% 的替代率，余下的 40% ~ 45% 就不能靠政府，而要靠自己的雇主或个人来进行准备。而且，2030 年政府提供的养老替代率将下降到 20% 左右，届时雇主和个人的责任就更大了。

最后，中国正进入快速老龄化阶段，即使当前政府能支付较高水平的养老金，以后也不可持续。我们来看这样一组数据：中国当前养老保险制度内的在职职工与退休职工的人数比为 3:1，21 世纪 30 年代将变为 2:1，21 世纪 50 年代将变为 1:1。相比之下，美国当前在职职工与退休职工的人数比也是 3:1，21 世纪 30 年代的数据也是 2:1，但是之后不再下降，而是长期保持在这一水平。美国预测他们的社会养老保险基金在 2033 年将出现问题，中国是一个发展中国家，未富先老，所面临的养老问题将更加严峻。

那么，中国人未来养老应当靠谁呢？思路无外乎这么几个：政府、雇主、个人、家庭。靠家庭养老原本是较好的制度安排，但由于中国实行计划

---

① 党的十八大进一步提出"全覆盖"。

生育政策，"4－2－1"的家庭结构使得家庭养老的功能急剧萎缩，基本靠不住了。靠政府养老，如果真如媒体所宣传的，"靠政府就能养老"，那是相当理想的事情，但遗憾的是，如上文所述，养老仅靠政府显然是不够的。在未来的退休养老收入中，如果政府社会保障能够提供一半的保障，其实就已经很不容易了。试想，到了21世纪50年代，在职职工与退休职工的人数比是1:1，这意味着在职职工20%的养老保险缴费率亦仅可为退休职工提供大约20%的养老替代率。如果按照国际常用的85%的养老替代率标准来衡量的话，另外的65%无疑需要依靠第二支柱（如企业年金、职业年金）和第三支柱（商业年金）来解决。

中国目前的突出问题是，在转型期，一方面，家庭养老日渐式微，正在"退位"；另一方面，政府养老虽在扩面，但保障程度今非昔比（除了备受质疑、迟未改革的机关事业单位退休制度），正在"移位"（由原来的"大包大揽"变为"保基本"）；而与此同时，雇主和个人的养老责任尚未"补位"，由此形成了一个明显的"空缺"。这个空缺目前在相当程度上被政府的社保扩面工程遮盖了，我们需要注意，扩面只是提高"覆盖率"，而不是提高"替代率"。这个空缺，不论政府或公众是否意识到，它都是客观存在的。弥补这个空缺，必须大力发展基本养老保险之外的年金市场，这不仅需要雇主和个人家庭的努力，而且需要政府的制度激励和政策支持。

▊ 结　语

中国的年金市场发展，正站在一个关键的十字路口，机遇和挑战并存。综合判断人口、经济、社会、法律和国际形势，我国年金市场发展正处于可以大有作为的重要战略机遇期，既面临难得的历史机遇，也面对诸多可以预见和难以预见的风险挑战。

2012年2月，《人民日报》曾对"改革有风险，但不改革就会有危险"这一问题做过精辟阐述，该文指出，对于当前各地各部门千头万绪的改革来说，面对"躲不开、绕不过"的体制机制障碍，如果怕这怕那、趑趄不前，抱着"多一事不如少一事"的消极态度，甚至将问题矛盾击鼓传花，固然可以求得一时轻松、周全某些利益，但只能把问题拖延成历史问题，让危机跑在了改革前面，最终引发更多矛盾、酿成更大危机，甚至落入所谓"转型期陷阱"。宁要微词，不要危机；宁要"不完美"的改革，不要不改革的危机。

对于中国的年金市场来说，道理是相同的。不改革，不发展，短期没问题，因为人口老龄化最严重的高峰期尚未到来，"击鼓传花"还能拖延二三十年；但是，如果不改革，危险将步步逼近，从长期看，重大矛盾问题必将剧烈爆发。

养老保障体系的完善，虽非救火般紧急，但确实事关重大，我们应当增强机遇意识和忧患意识，主动适应环境变化，有效化解各种矛盾，科学预判和缜密筹划养老保障体系改革和年金市场发展问题。改革时机稍纵即逝，如果等到人口老龄化高峰到来再临时"组织攻坚"，危机就不可避免了。

本章参考文献：

1.《国家人口发展"十二五"规划》，2011 年 11 月。

2.《国民经济和社会发展"十二五"规划纲要》，2011 年 3 月。

3.《金融业发展和改革"十二五"规划》，2012 年 9 月。

4.《人力资源和社会保障事业发展"十二五"规划纲要》，2011 年 7 月。

5.《社会保障"十二五"规划纲要》，2012 年 6 月。

6.《中国保险业发展"十二五"规划》，2011 年 8 月。

7.《中国老龄事业发展"十二五"规划》，2011 年 9 月。

8.《中华人民共和国社会保险法》，2010 年 10 月 28 日。

9. 胡锦涛：《坚定不移沿着中国特色社会主义道路前进，为全面建成小康社会而奋斗》，党的十八大报告，2012 年 11 月 8 日。

10. 孙祁祥、郑伟等：《中国社会保障制度研究》，中国金融出版社 2005 年版。

11. 尹蔚民：《中华人民共和国社会保险法释义》，中国劳动社会保障出版社 2010 年版。

12. 郑伟、陈凯、林山君：《人口老龄化对中国养老保险制度的影响及对策研究》（研究报告），2013 年。

13. 郑伟：《养老靠谁》，载《中国保险报》2012 年 8 月 28 日。

14. Center for Strategic and International Studies（CSIS）："Balancing Tradition and Modernity：The Future of Retirement in East Asia"，2012.

第二章

年金市场发展：现实困境与机理分析

▌ 引　言

20世纪70年代末、80年代初，在社会主义的背景条件下，为了走出长期的经济低效率和经济增长停滞状态，为了实现资源配置方式从计划向市场的转型，为了实现经济发展阶段从传统农业社会向现代工业社会的转变，为了实现社会结构从封闭半封闭的乡村社会向开放的城镇社会转型的转变，中国进入了并仍处在社会结构转型、经济体制转轨、利益格局调整和社会观念转变的过程中。也正是在这个伟大的转型过程中，中国的年金市场得以恢复发展。伴随计划生育政策的实施和家庭小型化趋势的不断发展，伴随人口老龄化的持续加深和人口红利的逐渐消失，伴随社会经济的不断发展和社会养老保险体制改革的推进，关于发展年金市场的必要性、可行性和重要性，大家逐渐达成共识。

但是，中国年金市场从蹒跚起步到今天，已经有数十年的历史，虽然备受青睐，却发展缓慢；虽被称为"市场"，但也具有浓厚的中国色彩；虽被各界寄予厚望，却在现实发展中陷入困境难以摆脱。出现这种种怪现象的根源何在？年金市场要取得更大发展，需要摆脱哪些桎梏？本章将从历史纵向的视角，对中国年金市场的发展历程进行系统考察和总结，随后对当前的市场格局进行深入剖析，以期找出年金市场陷入现实困境的根本原因。

一、中国年金市场的历史演进

要理解中国年金市场现存的各种问题，厘清年金市场发展过程中的各种理念之争，把握各种制度出台的背景，必须对中国年金市场的历史脉络有一个清晰的把握。如果从年金市场发端之初来回顾这段历程，很多做法和问题都可以找到其根由。总体来看，中国的市场化是市场因素在传统体制的退让和扶持中成长的过程，这一转型路径直接决定了年金市场在中国的发展轨迹。转型这个特定的时空背景，决定了我们进行年金市场分析的起点。

（一）"传统体制"阶段与年金市场的停滞：新中国成立至 20 世纪 80 年代中期

回顾过往，中国的现代化和工业化从起步就步履蹒跚、不由自主。由于战乱和政权的分崩离析，很多尝试、包括著名的洋务运动都以失败结束。直到 1949 年中华人民共和国成立，工业化才具备了有利的外部条件。当时，从政府到社会，对工业化的渴望是毋庸置疑的，但是，如何打破资源匮乏的枷锁、实现起步，却是一个巨大的挑战。经历了百年战乱的中国，是当时世界上最为贫困的国家之一，1950 年人均 GDP 只相当于世界平均水平的 21%、美国的 4.6%[①]；而且当时正是第二次世界大战之后两极格局对峙最为激烈的时期，随着冷战的逐渐展开，两大意识形态阵营之间"冷战"不断升级，中国的发展受到了非社会主义阵营的严格压制。在国内国际资源贫瘠的情况下如何启动国家工业化进程，是横亘在中国发展道路上的重大难题。在这一背景下，外有苏联"老大哥"的影响，内有集中资源以迅速推进重工业化、进而实现"赶超"的压力，中国在 20 世纪 50 年代初选择了计划经济体制。

传统的计划经济体制对于年金市场的发育显然是不利的。首先，从需求来看，国家掌握着最大份额的资源，资本积累、投资与经济增长完全是国家的事情，加上当时主流意识形态的影响，企业和个人的经济安全、包括老年生活安全也顺理成章地成为国家及国家所属企业的事务。1951 年 2 月，我国颁布了第一个劳动保险方面的管理规定，即《劳动保险条例》，规定了养

---

① 资料来源：OECD, *The World Economy: Historical Statistics*, 2003.

老补助金的领取条件和待遇水平。而由于历史条件原因，机关和事业单位职工的养老制度，没有执行该条例，起初是实行供给制，对其生、老、病、死、伤、残等各方面的困难由组织保证供给，到1955年12月，国务院发布了《国家机关工作人员退休处理暂行办法》、《国家机关工作人员退职处理暂行办法》等法规，正式规定了退休职工的待遇标准。根据规定，国有企业职工及机关事业单位人员，养老金由国家财政拨款，个人不需缴纳任何费用。对于广大农民，主要是依靠土地等生产资料自行安排养老事宜，老弱孤寡残疾者则可以享受集体的保障（始于1956年的"五保"制度）。在这种国家主导的制度性风险管理安排下，无论是企业还是个人，都难以形成对商业年金产品的需求；换言之，年金产品需求被福利制度取代。

值得补充的是，在"文化大革命"期间，由于机构被撤、资料散失、政令不通，1969年2月，财政部发布《关于国营企业财务工作中几项制度的改革意见（草案）》，宣布"国营企业一律停止提取劳动保险金"，"企业的退休职工、长期病号工资和其他劳保开支，改在营业外列支"，从而取消了社会统筹的养老保险制度，使之变成了企业保险[1]。但是，这只是改变了养老保险的共济机制，附着于"单位"的福利背后仍有政府补贴为保障，这对该制度的安全性和民众预期并没有实质性的影响。当然，由于当时注重资本积累，在收入分配过程中，劳动收入的份额本就很低，工人工资被压到很低的水平，为此又大大压低农产品的价格，从而在事实上并不具备年金产品的购买能力。

其次，从供给来看，受特定历史环境的影响，我国在新中国成立初期明确，"国内是以建设强大的国营保险公司为基础，团结与改造私营公司"。[2]1949年10月20日在接管的国民党政府官僚资本保险机构基础上建立的中国人民保险公司因此成为保险业的领导者，其不仅是市场上垄断性的经营主体[3]，而且是经过"洗炼"和整顿后的公私合营保险机构的指导者。[4]遵循

---

① 1978年6月，国务院颁布了《关于安置老弱病残干部的暂行办法》和《关于工人退休、退职的暂行办法》（即著名的104号文件），针对"文化大革命"中出现的不正常现象和过去制度的缺陷，重新规定了离退休的条件及待遇标准。

② 《中国人民银行召开保险工作会议确定业务方针》，载《人民日报》1949年10月21日第2版。

③ 中国人民保险公司是当时唯一的全国性国营保险公司，占据了绝大多数市场份额。1952年底，在华外商保险公司陆续退出中国保险市场；1956年8月以后，公私合营保险公司也不再从事国内保险业务。这样，中国国内保险市场由中国人民保险公司独家垄断。

④ 王静然：《新中国的人民保险事业》，载《人民日报》1950年9月1日第7版。

"保护国家财产、保障生产安全、促进物资交流、增进人民福利"的保险事业方针，人民保险公司在前期主要开展财产保险业务，在人身保险方面也陆续开办了旅客意外伤害保险、团体人身保险以及渔工人身保险等业务，[①]并计划"组织适合群众需要的各种财产保险和人身保险，成为社会福利以外的补充保证。"[②]但是，在商业保险的探索刚开始的时候，由于众所周知的原因，1958年10月，全国财贸工作西安会议提出，"人民公社化以后，保险工作的作用已经消失，除国外业务必须继续办理外，国内业务应立即停办"，不久即获得国务院批准。直到1982年中国人民保险公司才逐步恢复国内人身保险业务。因此，在这一阶段，年金产品的供给也是一片空白。

（二）转型起步与年金市场的"泛行政化"：20世纪80年代中期至90年代中期

1. 转型起步、社会养老保险改革与对年金产品需求的释放

在新中国成立初期建立起来的养老金制度，可以说为体制内的劳动者提供了全面的、甚至称得上体面的养老保障，但由于"单位保险"制度缺乏共济性，"独立核算、自负盈亏"的新体制使传统体制中新老企业养老负担不均衡的问题迅速暴露出来，部分职工的养老经费来源得不到保证。同时，伴随转型起步，经济体制改革的开展，非国有经济逐步成长，将养老保险的覆盖范围局限在公有经济中，显然不适应多种经济成分共同发展的需要，原有的社会养老保险体制已经不再适合客观需要，亟待革新。

这一阶段社会养老保险的改革，主要目的是将养老保险事务从企业逐步剥离，因而主要涉及国有经济职工，其资金筹集以"以支定筹、略有节余、留有部分积累"为基本原则，实行现收现付制，养老保险费由国家、企业、个人三方负担，实质上是确立了"投保资助型"的社会养老保险模式。对于其他所有制的经济体，在全国层面并没有统一的安排，实际也为年金市场预留出了发展空间，例如，集体企业、乡镇企业、"三资企业"等各种类型企业的职工及个体经济从业者需要有一个安全的渠道获得养老保障，国有企业职工也需要补充性的养老保障，而年金市场就是一个可靠的选择。

---

① 吴波：《三年来保险事业的成就以及今后的任务》，载《人民日报》1952年12月20日第2版。
② 贝仲选：《正确贯彻国家保险事业的方针》，载《人民日报》1955年7月9日第2版。

之后，伴随产权结构的多元化，有必要构建一套更有利于劳动力流动的社会养老保险体系。1991 年 6 月，国务院发布了《关于企业职工养老保险制度改革的决定》，宣布实行养老保险的社会统筹，建立养老保险基金制度，确立了个人缴费原则，要求在全国范围内逐步推行，并明确提出要"随着经济的发展，逐步建立起基本养老保险与企业补充养老保险和职工个人储蓄性养老保险相结合的制度"，从此改变了以前单一的企业职工养老保险制度，开始建立多层次的养老保险体系，养老保险制度改革也进入了有组织的改革设计阶段，彻底改变了养老保障由国家和企业包揽的局面，市场的角色初步明确，对年金产品的需求也逐渐释放出来。

2. 保险业恢复与年金市场的"行政化"

转型让旧有的养老保障体系失效、瓦解，但同时也创造出了新的承接主体——为了满足个人和企业的风险管理需求，同时，也是更主要的，为了集聚金融剩余①，国家开始恢复保险制度，于 1980 年全面恢复了停办达 20 年之久的国内保险业务。在保险业恢复发展之后，年金市场的主要供给者之一——保险公司出现了。为解决城镇集体企业职工后顾之忧，自 1981 年以来，劳动人事部门和中国人民保险公司相继进行了养老保险试点，开始了将养老保险制度扩展到集体企业的努力。

根据 1979 年保险工作会议精神，1982 年 8 月中国人民保险公司上海分公司在上海承办集体企业职工个人养老保险业务，当年承保人数 3 156 人，保险金额 158 万元，保险费 11 万元②；1983 年，人保制定出城镇集体经济组织职工按月缴纳保险费、退休后可按月领取一定数额的养老金直至身故的养老保险办法，每月领取的养老金数额取决于缴费年限和缴费金额③。1984 年，中国人民保险公司总公司颁布《个人养老金保险试行办法》，开始销售个人年金产品。针对保险费由个人支付的特点，该险种的条款规定，如果投保人未到领取养老金年龄之前即已身故，保险人向其家属给付退保金；同时规定了 10 年的保证期，若被保险人死亡时领取养老金不满 10 年，其法定受

①　因为国家集聚资本的需要，保险业恢复之初，除了上缴利润，还要承担高额税收，适用的主要税种和税率是：所得税 55%；营业税 5%；调节税 20%。

②　人保上海分公司在 1982 年还开办了城市知青合作社职工养老金保险和附加医疗保险，由保险人负担职工在职期间和退休后医疗费的 70%，自付 30%。有些地区的乡镇企业和村办企业也参照上述方法为职工投保。

③　《上海金融志》编纂委员会编：《上海金融志》，上海社会科学院出版社 2003 年版。

益人可继续领取 10 年固定养老年金的余额部分。这种产品受到了很多个体经济投保人的欢迎。1985 年，人保公司共实现养老保险保费收入 1.8 亿元，当年养老赔付支出为 24 万元。① 此后，人保先后推出了城市统筹养老保险、三资企业职工统筹养老保险、全民固定工统筹养老保险等险种。

但是，在这个阶段，尽管在年金市场上有了以"公司"为名的供给主体，也有了不同类型的产品，可是产品的销售却并不是完全通过市场机制完成的。1984 年 4 月 26 日，劳动人事部、中国人民保险公司印发《关于城市集体企业建立养老保险制度的原则和管理问题的函》，提出要考虑建立法定的城镇集体企业职工养老保险制度……在具体实施中，实行企业和个人共同缴费，并特别强调，"这项业务由中国人民保险公司经营，使保险金管理制度社会化、专业化，减轻国家和集体企业的负担。"② 同年 11 月，国务院批转中国人民保险公司《关于加快我国保险事业发展的报告》，再次强调要由保险公司"实施城镇集体企业职工的法定养老保险，使城镇集体企业职工的退休养老工作社会化……对于城镇个体户和农村'两户一体'的养老保险，我们也正在制定办法，准备逐步办理"，并指出："现在，保险已经成为我国国民经济活动中不可缺少的一个组成部分，受到各级党政部门的重视和关注。几年来，保险事业获得比预期快得多的发展，最关键的一条是党中央、国务院和各级党政领导的重视和推动，以及各有关部门的支持和配合。"

基于这些事实，我们可以得出这样的判断：在转型伊始，如果要说中国有"年金市场"的话，那这个市场也是高度"泛行政化"的；换句话说，行政力量在整个年金行业全面延伸和泛滥。首先，主体是非市场的。从团体年金来看，1986 年以后，有不少省市政府先后发布了有关集体职工养老保险的暂行规定或办法，虽有国务院规定应交由人保公司承办，但出于部门利益，劳动、民政部门亦争相办理职工养老保险，政府部门与保险公司相互竞争。从个人年金看，其经营主体虽只有保险公司，但当时的保险公司也算不上纯粹意义的市场主体。各公司接受政府的管理，承担政府赋予它的社会职能，包括收集社会金融剩余、承担政府退出后留出的制度责任等；相应地，各公司、特别是占据业内资源绝对优势的人保公司也享受相应的待遇：总公

---

① 资料来源：《中国保险年鉴（1981~1997）》。

② 但该文件同时指出，各地已经批准试行的养老保险办法，仍可继续试行，由此导致集体企业养老保险在很长时间内多制度并存。

司与其所属省以下分公司都具有行政级别（1984 年以前，人保隶属人民银行；1984 年人保从人民银行分设出来，为国务院直属局级经济实体），机构设置、人员编制和领导干部职位数与人选由行政部门确定，市场力量并未发挥作用。因此，保险公司对行政权力高度依赖，更多地是对行政权力负责而不是对市场负责。更值得一提的是，1991 年《国务院关于企业职工养老保险制度改革的决定》提出，基本养老保险和补充养老保险业务由劳动部门所属的社会保险管理机构经办，但"已由人民保险公司经办的养老保险，可以维持现状不作变动。个人储蓄性养老保险由职工个人自愿选择经办机构"①。年金领域内的多主体格局和行政化，在这一阶段已经打下深厚的"基础"。

其次，市场价格信号行政化，市场价格发现功能和资源配置机制缺失。一方面，行业呈现特殊的"垄断格局"。1985 年 3 月，国务院颁布了《保险企业管理暂行条例》，才首次明确规定了保险机构的设立要求，到 1986 年"新疆生产建设兵团农牧业生产保险公司"（简称"新疆兵保"）成立，虽结束了中国人保"独一份"的独占格局，但其经营范围限于新疆生产建设兵团农场内部的种植及养殖业保险，更类似于兵团的自保公司，这也从一个角度体现出在中国保险业发展初期，政府、政策主导的深刻痕迹。直到1988 年和 1991 年，平安和太平洋作为试点综合性股份保险公司相继成立，年金市场上的经营主体才开始逐渐增多②。但是，新成立的股份制公司拥有的社会资源（比如与政府和企业的关系）有限，并没有在短期内动摇人保公司的市场地位。在这一阶段，行政力量主导公司发展方向，价格信号行政化，市场价格发现功能和资源配置机制缺失。另一方面，产品分销也是高度行政化的：团体年金产品无疑是借助"红头文件"的行政约束力来开展的，个人年金产品的销售则主要依靠各公司在全国（除西藏外）设立的专业保

---

① 1995 年，国务院《关于深化企业职工养老保险制度改革的通知》提出，企业职工养老保险制度改革的目标之一是"适用城镇各类企业职工和个体劳动者"，之后各省相继出台文件，将人保经办的业务转移给社会保险经办机构。

② 1991 年，交通银行保险业务部被批准改建为中国太平洋保险公司，而该公司又分别在 1994 年和 1995 年进行了增资扩股；1988 年成立的平安业务范围仅限于深圳，1992 年更名为中国平安保险公司，业务范围也扩展到全国。另外，在 20 世纪 90 年代初，为了尽快发展人寿保险业，先后批准成立了 15 家地方性人寿保险公司，它们是大连、沈阳、厦门、珠海、湘潭、本溪、丹东、天津、哈尔滨、太原、福州、广州、南京、鞍山和昆明人寿保险公司，但这些地方保险公司多数都没有大的作为，到 1996 年人保公司改建时，又陆续划归中国人寿保险公司。

险代理机构（如保险服务所、保险代办所等）和公司职员进行，行政力量确定的利润留成机制决定了保险机构开展业务的积极性和方向。

最后，行政管理代替了保险监管。保险业恢复之初，人保直接隶属于中国人民银行，为局级专业公司，各地分公司相当于当地人民银行"处一级企业单位"，直接接受人行管理。1984年，人保从中国人民银行分设出来，成为国务院直属局级经济实体；1985年3月3日，国务院颁布《保险企业管理暂行条例》，规定："国家保险管理机关是中国人民银行"。直到1995年7月，中国人民银行成立保险司，专司对中资保险公司的监管，在此之前的十几年中，人行的行政管理代替了保险监管。这种制度框架甚至导致在后来相当长一段时间内，保险监管中监督的成分偏低、管理的成分居高。从这个意义上讲，监管工作是高度行政化的。

在这样一个高度"泛行政化"的年金"市场"中，由于缺乏系统性的规划和立法指导，各主体基本处于放任发展的状态。政府机构的介入，深入且广泛；而因为有行政力量护航，1985～1992年间，中国年金保险保费收入年均复合增长率高达62.6%。[①] 值得一提的是，1992年美国友邦进入上海，并引入寿险个人营销员制度，因为外资保险公司被禁止经营团险业务，而在个人业务上，个人寿险代理人制度对所有中资公司都是全新概念，股份制保险公司因为机制较为灵活，迅速地捕捉了这一新趋势，中外公司竞争的焦点集中在了个人险业务上。1993年，中国年金保险保费收入相较上一年度下滑33.4%。[②] 这进一步从侧面印证了"泛行政化"市场的低效率。

（三）年金"市场化"的快速推进：20世纪90年代中期至2004年

随着市场化改革的深入和不同金融部门功能的逐渐强化，在这一阶段，年金市场发生了两项重大的变化：其一，社会养老保险制度的改革框架得以确立，商业年金的地位相对明晰起来。1995年3月发布的《国务院关于深化企业职工养老保险制度改革的通知》规定，在全国范围内实行社会统筹与个人账户相结合的基本养老保险制度，并鼓励建立企业补充养老保险和个人储蓄性养老保险，确立了多支柱的养老保障体系框架。政府在第一支柱和第二支柱中的定位非常清晰，不过，对于第二支柱，仍存在很多模糊之处。

---

①② 资料来源：《中国保险年鉴（1979～1997）》。

1997 年 7 月，国务院发布《关于建立统一的企业职工养老保险制度的决定》，明确提出要建立发展企业年金，以便更好地保障企业职工退休后的生活，并提出企业年金基金要实行完全积累制，并采取市场化的方式进行管理和运营。不过，在政策执行过程中，第二支柱的市场化并未落实。2000 年以前，基本养老保险制度之外的补充养老保险由社会保障部门和商业保险公司分别提供。① 由社会保障部门管理的补充养老保险称为"企业补充养老保险"；由商业保险公司经营的补充养老保险称为"商业团体养老保险"，前者实际上是政府办的准社会保险，而后者才是商业保险。2000 年国务院出台《关于印发完善城镇社会保障体系试点方案的通知》，将由社会保障部门管理的补充养老保险更名为"企业年金"，但管理方式和内容不变，仍然是高度行政化的。

其二，年金市场的"去行政化"。在这一阶段，年金市场的供给主体仍然是各人身保险公司。中国人民银行对保险业的直接领导职能相对弱化，监管职能逐步加强，1995 年，中国人民银行非银行金融机构管理司所辖的保险处成立，保险监管工作开始由其负责；同年，《保险法》颁布，中国人民保险公司也开始机构体制改革，1996 年成立中国人民保险（集团）公司，下设中保财产、中保人寿和中保再保险有限公司，中保集团及其子公司均为企业法人。中保集团公司和专业子公司所属省以下分公司仍维持原人保公司的行政级别不变，但新设立的专业子公司的总公司不再套用行政级别。保险行业的"去行政化"快速展开。同时，伴随保险业对外和对内开放进程的推进，经营主体不断增加，行业产权结构日益多元化，市场竞争日益加强，市场机制逐渐开始发挥资源配置功能。另外，1999 年国务院针对企业补充养老保险发展中存在的诸多问题，于同年 7 月发布了《国务院批转整顿保险业工作小组保险业整顿与改革方案的通知》，提出要严格界定商业保险和

---

① 国务院《关于企业职工养老保险制度改革的决定》规定：企业根据自身经济能力，为本企业职工建立企业补充养老保险。补充养老保险基金，由社会保险管理机构按国家技术监督局发布的社会保障号码（国家标准 GB 11643—89）记入职工个人账户。劳动部关于印发《关于贯彻〈国务院关于深化企业职工养老保险制度改革的通知〉的实施意见》的通知，要求各级社会保险基金经办机构要积极经办企业补充养老保险业务。从 1995 年起，企业可以自主选择补充养老保险的经办机构，并实行市场化运营和管理，企业补充养老保险开始商业化。《劳动部关于印发〈关于建立企业补充养老保险制度的意见〉的通知》规定：企业可以自主选择补充养老保险的经办机构。补充养老保险基金可以用于投资，以期保值增值。《国务院批转整顿保险业工作小组保险业整顿与改革方案的通知》中明确指出，企业补充养老保险业务"属商业保险，要逐步向商业保险过渡"。

社会保险业务范围，"各地区、各部门不得以社会保险的名义经营或变相经营商业保险业务，由行业统筹转为地方统筹的 11 个部门和单位，其经办的企业补充养老保险是在特殊情况下制定的过渡政策，纳入社会养老保险由劳动和社会保障部门管理。其他行业的企业补充养老保险属商业保险，要逐步向商业保险过渡。"

在这一阶段，年金市场发展最主要的特征就是，激烈的竞争推进了市场创新，年金产品逐渐多元化。尽管依靠行政力量销售团体年金产品的情况仍然存在，但是，利用产品和服务优势争夺客户的趋势日益显现。在 1999 年平安率先推出"世纪理财"个人投资连结保险并热销之后，投资类团体险应运而生。2001 年 3 月，平安保险公司推出了团体退休金投资连结保险产品；接着，中国人寿推出了"国寿团体年金保险"（分红型）；太平洋开发了团体万能寿险产品，等等。新型团体养老险使传统的团体年金保险有了投资功能，使投保人可以分享保险公司的投资成果或经营收益，由此，团险业务量开始迅速增长，尤以平安的增长最为明显。但随着 2001 年下半年股票市场的低迷，团体投资连结保险和个人投资连结保险一样陷入低潮。到 2003 年，所有的中资人身险公司全部开办了商业团体养老保险业务，市场上共有近 30 种产品。而从团体养老保险经营情况来看，市场份额排名前 3 位的保险公司占有 90% 以上的市场份额，以中国人寿规模最大[①]；2003 年，人身保险公司的年金给付总额为 121 亿元，其中团体业务给付比重约为 18%。[②]

但是，年金市场的发展在这一阶段仍然遭遇很多困难：第一，产品同质化的现象依然存在，特别是各家公司经营的商业团体养老保险的差别很小，产品没有体现公司特色，价格和服务差别不大，一家公司推出一种年金保险产品，其他公司随即跟上。第二，"行政化"色彩依然浓厚，特别是团体年金保险部分，由于整个过程并不透明，行政力量对于产品销售的干预不可忽视，一些公司为拉到大客户，不惜代价贿赂行业和企业主管，甚至政府官员，团险营销的灰色部分占有相当大的比例。第三，政策不明朗，社会保障部门管理的补充养老保险虽已更名为"企业年金"，而且 2000 年国务院发布的《关于印发完善城镇社会保障体系试点方案的通知》也明确企业年金

---

① 孙祁祥、郑伟等：《中国社会保障制度研究——社会保险改革与商业保险发展》，中国金融出版社 2005 年版。

② 资料来源：《中国保险年鉴（2004）》。

要实行市场化运营和管理，但对企业年金未来运行机制、运行模式、政策支持等各个方面的相关规定还不明朗，这在很大程度上限制了年金市场的发展。

（四）年金市场的规范发展：2004 年至今

在这一阶段，经过多年的改革实践与探索，中国养老保险体系的多支柱架构已经日益清晰明确，由政府主导的社会养老保险提供基本保障、市场提供补充保障，这一分工已经达成共识。因为政策层面鼓励商业保险公司等社会机构提供与社会保险相衔接的产品和服务，年金市场的角色和地位进一步明确。之所以说年金市场从 2004 年开始进入规范发展阶段，主要有以下几个方面的原因：

第一，企业年金走上市场化轨道。2004 年劳动和社会保障部发布《企业年金试行办法》[①]，会同中国银行业监督管理委员会、中国证券监督管理委员会和中国保险监督管理委员会发布了《企业年金基金管理试行办法》，[②]并出台了一系列配套政策和实施办法，确立了我国企业年金的基本制度模式以及企业年金基金信托管理模式的基本框架，企业年金市场开始走向专业化、规范化；年金市场供给主体也不再仅限于商业保险公司，银行、证券公司也有了参与资格。既有了全新的游戏规则，专门经营企业年金业务的养老保险公司也开始从传统的人寿保险公司中分离出来。

第二，职业年金市场有望取得突破。伴随机关事业单位养老保险制度改革试点的推进，职业年金的构建也被提上日程。2009 年 2 月 29 日，国务院常务会议原则通过《事业单位工作人员养老保险改革试点方案》，确定在山西、上海、浙江、广东、重庆 5 省市先期试点。而 2010 年 4 月 1 日出版的《求是》杂志发表中共中央政治局常委、国务院总理温家宝的文章《关于发展社会事业和改善民生的几个问题》，文中多次提及商业保险，其中，明确肯定要"改革机关事业单位退休金制度。大力发展企业年金和职业年金"。虽然职业年金的运营模式并不明朗，但机关事业单位养老体制改革也为年金市场的发展留出了很大空间。

---

①　该办法自 2004 年 5 月 1 日起实施。原劳动部 1995 年 12 月 29 日发布的《关于印发〈关于建立企业补充养老保险制度的意见〉的通知》同时废止。
②　2011 年，新修订的《企业年金基金管理办法》正式公布，并于同年 5 月 1 日起实行，2004 年发布的《企业年金基金管理试行办法》同时废止。

第三，社会养老保险实现了制度上的全覆盖，商业年金保险的边界进一步被厘清。2009 年 9 月，《国务院关于开展新型农村养老保险试点的指导意见》颁布，提出按照"保基本、广覆盖、有弹性、可持续"的原则开展新农村养老保险试点工作，到 2020 年基本实现全覆盖，而党的十一届全国人大四次会议 2011 年 3 月表决通过的《国民经济和社会发展第十二个五年规划纲要》第 33 章又提出，在"十二五"期间"实现新型农村社会养老保险制度全覆盖"，已然将新农保工作的进度大大提前；2011 年 6 月，《国务院关于开展城镇居民社会养老保险试点的指导意见》颁布，确定于 2011 年 7 月 1 日启动城镇居民社会养老保险试点工作，并计划在 2012 年基本实现城镇居民养老保险制度全覆盖。至此，以身份和户籍为基础的社会养老保险制度实现了制度上的全覆盖。这是中国社会保险史上的重大进步，但对于年金市场而言，其影响却是多重的。一方面，个人经济保障体系的完善，有助于稳定预期、释放消费需求、促进经济发展，进而带动商业年金市场发展；但更直接的影响，可能还是在实质挤压了商业年金市场发展的空间。

第四，年金市场化的进一步推进。在这一阶段，中国金融企业的现代企业制度建设率先在保险业开始，金融业发生了历史性的变化。2003 年，中国人民保险公司、中国人寿保险公司以及中国再保险公司这三家国有独资保险公司先后完成了股份制改造，标志着国有保险公司"政企合一"、治理机制缺位的现象开始得到纠正。也是在这一个阶段，大型商业银行股份制改革基本完成，股份制商业银行也得到很大发展，银行业抗风险能力大大增强，资本充足率全面达标，服务的理念、手段和方式不断改进，服务功能日益完善，生存和发展能力大幅度提高；证券公司的综合治理使"去行政化"得到强化，行业规模迅速扩大。市场主体的性质已经发生了本质的变化，效益成为市场主体生存的基本前提，整个金融行业实力明显增强，服务水平和国际竞争力大幅提高，进而使得商业年金市场竞争更为活跃、市场主体更为规范。

第五，年金市场法制建设逐渐加强。在市场经济体制下，年金市场要取得重大发展，不仅需要资本和竞争，也需要完善的法律法规体系作为支持。如果说在年金市场化快速推进阶段，法律法规建设相对落后的话，那么，在本阶段，制度建设先行成为重要的发展特征之一。企业年金市场的发展，就秉承了制度建设和规范先行、具体操作随后跟上的原则；2011 年 5 月 10 日，中国保监会发布了《关于开展变额年金保险试点的通知》和《变额年金保险管理暂行办法》，决定在北京、上海等五大城市进行变额年金保险试点，仍然是"规范"先行的路子。

总体而言，自 2004 年以来，中国年金市场的去行政化不断加强，市场化程度不断加深，伴随主体的不断成熟，市场也走上了规范发展的道路。在老龄化程度快速加深的中国，各方对年金市场都寄予厚望，各类市场主体都在积极准备迎接更大的发展机遇；但是，从发展现实来看，中国年金市场的状况并不如预期那样乐观，甚至可以说已陷入困境之中。与其说各类主体是在摩拳擦掌、大显身手，倒不如说是蒿目时艰、砥砺奋进。

二、中国年金市场的格局与困境

中国社会养老保险制度改革的成果举世瞩目，覆盖范围从国有企业扩展到各类企业，从城镇扩展到农村，从各类职工扩展到城乡居民，已然实现了制度上的全覆盖，截至 2011 年底，城乡基本养老保险参保人数高达 6.16 亿元；待遇水平也是连续提高，从 2002 年到 2011 年间，基本养老保险待遇水平增长了 1.5 倍。但是，年金市场欠发达，却已然成为中国养老保障制度体系的短板。发展现实表明，社会经济水平的持续提高、人口老龄化程度的不断加深、对补充养老保障体系的各种期许并没有带动年金市场量与质的重大发展。

（一）年金市场在养老保障体系中的作用与其定位很不相称

正如前文所述，中国养老保障体系的定位是多支柱型的，社会保险"广覆盖、保基本"为第一支柱，企业年金（以及未来的职业年金）和团体养老保险等雇主自愿安排的保障计划构成第二支柱，个人自愿安排的个人养老保险及其他养老措施构成第三支柱。过去的三十多年之间中，我们在探索、试验和改革中建成了比较坚实的第一支柱，但是，年金市场的不发达，使得第二、第三支柱欠缺发展，并未充分发挥其应有的"补充"作用。年金市场不仅没有成长为养老保障体系的主导力量之一，更没能成为与基本养老保险并驾齐驱的"支柱"。

1. 企业年金整体滞后

从我国企业年金发展的现状来看，尽管企业年金制度建立后，中国的企业年金市场有了一定程度的发展，但总体来讲，离其发展目标还有很大距离。第一，规模尚小。统计数据显示，截至 2011 年末，全国有 4.49 万户企业建立了企业年金，比上年增长 21.3%；参加职工人数为 1 577 万人，比上年增长 18.1%；企业年金基金累计结存 3 570 亿元，仅占当年 GDP 总量的 0.8%，占当年基本养老保险基金累计结存额的 19.2%。[①]

第二，从建立了企业年金的企业主体来看，主要集中于东南沿海经济发达地区，而且大多集中在电力、铁路、金融、保险、通信、煤炭、有色金属、石油等高收入行业或垄断行业，以大型国企、金融机构和部分效益较好的外资、民营企业为主。近年来，我国借鉴国外集合年金发展的经验和成果，积极探索建立中小企业集合年金计划，但集合年金计划仍然发展缓慢。有数据显示，国内 90% 以上的企业年金资产来自大型国有企业，中小型企业建立的企业年金资产占我国企业年金资产总额还不到 10%。[②]企业年金计划甚至被称为是"富人俱乐部"。

第三，投资业绩表现堪忧。截至 2010 年底，企业年金市场所有投资管理人累积年化平均收益率 6.06%，21 家投资管理人中，只有一家超过平均收益率的 150%，其余 20 家的业绩都在平均水平 +50% 范围内波动[③]，表现整体正常，但并不抢眼——截至 2010 年底，全国社保基金年均投资收益率为 9.17%。2011 年，委托投资管理的企业年金全国平均收益率仅为 −0.78%，表现最差的某机构实现收益率 −7.45%，而同期社保基金理事会投资收益率为 0.84%[④]。虽然养老金投资是长期投资，短期的投资结果并不能全面说明问题，但是，目前市场上一部分委托人、受托人为追求短期收益对投资策略进行过度干预，还有一些管理机构的能力欠缺，对于提升企业年金市场发展质量有显著的负面影响。

2. 商业养老年金保险潜力有待挖掘

随着社会经济的发展和收入水平的提高，第一支柱提供的基本保障水平显然难以满足人们的养老需求，而由雇主主导建立的第二支柱覆盖面也相对有限，为了满足多元化的养老安全需求，个人主导安排的第三支柱之重要性

---

① 资料来源：《2011 年度人力资源和社会保障事业发展统计公报》，《中华人民共和国 2011 年国民经济和社会发展统计公报》。

② 刘昌平、徐裕人：《中小企业集合年金计划研究》，载《中国社会保险研究》2012 年第 1 期。

③ 郑秉文主编：《中国养老金发展报告 2011》，经济管理出版社 2011 年版。

④ 全国社会保障基金理事会：《2011 年全国社会保障基金年度报告》；涂艳：《企业年金去年亏损超 20 亿 投管人能力悬殊》，载《上海证券报》2012 年 3 月 29 日。

不可忽视。除了利用个人家庭安排、各种形式的储蓄和金融、非金融投资之外，个人可以借助包括固定年金、变额年金等多样化的年金产品来满足多样化的养老需求。但从商业养老年金保险市场的发展情况来看，其潜力仍然有待挖掘。数据显示，从 2006～2011 年间，中国商业养老年金保险保费收入年均复合增长率约为 13%，与基本养老保险基金（不含新型农村社会养老保险和城镇居民社会养老保险）收入的比例则从 1:10 一路下降到了 1:15.7。[①] 2011 年末，商业养老年金保险有效承保人次仅有 714 万人，年金保险责任准备金 6 527.8 亿元，只占保险行业总资产的 10.8% 左右。[②]

（二）市场竞争日趋激烈，但竞争层次不高

自年金领域的"去行政化"和市场化快速推进以来，中国年金市场的竞争激烈程度日益提高，突出表现在市场主体结构的优化上。在企业年金市场上，2004 年企业年金模式确定以来，年金市场上便打破了保险公司独有的优势地位，包括银行、信托公司、人身保险公司、专业养老保险公司、保险资产管理公司、基金公司等在内的各种金融机构都参与进来。从银行业看，所有大型商业银行[③]、多家股份制商业银行和信托公司各拥有 1～3 个企业年金基金管理资格；从保险业看，除 5 家专业养老保险公司之外，在市场排名前 5 的人身保险公司（除平安外）全都直接以账户管理人的身份参与企业年金市场，国寿、人保和泰康资产管理公司也全部拥有投资管理人资格；从证券行业来看，有 12 家主要的基金公司拥有投资管理人资格。众多主体快速进入总规模有限的企业年金市场，使得市场竞争迅速激化。但是，由于进入新的市场需要在人员、信息系统建设等方面进行大量的先期投入，很多主体因业务规模受限，收益微乎其微甚至导致连年亏损，难以达到盈亏平衡点。此外，一些大型国有企业资金规模庞大，以至于其谈判能力远大于养老金受托人机构，他们甚至越过受托人选择投资机构，将低费率作为关键性的竞争条件，甚至通过熟人关系选择受托人，导致企业年金业务的费率恶性竞争。事实上，尽管企业年金领域拥有众多资金实力雄厚、人力资源丰厚、在国内甚至国际金融市场上都很有影响力的一批金融企业，但是，实际

---

① 资料来源：中国保监会；《中国统计年鉴（2011）》；《2011 年度人力资源和社会保障事业发展统计公报》。

② 资料来源：中国保监会。

③ 包括中国工商银行、中国农业银行、中国银行、中国建设银行、交通银行。

的竞争还停留在低层次，即产品层次，各方参与者首要考虑的是资金保值增值的情况，以至于竞争的焦点持续放在价格以及关系的维护等方面，品牌、便利、附加服务等因素对于构建竞争优势没有起到重大作用。这种竞争策略一方面不利于吸引人才，另一方面不能凝聚客户，对于提升竞争质量并无裨益。

商业养老年金保险市场也面临大致相同的情况。由于保险业对外开放和市场化进程的不断推进，包括中资和外资公司在内的市场主体迅速增多。但是，各公司年金产品条款大同小异，没有形成各家公司的特色，险种数量有限，消费者选择的余地非常小；更关键的是，年金保险产品与其他金融机构储蓄投资型产品的比较优势不明显。正如前文所述，保险公司的创新能力不足、服务质量不高等缺憾，都直接妨碍了市场竞争层次的提高。根据2011年数据测算，我国年金市场赫芬德指数约为2 023，仍然具有较强的集中性。[①]

（三）区域发展不均衡

中国市场经济和社会经济发展水平区域不均衡的局面，也直接导致年金市场的区域发展不均衡。从区域格局来看，中国发达地区的年金市场发展快于落后地区，沿海明显快于内地，东部省份优于中西部地区。这一点在商业养老年金保险市场表现得极为突出。[②] 从商业年金保险发展来看，2011年商业养老年金保险原保费收入排名前四位的省份，其原保费收入占全国的34.9%；而排名最末四位的省份，其原保费收入之和占全国的0.9%、只占第一位广东的6.9%。[③] 如图2－1所示，以原保费收入指标衡量，东部地区商业养老年金市场份额超过中西部地区之和。再从商业养老年金保险密度来看，密度最高的是北京，最低的是西藏，最高者是最低者的55.2倍；全国平均年金保险密度水平为80.1元，有十个省（自治区、直辖市）高于全国平均水平（见图2－2）。中国年金市场的区域差距非常显著。

---

① 资料来源：中国保监会。赫芬德指数一般应介于0～10 000之间，美国司法部利用该指数作为评估某一产业集中度的指标，认为当该指数大于等于1 800时，市场属于高寡占型；介于1 000～1 800之间，市场属于低寡占型；小于1 000时，市场是竞争型。

② 在企业年金市场上，行业的差距表现得更为突出。电力、铁路、金融、保险、通信、煤炭、有色金属、石油等高收入行业或垄断行业建立企业年金计划的意愿和能力更强，而大型国企的总部多集中在发达地区，例如，北京集中了绝大多数央企的总部，以致北京企业年金基金存量规模十分庞大。

③ 资料来源：中国保监会。数据为保险业执行《关于印发〈保险合同相关会计处理规定〉的通知》后口径。

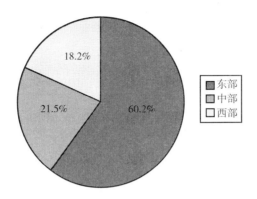

图 2 - 1　2011 年中国商业养老年金保险市场区域结构——以原保费收入衡量

资料来源：中国保监会网站。

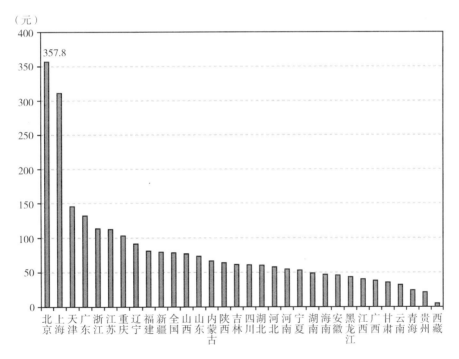

图 2 - 2　2011 年中国各地区商业养老年金保险密度

资料来源：中国保监会网站。

（四）中长期预期向好，短期内仍处于整理徘徊格局

市场调研表明，尽管中国年金市场发展遇到很多现实困难，但是，各界

对其中长期发展势头仍然持有向好预期。主要理由有三：（1）欠发达市场的巨大潜力。在中国，伴随工业化进程的深入，与现代经济发展环境相适应的各种服务性行业都已建立，基本上形成了一个完整的第三产业体系，但从第三产业的内部结构来看，相对于发达国家，中国金融服务业的产出比重明显偏低，2010 年仅为 12.1%，而数据表明，1970 年，美国的这一指标已经达到 22.3%①。年金行业作为"发展中国家的发展中行业"，自然极具发展潜力。（2）人口老龄化暗含的商业机会。中国不仅是世界上人口数量最多的国家，也是老年人口数量最多的国家。根据 2010 年第六次全国人口普查的数据，我国 60 岁及以上人口为 177 648 705 人，占总人口的 13.26%；65 岁及以上人口为 118 831 709 人，占总人口的 8.87%。与 2000 年第五次全国人口普查相比，比重分别上升 2.93 和 1.91 个百分点，人口老龄化程度显著提高；同时，家庭结构小型化的趋势也在日益增强，中国家庭户的平均规模已从 1982 年的 4.41 人/户下降到 2010 年的 3.09 人/户。这为年金市场的进一步发展提供了重要基础。（3）税收优惠政策信号的释放，有助于提振市场信心。从近些年的情况来看，全国税收总额增长迅速，国库相对充盈，为政府全力推进民生工程提供了坚实的保障，但在眼下的发展阶段，教育、公共卫生等诸多领域均需大量投入，以致决策层在减税方面的推进一直较为谨慎和迟缓。根据"十二五"时期我国税收发展规划，建立健全综合与分类相结合的个人所得税制，将是税改的重点之一，而主要取向是减轻中低收入者税负、同时加大对高收入者的税收调节力度。近期来看，个税递延型养老保险有望在上海进入实践阶段，可能会取得实质性突破，这对市场信心的提振十分重要。

不过，在对年金市场的未来抱有乐观态度、肯定其增长趋势不会逆转的同时，我们还必须注意到，对于"积弱"已久的市场而言，对未来发展的信心诚然重要，可如果年金市场内源性增长动力并不充足，市场在短期内快速扩张的可能性并不大。目前来看，年金市场、特别是商业养老年金保险市场的内源性增长动力明显不足。2004 年企业年金走向市场化道路之后，企业购买商业团体养老年金保险的动力大幅削弱，团体业务占养老年金保险业务的比重从 2006 年的 62% 一路下跌到 2011 年的 3.4%，②

---

① 资料来源：Sven Illeris, *The Service Economy*, John Wiley & Sons, Netherlands 1996.
② 资料来源：中国保监会网站。

团体年金业务迅速萎缩，个人业务成为寿险公司年金业务中占据绝对优势的业务种类。但是个人业务发展动力并不充沛，主要原因是个人年金产品相对于其他金融投资产品竞争优势不足。为了弥补这一缺憾，2011年5月，中国保监会发布了《关于开展变额年金保险试点的通知》和《变额年金保险管理暂行办法》，创新性的变额年金产品被首次引入中国，并被寄予厚望。但是，一年多来，市场反应却较为冷淡，截至2012年5月，首批试点的中美联泰大都会人寿、金盛人寿变额年金保险产品共实现销售额累计不足5亿元。变额年金遇冷，虽然有资本市场持续低迷导致产品收益率偏低的原因，但是，产品创新能力不足依然是保险公司的软肋。例如，首批试点三家公司的变额年金产品，约定保单到期后，投标人只是获得带有年金转换权的一次性期满给付，很难帮助年金产品购买者有效规避通货膨胀和长寿风险。

正如前文所述，虽然年金市场的竞争性不断增强，但竞争层次仍然不高，进而导致人才难以沉淀，持续创新动力缺乏，市场发展的"内源性"支撑并不坚实。事实上，各市场主体观望情绪浓厚，一方面盼望税收优惠等外部支持政策尽快出台，但另一方面也承认市场扩展需要耐心和坚守，目前的战略重点在于打好生存基础、积蓄力量，市场短期内爆发式增长的可能性并不大，仍处于徘徊整理格局。

三、年金市场发展遭遇困境的直接原因

备受期待的年金市场在现实发展中却遭遇困境，最直接的原因无外乎三个方面：其一，外源性动力不够充沛，例如支持性政策不足；其二，内源性动力缺乏，例如需求没有得到充分的调动，供方的供给能力有待提高等；其三，发展环境不佳，例如资本市场尚未成熟完善。本节撷其要者，深入分析年金市场遭困的直接原因。

（一）支持性政策不足

从理论演绎和国际经验来看，税收优惠政策如果设计得当，将是撬动年金市场发展的巨大杠杆。如何在积极稳妥推进国家整体税制改革的同时，建立健全年金市场税收政策激励机制，激励年金市场各方主体积极参与，对于年金市场的发展十分关键。更重要的是，长期以来，受过去"泛行政化"

发展逻辑的影响，各类商业主体对"外源性"增长实际有一种惯性的依赖；而依靠税收优惠等政策来刺激增长见效快，市场开发难度相对较低，是欠发达市场迅速实现扩张的主要方式。但是，以追求"外源型"增长为主要发展战略有其重大缺陷，即各种政策主动权并不掌握在公司手里，决策过程较长、不确定性大，而且发展质量不高。而年金市场的发展现实也表明，外部支持性政策不足，对年金市场发展十分不利。

首先，企业年金税收优惠政策层次低、幅度小、效力有限，而且没有形成完整的企业年金税收优惠政策体系。企业年金制度建立之后，部分省市在现实需要的基础上，为鼓励企业年金（企业补充养老保险）的发展，曾在地区范围内以政府发文的形式对税惠幅度作了明确规定，各地差异甚广。运行几年之后，中央层面才以各种"通知"的方式，对税收优惠进行了统一规范。按照财政部《关于企业新旧财务制度衔接有关问题的通知》的规定，企业年金的企业缴费总额在工资总额4%以内的部分，从成本（费用）中列支；企业缴费总额超出规定比例的部分，不得由企业负担，企业应当从职工个人工资中扣缴；个人缴费全部由个人负担，企业不得提供任何形式的资助。财政部、国家税务总局《关于补充养老保险费、补充医疗保险费有关企业所得税政策问题的通知》对上述规定予以优化，企业所得税税优比例从职工工资总额的4%提高到5%，并允许企业缴费超过工资总额的5%。个人缴费部分，不得税前扣除；企业缴费计入个人账户部分，纳入个人所得税纳税范围。但是，这些优惠政策的法律效力相对较低，而且，在企业年金的投资和待遇支付阶段，目前的税收政策还没有明确。

其次，商业养老年金保险安排税惠缺失。早在2008年起，我国就已经有一些地方开始对个税递延型养老保险进行讨论和论证，当年12月，国务院颁布《关于当前金融促进经济发展的若干意见》，提出了个税递延型养老保险纳入国家决策以及"研究对养老保险投保人给予延迟纳税等税收优惠"的具体议题。2009年4月，国务院发布《关于推进上海加快发展现代服务业和先进制造业 建设国际金融中心和国际航运中心的意见》，进一步明确"鼓励个人购买商业养老保险，由财政部、税务总局、保监会与上海市研究具体方案，适时开展个人税收递延型养老保险产品试点"。媒体也不时有报导称个税递延型养老年金产品即将开始试点，但因税收优惠政策牵涉多方利益以及收入分配、社会公平等重大议题，争议颇多，以至于个税递延政策一直处于规划之中、始终未能出台。

（二）需求疲软

1. 企业年金需求不振

随着政治、经济体制改革的不断深入，我国企事业单位的组织形式正处在不断的变革中，这也带来了人才流动模式的重大变化。如何给企业中的人提供更好的工作空间，最大限度地开发人力资本，吸引到优秀的人才，留住优秀的人才，已经成为实现企业目标的决定因素。企业年金，常被称为是企业留人的"金手铐"。从企业的角度来看，企业根据自身实力筹办差异化的企业年金，年金越高，吸引力越大，职工对企业的忠诚度也将越大，有利于吸引与保留企业核心人才，对内则会形成有序、合理、公正的人才激励机制，有利于增强企业凝聚力，激励员工的长期贡献精神，进而有助于吸引和稳定优秀人才；而从员工的角度来看，企业年金增加了他们的就业安全感，并改善了退休生活质量，可谓实现了双方共赢。但是，就目前中国企业年金市场的发展来看，"金手铐"对于企业的益处并没有完全显现，其负面效果更不容忽视。

逻辑演绎和客观实践均表明，企业年金计划支出构成企业劳动力成本的一部分，若建立企业年金计划导致劳动力成本上升幅度过大，可能会使得产品成本增加，反而有损企业竞争力。由于中国社会保险制度运行效率不高，历史包袱重，导致费率长期高企是不争的事实，仅从基本养老保险来看，其费率绝对水平（28%）高于很多 OECD 国家的费率水平，也高于 OECD 国家和欧盟 27 国的平均水平；其相对水平也处于世界前列，2009 年中国城镇基本养老保险缴费额占全国税收收入的 16%，也超出 OECD 国家的平均水平（14.2%）。[①] 在高昂的社会保险费基础之上，再行出资建立企业年金，加之企业年金税收优惠水平偏低，对很多企业而言缺乏可行性，这对于提高企业年金需求十分不利。事实上，从建立了企业年金的企业主体来看，主要集中于高收入行业或垄断行业，以大型国企、金融机构和少部分效益较好的外资、民营企业为主，而这些企业一般在其区域内影响力较大，无论在硬性的基础设施上，还是在软性的企业文化方面、给员工的就业安全感等方面都

---

① 资料来源：OECD 国家数据来自 OECD（2011），Pensions at a Glance 2011：Retirement-income Systems in OECD and G20 Countries，OECD Publishing. http://dx.doi.org/10.1787/pension_glance - 2011 - en；中国数据根据《2009 年度人力资源和社会保障事业发展统计公报》和《中国统计年鉴 2010》测算，为城镇职工基本养老保险情况。

是有口皆碑，企业年金"金手铐"作用发挥相对有限，这导致企业年金市场拓展难度很大。

2. 个人消费者的年金保险需求有待进一步开发

中国的人口老龄化一直在加速发展，并呈现出高龄化、空巢化加速发展的显著特征，而传统的"养儿防老"等非正式家庭养老安排已经远远无法满足大众的需要，加之社会养老保险保障水平相对较低，传统的农村养老模式已远远无法满足当前农村的养老需求。泰康人寿2010年进行的中国家庭寿险需求研究表明，从城市和县域家庭（县城及以下乡镇）认为未来五年会出现的支付情况及会存钱准备的比例来看，城市和县域家庭普遍选择了养老和子女教育支出（见图2-3），其中，被调查者表示会为养老做财务准备的比例超过三成。但即便如此，年金市场仍然存在总体参保率较低、参保意愿低等问题。计划经济体制的长期运行，使我国广大民众习惯于依赖"单位—国家"模式解决养老保障需求，对向"社会—商业"模式转变还不适应，特别是对商业养老年金保险的认知度和信任度比较低，社会中巨大的年金保险需求处于潜在状态、有待进一步开发。而近几年来，由于资金短缺导致的高借贷利率、民间借贷热、信托产品热、高利息理财产品热等，也都对养老年金保险产品形成了挤出效应，这也从侧面折射出目前民众对养老规划的态度，即重视资产短期内的保值增值能力，却相对轻视长寿风险的管理，进而导致养老年金保险客观需要大，但主观需求却很低。

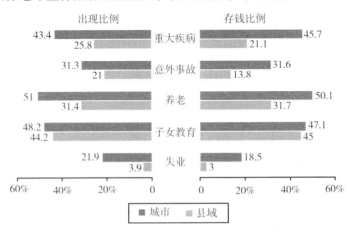

图2-3　城市和县域家庭认为未来五年将会出现的支付情况及表示会存钱的比例

资料来源：泰康人寿2010年中国家庭寿险需求调查研究。

此外，还不可忽视保险业形象差带来的负面影响。年金市场虽然早已进入"去行政化"的过程之中，但各保险公司粗放经营模式的惯性尤在，重销售、轻服务的态势没有得到根本扭转，保险公司及其工作人员、代理人在保险业务中违背诚信义务，在销售过程中隐瞒与合同有关的重要内容、甚至进行误导，事故发生后又不及时履行甚至拒不履行合同约定的赔付义务，或者违规经营，收取高额手续费、回扣或过低费率等恶性竞争行为时有发生，已经严重损害了保险公司的社会声誉，而公众对保险业的固有成见也很难扭转。对保险公司、进而对整个保险业的不信任，制约着年金保险需求的释放。

（三）供给能力有待提高

尽管企业年金制度确立以后，各类金融机构都具有了参与年金市场角逐的条件，但不容否认的是，涉及到养老年金最关键的职能，即长寿风险管理，保险业仍然具有无可替代的优势。所以，总体来看，年金市场的主要供给主体仍然是保险公司。但是，从中国年金市场发展现实来看，我国保险行业在年金产品领域的保险公司的专业化程度较低，供给能力有限，成为年金保险发展的瓶颈之一。主要表现在：

一是产品同质化现象比较普遍、产品结构单一。目前市场上的养老年金产品多面向 35~45 岁左右人群，且多为等额年金型产品，或者按照一定的比例递增年金。虽然在 2011 年中国保监会发布了《关于开展变额年金保险试点的通知》和《变额年金保险管理暂行办法》之后，在回报上为消费者提供了另一种可能——有可能获得高收益，又同时拥有了保底收益，但如前文所述，由于险企创新能力有限，新型产品的推出并未改变传统的单一储蓄型险种占据绝对优势地位的局面。

二是专业人才缺乏。提升供给能力的关键在人才，而年金市场供给能力不足的关键原因则是行业高质量专业人才的缺乏。由于中国保险行业起步较晚、基础相对薄弱，与历史较久的其他金融机构相比，与国际同行相比，都还存在较大差距。虽然金融保险行业是公认的知识密集、高经济回报的行业，一直都能吸引到世界上高智商的人才，但是，由于年金市场增长乏力，业务拓展速度低，从而与急速发展的其他金融子市场相比，对人才的吸引力相对较低，进而陷入了"人才陷阱"：留不住人才，导致专业化水平难以提升，以致业务发展难度加大，这进一步使得行业对人才的吸引力进一步下降、人才难以沉淀。如此循环,难以突破。人才的缺乏,制约了行业对年金市场经营规律的认识和把握,制约了专业化经营水平的进一步提高和经营效率的提升,对于提升产品开发能力、营销能力、服务能力、投资能力等都十分不利。

总体来看,受过去泛行政化逻辑的影响,市场主体在经营思路和战略上更侧重于"外源型"增长,而忽视了对内生增长动力的培育,这直接导致年金市场自主发展的基础缺失,后劲不足。

(四) 资本市场尚未成熟完善

年金市场存在与发展的最重要目的是保障消费者若干年后的生存和生活质量,自然对资金的安全性和收益性有很高的要求,养老基金进入资本市场投资自然成为世界各国的选择。现在,国际国内各界人士都已充分认识到年金市场对资本市场发展的推动作用:一方面,养老基金入市,改善了资本市场的资金结构,长期储蓄资金增加,对于稳定投资、促进增长十分重要。另一方面,养老基金为了保证在长期内能够支付养老金收益的需要,要求投资的同时具备相当的安全性和收益水平,从而推动了新型金融产品的开发和风险管理技术的提高,对于培育优质机构投资者、改善投资理念也有很大裨益。而入市同时也使得资本市场的存在与发展成为年金市场发展的重要基础。资本市场的发展,使得养老基金进行资本化积累和证券投资组合成为可能,也只有资本市场是成熟和完善的,养老基金才能实现其安全性与收益性兼顾的投资目标。

经过一段时间的发展,中国的资本市场取得了很大发展。"十一五"期间,我国资本市场累计融资约 2.5 万亿元,约占资本市场建立 20 年来融资总额的一半,股市市值在全球排名从"十一五"之前的世界第 13 位跃升至第 3 位。[①] 而对于中国资本市场的回报水平,各方也持有很高预期。一方面,改革开放以来中国经济平均增长速度在 9%～10% 之间,大大高于世界平均水平;另一方面,相对其他生产要素而言,中国仍然是一个资本相对稀缺的国家。在这种背景下,资本的系统回报也应该较高。

但是,资本市场制度建设的不足,却限制了资本回报向投资人的流动。例如,信息披露制度不健全,对披露虚假信息和非法披露信息误导投

---

① 资料来源:国研网统计数据库。

资者的公司，处罚力度不足；上市公司缺乏透明、公平合理的投资者回报制度，间接促成市场投机性高涨；退市制度虽有明文规定，但一直没有很好地执行，要退市的公司利用"壳资源"进行"重组"摇身一变成为"好公司"的情况比比皆是；法律体系不健全，有法不依、执法不严、违法不究的情况时有发生，导致中国资本市场内幕交易、操纵市场、证券欺诈现象十分严重。

在不完善的制度背景下，资本逐利的执著和冒险、审批和监管制度的缺陷、信息不对称甚至欺诈和股票投资者的投机心态等因素交织在一起，使得资本市场变得更类似于是"圈钱市"，而不是"回报市"，长期投资者的利益得不到有效保护。统计数据显示，如果每年定投上证指数，自1991年到2011年的20年间，平均的年回报为5.22%，而自2001年到2011年的平均回报仅为1.95%，分别低于同期6.405%和7.155%的全球债券指数回报。[①]由于资金很难实现长期保值增值的目标，养老基金的投资潜力受到极大限制，也为产品设计和推广造成现实障碍。

四、年金市场发展遭遇困境的根本原因

前述分析表明，中国年金市场发展具备了各种有利条件，也在现实中遇到了很多掣肘因素。但是，在分析了年金市场发展遭遇困境的直接原因之后，更多的疑问也随之而来：既然年金市场对于化解老龄化带来的养老压力如此重要，为什么税收支持政策又迟迟不能出台呢？既然年金市场蕴涵巨大的商业机会，作为市场经济参与者的各市场主体，为什么在这么长的时间内却仍然没有培育起足够的供给能力呢？既然"只要音乐继续播放，就会翩翩起舞"，金融机构总是有很强的动机通过各种创新提高盈利能力，那为什么经过近二十年的市场化历程，年金市场仍然会创新乏力呢？既然资本市场存在很多问题，各界也已经认识到资本市场的不完善对年金市场、乃至整个经济社会的负面效应，为什么即便资本市场"新政"频出、却仍没有成长为有效率的"回报市"呢？这些问题无一不在提示我们，要想推动年金市场长期可持续的发展，必须深刻反思和深入剖析年金市场陷入困境的深层原因。

---

① 孙昊、于勇：《中国资本市场的高回报在哪里?》，载《上海证券报》2012年7月20日。

（一）转型所致社会张力下养老保障制度建设的阶段性与政府主导的必然性

要想理清年金市场发展受限的深层次原因，首先需要深刻地理解年金市场发展的背景。正如前文所述，中国的年金市场是在转型过程中逐渐发展起来的，而最初的发展动因，就是配合社会养老保险体制改革，承接转型过程中政府"卸下"的责任。因此，近30多年来的社会养老保障制度改革和更广范围内的转型实践，构成了年金市场发展的时代背景，塑造了年金市场发展的结构性环境，进而直接影响到年金市场发展的质量和速度。

1. 渐进式转型过程中养老保障制度建设的阶段性

在转型开始之前，政府通过国有资本垄断了几乎所有的经济部门，掌握了最大份额的社会经济资源，并通过设立不可逾越的行政和法律壁垒阻止了非国有产权的形成和进入。但这种中央集权的计划经济体制效率十分低下，① 而以经济微观主体自主为前提、利用价格机制、供求机制和竞争机制来配置资源的市场经济，被明确为改革的方向。经济体制改革开始之后，中国先后经过了"计划经济为主、市场调节为辅"、"计划经济与市场经济调节相结合"、"有计划的商品经济"、"社会主义市场经济"等不同阶段、不同程度的探索，改革进行得越深入，适合于计划经济体制的原有社会保险制度、包括社会养老保险制度就愈发显得难以为继。一方面，沉重的福利负担被认为使得国有企业在与迅速兴起的非国有经济进行竞争的过程中丧失了成本优势。在国有企业走向自主经营、自负盈亏的条件下，减轻国有企业负担、限制政府责任，成为国有企业经营机制转换的必要条件，防止浪费、提高经济效益、减轻企业负担、平衡企业之间畸轻畸重的医疗经费负担等目标自然毫无悬念地进入了政策制定者的视野。

另一方面，继续将社会保险的覆盖面集中在国有企业和部分集体企业、并继续保持社会保险的高福利水平特征，必然会限制劳动力在不同所有制之间的流动，并可能造成大量的国有经济部门雇员在非国有部门隐性就业、进

---

① 计划经济的完美运行，是建立在一系列假设之上的——可以无成本地把发生在各行业、各地区、各个角落的有关生产、流通、消费、需求产生的海量信息及时收集、传输到计划机关去，计划制订、下达、实施、反馈等过程也不需要成本；而且计划的制订、下达、执行、反馈等各方及各计划执行者之间的利益是高度一致的，不存在利益冲突；计划人员是非常有理性的，其知识全面、经验丰富，能准确地预测未来。这些假设在当下的生产力条件下显然是不成立的。

而降低国有部门的劳动生产率。随着市场经济体制建设的推进，必须建立适应多种经济成分共存格局的社会制度，为劳动力的流动提供便利，将职工的福利待遇与单位捆绑在一起的做法已经失去了存在的基础，而且必须改变。

在这种背景下，追求国有经济部门中"劳动者保护"的综合成本已经显著超过了其可能带来的收益，只是对原有的社会医疗保险体制进行简单的调整和修改已经明显不再适合客观需要，政府因此而具备了改革旧的社会保险体系、包括养老保险体系的动因。因此，改革开放以来，中国的养老保障体系历经变迁，与其所处的大的转型历史过程一脉相承，主要是怀着"摸着石头过河"的谨慎态度逐步推进的，一方面坚持统筹安排、整体推进，另一方面又突出阶段性重点、循序进行：

① 从改革推进的深度来看，先在部分中型城市进行局部地区试验，随后推广试点经验、逐步确立重构方案，并尊重各地区经济发展水平的差异、充分顾及各地发展经济的激励因素，允许各地实行不同的社会养老保险政策。

② 随着转型的逐渐深化，非国有经济部门就业人员不断增加，加之人口老龄化和家庭结构小型化的趋势不断增强，体制外人员的养老保障问题日益突出，这时政策制定者才逐步开始针对不同人群制定相应的社会养老保险政策。因此，从覆盖的广度来看，先解决原体制内人员的养老保险问题，再逐步惠及体制外人员，先解决城镇就业人口的养老保险问题，再逐步惠及农村人口和城镇非就业人口。

③ 目标和模式是在实践中不断调整、逐渐明确下来的，因而具有显著的阶段性特征：在20世纪80年代中期至90年代中期，主要目标是将养老保险事务从企业逐步剥离，以便利经济体制改革的推进；20世纪90年代中期至21世纪初，主要目标是顺利实现新旧制度的平稳转轨，稳步扩大城镇职工基本养老保险的覆盖面、提高参保率、推进社会化；2004年至今，主要是围绕构建和谐社会的战略发展目标，逐步提高已有社会养老保险制度的待遇水平，并逐渐扩大参保人员范围。

2. 转型所致社会张力与当下养老保障制度建设的优先目标

与激进改革不同，渐进式改革路径的最大优点在于，它不会让问题忽然聚集性爆发而使社会震动过大，但是，由于资源总是有限的，在不同阶段，资源总是被集中在当时最为紧要的领域，从而导致改革的进程是非平衡的，有部分领域先行进行，又有部分领域相对滞后。长此以往，会将一些深层次的矛盾和问题累积下来，也不能打破许多体制性、机制性羁绊，最终可能仍然需要面临深层矛盾集中凸显的困局。这在当下的中国表现得极为明显。

中国的转型从一开始就是并且一直是双重的，它不仅包括经济体制转型，也包括社会转型，即社会结构从封闭半封闭的传统乡村社会向开放的现代城镇社会转型，从改革开放前的"总体性社会"向存在利益分化、利益博弈和利益冲突的"后总体性社会"转型。但是，在这个过程中，中国的社会张力显著增强，各种意外的突发事件都有可能成为冲突激化的导火索。近年来，涉及公共安全的意外事故和灾变性事件频发，群体性突发事件发生的频率以及参加人数和规模呈现增长趋势，引发了国内乃至国际社会的高度关注，日益成为困扰我们的严重社会问题[①]，其中一个重要原因就是，在渐进性改革的条件下，社会资源在不同社会群体或社会成员中间呈现出不平等分布的量化特征，而这种格局形成的原因显失公平。中国的市场是在相对稳定的政治权力结构的影响下、后发地、外生地发展起来的，而在市场力量增强的同时，政治权力者对资源的控制和分配得以持续，而再分配权力者倾向于将其权力转化为社会网络资源，并进一步将之变型为私有财产，因而仍然在转型过程中保有优势地位。政府以"裁判员"和"球员"的双重身份参加市场运作和权力运作，为政府机构、特别是政府官员直接获得了经济回报。同时，在经济市场发展的过程中，出现了政治市场，表现为工人与干部、企业与政府主管部门、地方与中央凭借各自的政治资源，互相讨价还价，这不仅导致不同种类企业面临不同程度的进入壁垒，而且致使政治权力经济回报的比较优势地位得以持续。

可以说，在中国的转型中，"看得见的脚"干扰了"看不见的手"，社会分层机制的变迁过程实际缺乏旨在体现公正的一系列制度安排的支撑和引导，导致社会公平、特别是为大多数学者所期待的机会平等和程序正义等目标遭到了严重的侵蚀。在养老保障制度方面，由于城镇职工基本养老保险制度改革方案的形成和执行过程具有鲜明的阶段性特征，传统形成的以国有企业职工和机关事业单位干部为主的强势群体的利益得到了更充分的体现；与此相对，随着工业化和城市化进程的推进，大量的农村剩余劳动力进入城镇、在城镇的各类经济部门就业，已经成为不可逆转的常态性事实，但是这部分人

---

① 孙祁祥、锁凌燕、郑伟：《综合风险管理："十二五"的新命题》，载《保险研究》2011 年第 6 期。

口却遭遇种种制度性歧视，他们对社会养老保险事实上的可及性非常之低。

社会养老保险体制改革进行到今天，其结果，以身份为基础的分割型制度有失公允，转轨成本的分担机制欠缺公平，"体制外"群体受损大，历史欠账多，并日益集中地凸显出来，社会养老保险制度改革的"民生"含义越来越强。因此，目前养老保障制度建设面临最突出的问题便是制度的缺失问题，是不同制度之间待遇差别过大的问题，是公平性和可及性的问题，政策优先关注的重点自然是如何快速扩大社会保险的覆盖面、提高待遇水平、改进制度设计，不仅便利经济体制各项改革的推进，而且能够保障和改善民生。

3. 政府主导的必然性

由于"有无"和"公平"问题成为养老保障体系建设目前阶段性的重点，政府主导养老保障制度建设的必然性也便凸显出来。首先，转型在中国的开始与推进虽有民间自发的因素起作用，但是它并不是在计划经济体制下的中国社会中内生的一种发展模式，至于市场化背景下养老保障制度的建设，在很大程度上是政府推动下对其他市场成果的利用和借鉴。在转型开始之前，政府全面负责民众的各种福利事务，也掌握了最大份额的社会经济资源，并通过设立不可逾越的行政和法律壁垒阻止了市场化安排的形成和发展。在既定的政治体制和行政逻辑下，只有政府，才具有足够的社会资源动员能力和组织能力来推动旧制度的变迁，来迅速打破制度缺失的局面，打破不同身份所享有的养老待遇之间的差别。

其次，在解决"有无"和"公平"问题时，政府比市场更为有效。如果以市场为主导建立养老保障体系，低收入弱势群体很难获得恰当的保障；而社会养老保险体系则可以发挥一定的再分配功能，特别是，转型期中国的社会分层现实及社会分层体制变迁路径决定，个人的社会经济状态受先赋身份的影响较高，社会经济状态越差的个人越有可能因为无力改变其所处环境而陷入贫困陷阱[1]，这种再分配功能对于社会公平的改善是至关重要的。

事实上，在中国养老保障制度建设进程中，政府也一直居于领导核心，既是改革的发动者、组织者和设计者，又负责整个工程的具体实施和实践指导，可以说是整个体系博弈规则的制定者。国内外的改革实践表明，养老保

---

① 锁凌燕：《转型期中国城镇医疗保险体系中的政府与市场——基于城镇经验的分析框架》，北京大学出版社 2010 年版。

障体系的健全和完善，需要高度重视政府与市场的关系，必须致力于构建和谐的公私合作（Public Private Partnership，PPP）模式，有效地整合并使用社会资源。但是，既然政府在完成当前阶段的优先目标上具有显著优势，则很容易出现"强政府"的态势，也就自然会产生对年金市场重视不足、政策支持准备不充分的情况。

（二）社会偏好解释了"强政府"态势的正当性

转型所致社会张力背景下养老保障制度建设的阶段性，可以解释当前"强政府"态势的必要性，而社会偏好则解释了"强政府"态势的正当性。美国著名智库"战略与国际研究中心（CSIS）"2012 年 7 月发布了《平衡传统与现代：东亚地区退休养老前景》报告，该报告在中国大陆、中国香港、中国台湾、新加坡、韩国和马来西亚等地进行的问卷调查显示，民众对"谁最应当负责为退休养老提供收入"这一问题的回答，呈现出广泛的地区差异。选择"退休者自己"的比例，中国大陆最低（9%），然后是马来西亚（31%）、新加坡（40%）、中国香港（40%）、中国台湾（45%）、韩国（53%）；选择"政府"的比例，中国大陆最高；选择"成年子女或其他家庭成员"的比例，中国大陆最低（4%）。[①] 民众对政府干预的诉求，使得"强政府"态势可以持续。

其背后的深层原因也十分简单：在转型期的中国，制度惯性和路径依赖决定了市场的发育和社会合作能力的提升是一个渐进、长期的过程，具体到年金市场，其发展路径及不成熟的发育状况导致其承接能力有待培育，在这个"空窗期"，政府干预自然成为社会诉求；而从中国的社会心理和认知模式的深层来看，政府干预本身就具有良好的社会接受性。

回顾历史，大一统的传统计划经济体制，加上几千年来积淀的封建文化，在事实上延迟了国家法制的健全和权力制衡机制的建立。高度集权的经济、政治、文化体制的长期作用，使得中国民众的纵向联系多、横向联系少，人们长于等级服从，却短于谈判协商，凡事依赖于政府、听命于行政指令成为民众的思维惯性和行为惯性；而政府也习惯于替代民众行事，没有提供充分的制度环境让民众去构建横向交流合作的网络，社会资本积累不足。在转型开始之后，各类社会角色在利益驱动下也形成自发性的行为调整冲动，不仅自组织潜能被逐步释放，互动协调能力在日渐提高，各种社会规范也在逐渐

---

① 郑伟：《养老靠谁》，载《中国保险报》2012 年 8 月 28 日。

调整。但是，在一个社会资本不足的国家，人们必须通过不断的学习来提升社会合作能力，这决定了市场机制的培育必然只能是一个渐进的长期的过程，而在这个过程中、特别是在早期，技术上更有效率的市场机制安排，由于缺乏其发挥所用所必需的社会资本基础，从社会经济的角度来说，却很可能是无效率的或是低效率的，即路径依赖难以避免。尽管政府一再强调要转换职能，推进市场化，但是，在很多情况下，一旦出现了较为严重的社会问题，人们依然习惯于认为这是政府放权的结果，政府必须出面直接干预来解决问题。

因此，年金市场长期被视为政府主导社会养老保险制度的"有益补充"，是构建社会保护带的补充性措施，而并未真正被视作化解老龄化压力的重要支柱。多支柱的目标体系，在实践中演化为"多层次"的金字塔型保障体系。

（三）"三大红利"为财政责任的持续扩张提供了经济基础

1. 财政责任的扩张尚未构成明显的财政压力

当然，即便政府强有力的干预是必要的，在社会公众来看甚至是可欲的，"强政府"态势要想持续，还必须具有坚实的经济基础。社会养老保险制度改革以来，巨大的转轨成本、加上制度运行的低效率，使得"统账结合"的制度模式只是徒有虚名，其运行效果更接近于现收现付制；而且，人口老龄化已经成为不可逆转之势，城镇职工基本养老保险所覆盖的在职职工的老年负担率长期维持在较高水平，"十一五"期间虽出现了降低的势头（主要是因为企业部门职工提前退休的状况得以抑制），但仍然维持在32%以上。无论是出于弥补转轨成本和资金缺口的现实诉求，还是出于对"体制外"群体民生状况的关注，从1997年各级财政开始对养老保险转移支付算起，财政补贴规模迅速扩大。2007年各级财政对城镇基本养老保险基金的补贴金额为1 096亿元，到2011年已经迅速扩张到2 272亿元，四年间翻了一番还多。可以说，仅是在城镇基本养老保险部分，制度设计时规划的"以支定收、收支平衡"目标是无法自发实现的，需要长期的财政资助。而新型农村社会养老保险和城镇居民养老保险制度的发展，也是由财政补贴撬动的，2011年各级财政对这两项制度的补贴金额也高达689亿元，超过这两项基金总收入的60%。[1]

---

① 资料来源:《中国统计年鉴（2011）》；国研网数据中心；《2011年度人力资源和社会保障事业发展统计公报》。

不过，这在过去并没有构成明显的财政压力——受益于经济的高速增长，"十一五"期间我国财政收入的平均增长率高达21.3%。如表2－1所示，2007～2010年间，财政对社会保险基金的补助金额年均递增21.9%，超出财政总收入和总支出的年均增长率；但财政对社会保险基金的补助占财政支出的比重却没有显著变化，基本维持在2.6%的水平。可以说，财政责任之所以能够持续扩张，关键在于过去很长一段时期内中国经济和财政收入的快速增长为其提供了经济基础。如图2－4所示，在本世纪的前10年，中国经济延续了过去高速增长的态势，同时，财政收入稳定增长，近两年的增速甚至快于GDP的增速，财政收入占GDP的比重也从世纪初的13.5%上升到了2010年的20.7%。

表2－1　　　　　全国财政社会保障支出情况（2007～2010年）

项　　目		2007年	2008年	2009年	2010年	年均递增（%）
支出金额（亿元）	财政总支出	49 781.35	62 592.66	76 299.93	89 575.38	21.6
	社会保障总支出	5 447.16	6 804.29	7 606.68	9 081.40	18.6
	1. 财政对社会保险基金的补助	1 275.00	1 630.88	1 776.73	2 307.46	21.9
	2. 行政事业单位离退休	1 566.90	1 812.49	2 092.95	2 351.59	14.5
	3. 就业补助	370.9	414.55	511.31	620.54	18.7
	4. 城市居民最低生活保障	296.04	411.7	517.85	539.32	22.1
	5. 自然灾害生活救助	91.57	356.92	122.82	330.65	53.4
占财政部支出比重（%）	社会保障总支出	10.94	10.87	9.97	10.14	
	1. 财政对社会保险基金的补助	2.56	2.61	2.33	2.58	
	2. 行政事业单位离退休	3.15	2.9	2.74	2.63	
	3. 就业补助	0.75	0.66	0.67	0.69	
	4. 城市居民最低生活保障	0.59	0.66	0.66	0.6	
	5. 自然灾害生活救助	0.18	0.57	0.16	0.37	

注：（1）资料来源：2007年款级科目数据来源于《2007年全国预算执行情况和2008年全国预算（草案）》，2007年类级科目数据、2008年、2009年数据来自财政总决算。

（2）由于2007年政府收支分类科目发生调整，2007年以后年度社会保障支出科目口径与以前年度不一致，因此，2007年以后年度社会保障支出数据与以前年度无可比性。

数据整理：国研网数据中心。

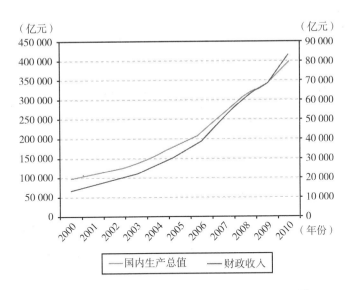

图2-4 近年来中国国内生产总值和财政收入增长情况

资料来源：《中国统计年鉴（2011）》。

2. "三大红利"与中国经济增长动力

一国经济的增长由多种因素决定，包括资本（相对于劳动）积累率、劳动者素质与资本质量的提高、技术和专业技能的改善以及有利于提高上述投入的总体生产率的其他要素（即"全要素生产率"，TFP）等。在转型以来的30多年中，有三股力量在通过各种各样的途径影响这些因素，创造了三大红利，进而成就了中国的经济奇迹。

（1）转型红利。毋庸置疑，中国已经并且仍在进行的伟大的转型过程，经济体制的市场化改革、社会结构的裂变、经济发展阶段从传统农业社会向现代工业社会的转变，迅速地帮助中国经济走出了长期的经济低效率和经济增长停滞状态，创造出了巨大的转型红利。首先，转型创造出了具有"自组织"作用的市场，各经济主体出于对自身效用和经济利益的追求、根据其分工定位和供需关系决定的价格变动做出各自的生产和消费决策，减少了价格扭曲，"看不见的手"由此引导资源向最有效率的方面配置，避免资源错配并使消费者与企业负担更高成本。其次，转型打破了大锅饭的格局，打破了城乡之间劳动力流动的障碍和束缚，使得劳动力可以从农业及其他生产率较低的活动领域转向生产率较高的岗位，提高了全要素生产率。最后，转型极大地激发了个人和社会组织的潜能和积极性，进而通过推动教育与技能（即"人力资本"）的提升和创新，提高了要素质量，促进了生产率提高。

（2）开放红利。通过对外开放，我国构建起了一个利用国内国外两种资源、利用国内国际两种市场、可以调动全球性的资源、资金、技术和产品的开放体系，搭建一个公平竞争的市场环境，从而使经济得到更充分的发展。过去的开放实践证明，对外开放对中国经济的影响是十分深远的。首先，开放为中国经济提供了发展初期紧缺的各类要素，这直接构成经济增长动力。外资通过各种形式进入中国，不仅提高了中国的资本存量，而且带来了能够有效提高资产质量的创造性资源，例如人才、先进技术和经验、技术开发与使用能力、管理能力、对客户需求的理解能力等。其次，对外开放倒逼改革，促成了市场导向型的法律框架和监管体制的形成，很好地提升了一国创造良好商业环境的能力，进而通过促进竞争，提升了产业竞争力。

（3）人口红利。对于我国而言，劳动年龄人口占比较大带来的人口红利和二元经济结构带来的剩余劳动力转移也是过去 30 多年经济高速发展的重要因素。自 20 世纪七八十年代以来，我国人口生育率及少儿抚养比例迅速下降，劳动年龄人口比例上升，在老年人口比例达到较高水平之前，形成了一个劳动力资源相对丰富、抚养负担轻、于经济发展十分有利的"黄金时期"。一方面，劳动年龄人口比例提高和劳动供给增加直接推动了经济增长；另一方面，有经济理性的经济主体为应对人口年龄结构的预期变化，将一生的收入和消费在生命周期内进行平滑以求取得最大效用，在生产效率较高的壮年阶段，其收入中用于储蓄的比例将明显高于其他阶段，因此，劳动年龄人口占比较高，也会带来国民储蓄率升高和资本供给增加，进而间接推动经济增长。如图 2 - 5 所示，改革开放以来抚养比呈现出显著下降的趋势，在 1990 年前后降到 50%以下，从此进入了长达四十多年的"人口红利期"。这对中国经济长期高速增长是十分有利的。

3. "三大红利"的贡献：过去与未来

为了衡量三大红利的实际贡献，本研究采用索洛模型框架，并假设生产函数为柯布—道格拉斯生产函数，进一步对 1980 ~ 2009 年间的经济增长进行了分解核算。用 H-P 滤波法将全要素生产率（TFP）变化对增长的

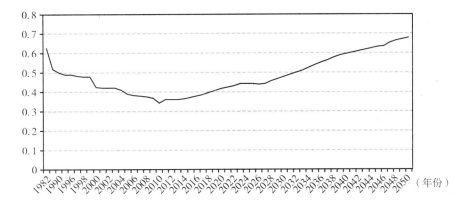

图 2 - 5　中国人口红利：过去、现在和未来

资料来源：《中国统计年鉴（2011）》；U. S. Census Bureau, International Data Base.

贡献平滑处理，可以得出图 2 - 6 所示的结果。① 可以看出，在 90 年代中期以后，随着社会主义市场经济体制的目标模式得以确立，开始推进外汇改革和财税改革等一系列深度改革措施，转型红利快速释放，全要素生产率对经济增长的贡献迅速释放出来；在 2001 年前后，"入世"加深了对外开放的深度、广度，并加快了对外开放的速度，全要素生产率的贡献又进入了新的上升通道。②

　　但不容否认的是，近几年间，"三大红利"呈现显著减弱的态势。一方面，有利的人口因素正在发生嬗变，伴随"低出生率、低死亡率"的人口特征，我国抚养比开始呈现出上升的趋势，同时，随着我国农村人口"老龄化"程度逐步加深和农村剩余劳动力长期大规模转移，农村劳动力向城市转移的速度正在放缓，人口红利逐步消失。另一方面，如果没有新的重大的制度变迁，如果改革开放不能带来深刻的结构变革，转型和对外开放红利便会进入衰减过程，对经济增长的贡献就会变得越来越有限。从趋势看

---

　　① 所使用的数据中，产出用中国的不变价 GDP 表示（1980 年价格），劳动力使用当年末就业人员数，资本用固定资产投资（按固定资产价格投资指数调整为 1980 年价格）来衡量，所有数据均出自历年《中国统计年鉴》。通过估计柯布—道格拉斯生产函数模型（假定劳动力和资本的产出弹性系数之和为 1），可以得出 1980 ~ 2009 年间资本产出弹性 e_k = 0. 650459，劳动力产出弹性 e_l = 0. 349541。由于最小二乘估计显示出序列相关性，本书使用了二阶移动平均（MA）模型。

　　② 同时可以看到，在 20 世纪 90 年代中期以前，转型进程虽已开始，经济主体因为"放权让利"所调动起来的经济活力得到释放，但是对于改革开放姓"资"还是姓"社"的争论一直在持续，市场经济发展所需各种配套制度建设一直未有显著进展，全要素生产率贡献受到抑制，一度降至平均水平 2. 8% 以下。转型深化对中国经济增长的重要性可见一斑。

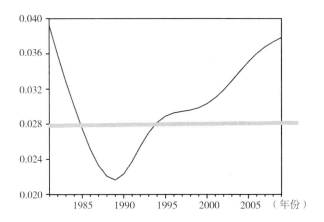

图 2 - 6 全要素生产率的变化对经济增长的贡献（经 H - P 滤波平滑处理）
资料来源：本研究整理。

（见图 2 - 6），三大红利的贡献正转向相对趋缓的平台，这不是周期性的，也不是宏观政策力量所能够支配或调控的。

鉴于世界经济复苏步伐显著放缓、我国经济增速降低、经济结构转型推进，可以预见未来的财政收入增速将不复从前。数据显示，2012 年全国公共财政收入 117 210 亿元，同比增长 12.8%，增幅比上年回落 12.2 个百分点，其中税收收入增幅回落 10.5 个百分点，[1] 这主要是受经济增长趋缓、价格涨幅回落、企业利润下降、实施结构性减税等因素影响。与此同时，为应对经济减速压力所采取的扩张性财政政策也在促使财政开支提高。数据显示，中国的财政赤字规模已经从 2008 年的 1 262 亿元扩张到 2012 年的 8 502 亿元。[2] 国内国外经济增速放缓、人口老龄化等多重因素叠加起来，必然会给现行社会养老保险体系造成极大的财政压力。

（四）政治体制改革的滞后

年金市场的发展，不仅受到养老保障体系整体发展的方向、态势的影响，更受到其他领域改革方向和进度的影响，而政治体系改革的影响尤为重大。由于中国政府既是改革的主导者和规则的制定者，同时又直接参与经济过程，具有自利的动机，完全可以利用其相对于市场机制的优势、按照非市

---

[1] 资料来源：财政部 2013 年 1 月 22 日发布的《2012 年财政收支情况》。

[2] 资料来源：国研网数据中心。

场的规则、谋求攫取自身利益；而我国法治环境远未完善，政府行为基本是由政治系统本身的自我矫正机制来约束，这种传统机制本身又具有严重的不完全性和滞后性，因此，政府机构的行为事实上没有受到有效的外部力量约束，运行效率低下、腐败等现象相当严重。虽然早在转型之初，我们就已经意识到了政治体制和行政体制改革的重要性，也在"政企分开、政资分开"方面做了不少努力，但因为种种原因，政治体制改革总体滞后于经济体制的改革，政府双重角色的问题一直没有得到根本解决。

首先，这种局面对年金市场的发展和深化极为不利。一方面，社会保障行政部门一身兼有行政管理职能和基金经营职能，这种"政企不分、政资不分"的运行状态，不仅不利于提高社保体系效率，而且在事实上导致行政部门缺乏提高效率、培育年金市场的动力。另一方面，伴随转型的全面深化，各种利益摩擦和冲突逐渐从以前的"隐身"状态过渡到"在线"状态，一些深层次矛盾迅速显现并构成了现实威胁，包括收入差距过大、就业矛盾突出、自然资源和环境的破坏及恶化、贪污腐化、诚信沦丧等，不仅降低了政府的公信力，而且给那些对改革有误解、或者反对市场化改革的人提供了口实，反而增大了深化改革的阻力，进一步为增强政府干预、解决"民生"问题提供了民意基础。

其次，政治体制改革的滞后，不利于年金市场发展所需外部环境的培育，尤其是不利于资本市场的成熟和完善。在资本市场发展过程中，政府具有多重目标：一是资本市场秩序目标，政府在承认市场在资源配置中占据主导地位的前提下发挥监督职能，以保证市场公正、透明、有效；二是经济目标，政府作为大部分上市公司的大股东，行使所有者管理和取得收益的权利，从而具有经济利益的考量；三是社会目标，政府总是希望维护社会稳定、构建和谐的发展氛围。但在现实中，这三种目标之间往往是互相冲突的，政府在不同时期往往只能选择以某种目标为主来发展、规范资本市场，这严重影响了资本市场的发展进程，特别是政府在实际运作中更多地被社会稳定目标"俘获"，往往刻意追求市场的稳定，或人为地维持股价水平和活跃市场，主动限制了一些内在波动性市场的发展，影响了市场的整体发展，也使得市场的发展带上了浓厚的政府色彩。因此，中国的资本市场系统性风险较高，更类似于"政策市"、"圈钱市"，而不是"回报市"，资金很难实现长期保值增值的目标，这又进一步限制了年金市场的发展。

▌结　语

本章对中国年金市场发展历史的考察表明，由于处在转型这个特殊的时空背景下，中国年金市场发育的过程，是市场因素在传统体制的退让和扶持中成长的过程，是"去行政化"不断加强、市场化程度不断加深的过程。正因为此，决策层面的系统发展规划和立法指导，是保证市场的空间不被挤占、从而能够生存、进而可以更有效地培育和发展市场的前提。正是从这个角度来讲，政府行为、特别是由政府主导的社会养老保障制度的发展路径以及各类支持性政策，对年金市场的培育有极为深远的影响。

但是，虽然各界对年金市场发展的重要性和必要性已经达成共识，近些年年金市场在量与质方面一直没有取得重大发展，年金市场所发挥的现实作用与其定位很不相称；市场竞争虽日趋激烈，但竞争层次不高，区域发展很不均衡；中长期预期虽然向好，短期内却仍处于整理徘徊格局。出现这种局面最直接的原因有三：外源性动力不够充沛，税收优惠等支持性政策不足；内源性动力缺乏，需求没有得到充分的调动，供方的供给能力有待提高等；发展环境不佳，特别是资本市场尚未成熟完善。但这些问题的解决显然需要对更深层次的原因进行剖析。

进一步的探究表明，中国渐进式的转型路径决定，养老保障制度建设具有阶段性特征；而在巨大的社会张力下，最为现实的选择是优先解决制度的缺失问题，解决不同制度之间待遇差别过大的问题，解决公平性和可及性的问题，政策优先关注的重点是如何快速扩大社会保险的覆盖面、提高待遇水平、改进制度设计，以促进经济体制各项改革的推进，并保障和改善民生。为了实现这些目标，政府比市场更为有效，而社会偏好也解释了"强政府"态势的正当性，"三大红利"支撑下的经济快速增长则进一步为财政责任的持续扩张提供了经济基础，更进一步地，政治体制改革的滞后削弱了政府培育市场的动力，也束缚了年金市场发展所需外部环境的完善。

但是，由于"三大红利"正处于衰减过程，伴随基本社会养老保障的覆盖面不断扩大，可以预见，在未来的中长期内，"强政府"态势如不扭转，养老保障体系必将承受空前的资金压力。未来养老保障体系的改革，一方面要保证政府顺应民意、履行其"保民生"之责，另一方面还要提升整个体系的可持续性，这就必须要更有效地培育市场，形成"强政府＋强市场"的格局。我们在讨论年金市场发展时，不能因养老保障制度建设的阶段性而贻误时机，更不能如"温水煮青蛙"，等事态严重时才予以重视，必须要有全局性的、预见性的眼光，必须在现阶段，就在政策支持体系的设计过程中培育市场，为年金市场预留充足的发展空间、创造出良好的发展环境。我们的研究发现，政治体制改革滞后严重掣肘年金市场发展，可以说，在政府的双重角色没有切实分离之前，仅是推行简单的市场化改革，效果不会十分显著，或者说，年金市场发展，更有功夫在"诗外"。

本章参考文献：

1. 蔡昉：《人口转变、人口红利与经济增长可持续性——兼论充分就业如何促进经济增长》，载《人口研究》2004 年第 3 期。

2. 郭磊：《中国企业年金市场养老保险公司竞争互动研究》，载《保险研究》2011 年第 10 期。

3. 胡晓义：《走向和谐：中国社会保障发展 60 年》，中国劳动社会保障出版社 2009 年版。

4. 刘昌平、徐裕人：《中小企业集合年金计划研究》，载《中国社会保险研究》2012 年第 1 期。

5. 孙祁祥、郑伟等：《中国社会保障制度研究——社会保险改革与商业保险发展》，中国金融出版社 2005 年版。

6. 锁凌燕：《转型期中国城镇医疗保险体系中的政府与市场——基于城镇经验的分析框架》，北京大学出版社 2010 年版。

7. 郑秉文主编：《中国养老金发展报告 2011》，经济管理出版社 2011 年版。

8. 郑功成：《中国社会保障改革与发展战略（养老保险卷）》，人民出版社 2011 年版。

9. OECD，《监管改革评估：中国》，2009。

10. OECD，Pensions at a Glance 2011：Retirement-income Systems in OECD and G20 Countries，OECD Publishing，2011。

第三章

年金市场 I：企业年金的
现状与展望

引 言

作为养老保障的第二支柱，企业年金在中国的发展一直得到政府的积极支持与推动，2004 年以信托制为核心的企业年金制度的建立更是开创了年金市场化管理的先河，得到各方主体，特别是相关金融服务商的高度关注和热情参与。然而，近八年探索与实践的结果却似乎不尽如人意，企业年金市场的规模远未达到人们当初的预期。尽管中国企业年金制度从创建初期就蕴涵了充分利用后发优势，将发达国家主流模式植根于中国土壤的思想，但是，在植入过程中如何与中国特有的政治、经济、社会背景很好地融合，如何克服路径依赖，突破传统观念的桎梏，却是进一步发展的关键所在。唯有如此，才能够摆脱"橘生淮北则为枳"的命运。

本章在对目前中国企业年金市场发展状况做出客观和现实的描述的同时，分析中国企业年金制度所独有的制度特性，力图探究与揭示导致中国企业年金市场发展缓慢的深层原因，并从顶层设计和现有框架内的改进两个方面，对企业年金市场的进一步发展做出展望。

一、走向市场化：中国企业年金的发展历程与制度特征

（一）"企业年金"的特有概念及其内涵

企业年金（Enterprise Annuity）并不是一个国际通用的概念。在中国，

它被用来特指通过企业退休金计划为企业职工提供的养老金，从发展目标上来看，它将作为多支柱养老保险体系的一个重要支柱，为缓解政府养老保障方面的压力发挥重要作用。在 2000 年国务院发布的《关于印发完善城镇社会保障体系试点方案的通知》首次提出"企业年金"的概念之前，与之相对应的概念为"企业补充养老保险"，意指它将成为企业职工退休后取得基本养老金之上的"补充"，同时，从字面上看，这一概念很容易被人们理解为养老保险的一部分，从而和商业保险联系在一起。"企业年金"的提法，则一方面赋予其企业制度的内涵，同时，也使其摆脱"补充"的地位，为其成为养老体系中一个独立的支柱提供想象的空间。

由于作为养老保障第二支柱的企业养老金制度在世界各国的产生背景和实践的不同，以及人们对这一支柱性质认识角度的不同，国际上对于此概念的表述也存在差异。事实上，与目前中国的"企业年金"性质相类似的概念表述包括：（1）职业养老金（Occupational Pension），这一概念是从用于养老金的缴费直接来源于与其受益人从事职业直接相关的收入的角度来进行定义的；（2）雇主养老金（Employer-sponsored Pension），这一概念是从企业养老金最初起源于雇主为减轻或消除与雇员之间的摩擦、稳定劳资关系所付出的无条件的馈赠而命名，而且即使在目前许多情况下，雇主缴费依旧是其资金来源的重要组成部分；（3）私人养老金或私营养老金（Private Pension），这是从养老金的属性及其运营与管理的角度相对于公共年金（Public Pension）而言所形成的表述；（4）个人账户养老金（Individual Retirement Account Pension）则是对应于确定缴费型企业养老金以个人账户的方式进行管理而产生的。

由此看来，中国的企业年金与上述概念均有一定的联系，关键是认识问题的角度有所不同。然而，需要注意的是，由于与中国养老保障体系、企业制度等的关联，企业年金在中国又有其特定的内涵，具体而言，它是指企业在缴纳了基本养老保险费的基础上，根据自身经济状况和经济实力，通过集体协商机制建立的、旨在为本企业职工提供一定程度的退休收入保障的一种企业福利制度。

企业年金不同于商业保险，它本质上是一项企业福利制度，除了对员工老年收入风险提供保障之外，它的建立还同时基于企业保持员工队伍稳定、降低劳动力替换成本、完善分配机制和激励机制、改善劳动关系、构建新的企业文化等方面的需要。单纯从提供退休收入保障这一最主要目的来看，

"年金"二字似乎并不能准确表达其内涵，而"企业养老金"的表述应该更加合理。

作为中国社会保障制度的重要组成部分，企业年金是多支柱养老保障的重要制度安排，但它与基本养老保险也有着明显的不同。作为企业年金核心主体的企业和职工是建立企业年金计划的决策者，同时也是责任主体。政府只是企业年金的政策制定者和监管者，但并不直接参与企业年金计划的建立及基金的运营。企业年金采用市场化的方式进行运营与管理，企业年金计划建立后，企业和个人缴费将以个人账户的方式进行管理，由金融机构托管，并指定专业投资机构进行运作。

为了便于比较说明和文字表述，下文在涉及通过企业退休金计划为雇员提供的以作为养老保险第二支柱为目标的养老金时，将不特意区分企业年金、私营养老金、企业养老金等概念，换言之，可将之统称为"企业年金"。

（二）企业年金制度建立与市场形成过程

与世界上最早建立企业养老金计划的美国相比，中国企业年金应该说相当年轻。从1875年运通公司建立第一个正式的由企业资助的雇员养老金计划至今，美国企业养老金制度已经经历了一百三十余年的历史，而从2004年《企业年金试行办法》和《企业年金基金管理暂行办法》颁布，中国企业年金制度正式建立至今，不过近十年的发展历程。因此，中国的企业年金市场只能被概括为一个发展初期的不成熟的市场。然而，当我们回顾从这一制度的早期探索到今天的市场状况，会发现这一制度的建立具有两个鲜明的特点，即：与20世纪80年代中期开始的经济体制和社会保障制度改革密切相关；坚定地朝着市场化的方向发展。从90年代初开始，企业年金在中国的发展大体经历了三个阶段：

1. 企业补充养老保险的探索阶段（1991~2000年）

在这一发展阶段，政府出台了一系列法律法规，明文规定鼓励企业建立补充养老保险制度（即作为基本养老保险制度之外的补充）。但是，一方面，理论界对企业补充养老保险的性质、发展方式和管理体系等问题存在颇多的争议；另一方面，在法律法规上并未建立具体的鼓励措施，且相关规定上又缺乏彼此的紧密配合性，因而，这一阶段企业补充养老保险的理论和实践探索呈现出百家争鸣的局面。

这一阶段与企业补充养老保险有关的法律法规和政府文件主要包括：1991 年国务院《关于企业职工养老保险制度改革的决定》、1994 年国家颁布的《劳动法》、1995 年原劳动部拟订的《国务院关于深化企业职工养老保险制度改革的通知》、1995 年 12 月原劳动部发布的《关于建立企业补充养老保险制度的意见》等。在这些法律法规中，确定了企业职工养老保险制度改革的目标为"逐步建立起基本养老保险与企业补充养老保险和职工个人储蓄性养老保险相结合的制度"。在补充养老保险基金的管理方面，逐渐允许企业自主选择经办机构，其中隶属于政府部门的地方社会保险经办机构在其中占有重要地位。由于对企业补充养老保险的实施主体和条件、资金来源、决策程序和管理组织、供款方式和水平、享受条件和待遇支付、经办机构和委托程序、投资运营、基金转移等没有统一的规定，一些省市相继制定了一些地方性企业补充养老保险管理办法，对企业补充养老保险发展分别进行了不同程度的探索。这一时期建立企业补充养老保险的企业大部分为从行业统筹转变为地方统筹的大型国有企业，主要作用是弥补转变为地方统筹之后养老保险待遇与企业原有养老保险待遇之间的差额，因此，大部分采用待遇确定型的计划。对这部分年金计划的数目当时并没有准确的统计。

1998 年中国劳动和社会保障部与保监会相继成立。1999 年国务院针对企业补充养老保险发展中存在的诸多问题，决定对企业补充养老保险进行整顿规范，同年 7 月发布了《国务院批转整顿保险业工作小组保险业整顿与改革方案的通知》，提出要严格界定商业保险和社会保险业务范围，"各地区、各部门不得以社会保险的名义经营或变相经营商业保险业务。由行业统筹转为地方统筹的 11 个部门和单位，其经办的企业补充养老保险是在特殊情况下制定的过渡政策，纳入社会养老保险由劳动和社会保障部门管理。其他行业的企业补充养老保险属商业保险，要逐步向商业保险过渡。整顿和规范企业补充养老保险的具体办法，由劳动和社会保障部会同保监会另行制定"。

经历了这十年的发展历程，如何规范和促进企业补充养老保险的发展，成为政府、企业和各经办主体共同面对的问题。

2. 企业年金制度的试点阶段（2000 年至 2004 年 5 月）

从 2000 年开始，企业年金发展进入初步试点阶段，并在 2000 年国务院发布的《关于印发完善城镇社会保障体系试点方案的通知》中首次提出了

"企业年金"的概念，即企业年金是有条件的企业为职工建立的补充养老金计划，实行基金完全积累，采取个人账户管理方式，费用由企业和职工个人缴纳；企业年金实行市场化运营和管理。文件规定了四项新的政策：一是将补充养老保险名称规范为企业年金；二是确定采取个人账户的管理方式；三是首次涉及税收优惠问题，规定试点地区企业缴费在工资总额4%以内部分可以纳入成本，允许在税前列支；四是实行市场化运营和管理。《通知》为进一步推动企业年金创造了条件，按照通知精神，国务院确定，选择辽宁省在全省范围内进行完善城镇社会保障体系试点；其他省、自治区、直辖市自行决定是否进行试点，并报国务院试点工作小组备案。到2000年底，在电力、石油、邮电、铁道、交通、民航等11个主要行业中有4 000多个企业和集团建立了企业年金计划，这些计划将逐步按照"企业年金"的要求来进行规范。

2001年，《国务院关于同意〈辽宁省完善城镇社会保障体系试点实施方案〉的批复》又进一步明确，建立企业年金的企业需要具备三个条件，即：依法参加基本养老保险并按时足额缴费；生产经营稳定，经济效益较好；企业内部管理制度健全。同时提出"大型企业、行业可以自办企业年金，鼓励企业委托有关机构经办企业年金"。随后更多的城市加入试点，为企业年金在全国铺开积累了经验。

3. 企业年金制度框架形成与规范阶段（2004年5月至今）

2004年，在各地试点经验的基础上，借鉴发达国家企业年金制度建立和发展的经验，劳动和社会保障部颁布了《企业年金试行办法》，并会同中国证监会、中国保监会、中国银监会联合发布了《企业年金基金管理试行办法》，并于2004年5月1日颁布实施。"两个办法"确立了我国企业年金的基本制度模式以及企业年金基金信托管理模式的基本框架。随后，劳动和社会保障部还颁布了《企业年金管理指引》、《关于企业年金基金证券投资有关问题的通知》、《企业年金基金证券投资登记结算业务指南》、《企业年金基金管理运作流程》、《企业年金账户管理信息系统规范》等一系列法律法规和政策文件，企业年金开始走向专业化和规范化。2005年，劳动与社会保障部发布《企业年金基金管理机构资格认定暂行办法》，首批企业年金基金管理机构的资格评审工作于2005年7月底结束，8月初公布了第一批获得企业年金基金管理机构名单，标志着我国企业年金市场从制度建设走向具体操作。与此同时，相关部门也积极合作，财政和税务部门开始就企业年金的税收优惠政策展开调研，而国资委为规范国有企业建立企业年金计划的行为，于2005年8月颁布了《关于中央企业试行企业年金制度的指导意见》。

在这一时期，企业年金市场有了较快的发展。2007年11月，劳动和社会保障部组织专家完成了第二批企业年金基金管理机构的资格认定。与此同时，监管部门发布了《关于做好原有企业年金移交工作的意见》，要求社会保险经办机构、原行业管理的、企业自行管理的以及地方性年金中心所管理的企业年金基金移交给合格的年金管理机构，实行规范化、市场化运作；2008年，在金融危机的背景下，企业年金的风险控制问题开始引起监管部门与业界的重视。2009年，企业年金制度进一步得到规范，人力资源与社会保障社部（以下简称人社部）出台了《关于企业年金基金管理信息报告有关问题的通知》，建立了企业年金的信息披露制度。财政部与国家税务总局先后发布了《关于企业补充养老保险、补充医疗保险税收政策的通知》、《关于企业年金个人所得税征收管理有关问题的通知》等，进一步明确了企业年金的税收政策。2011年2月，人社部颁布了新修订的《企业年金基金管理办法》，进一步规范了企业年金的计划管理、受托管理、账户管理、托管管理、投资管理、信息披露和权益归属，调整了对于企业年金投资比例的限制。2011年5月，人社部颁布了《关于企业年金集合计划试点有关问题的通知》，对企业年金集合计划的设立、变更和终止、管理运行、委托人加入和退出、信息披露等进一步提出了指导性意见。

4. 法律法规与政策性文件

迄今为止，对中国企业年金市场发展产生重要影响的法律法规按时间顺序可概括如表3-1所示。

表3-1　　　　　　　　　规范中国企业年金发展的重要法律法规

时间	办法名称	主要规定	出台意义
2004-01-06	《企业年金试行办法》	明确了建立企业年金的条件、企业年金的缴费标准和列支渠道，确立了企业年金信托型管理模式，对企业年金账户中的资金转移和领取方式等作出原则性规定	以法规的形式明确了企业年金作为一种新的养老保险模式，成为企业建立企业年金的行为指南

时间	办法名称	主要规定	出台意义
2004 - 02 - 23	《企业年金基金管理试行办法》	确定了企业年金制度中各利益主体的资质条件、权责义务,年金基金的投资约束条件、信息披露要求,明确企业年金账户的可携带性	有助于维护企业年金各约中各当事人的合法权利,使企业年金运作规范化、制度化
2004 - 09 - 29	《关于企业年金基金证券投资有关问题的通知》后附《企业年金基金证券投资登记结算业务指南》	对企业年金基金证券投资的操作流程进行了规范,明确了受托人、账户管理人、托管人、投资管理人、监管机构的主要职责和信息披露义务	保障企业年金投资当事人的合法权益,规范企业年金基金的投资行为,维护资本市场的平稳运作
2004 - 12 - 31	《企业年金基金管理机构资格认定暂行办法》	对从事企业年金基金管理的受托人、托管人、投资管理人、账户管理人的资质作了明确规定	设置了企业年金市场准入门槛,为市场健康平稳运行打下良好基础
2004 - 12 - 31	《企业年金基金管理运作流程》、《企业基金账户管理信息系统规范》和《企业年金基金管理机构资格认定专家评审规则》	明确了企业年金基金市场化运作的软硬件设施需达到的标准,强调企业年金市场准入的公平、公开和公正性,为企业年金发展提供良好的市场环境	加强企业年金基金管理,规范企业年金市场运作,保障企业年金基金财产安全,促进企业年金健康发展
2005 - 08 - 12	《关于中央企业实行企业年金制度的指导意见》	明确了中央企业建立企业年金制度的原则、基本条件、实施方案,要求企业年金基金实行市场化运作,加强监管	规范央企建立企业年金的行为,维护国家利益,保障企业职工利益,实现国有资产保值增值
2005 - 12 - 27	《关于企业年金方案和基金管理合同备案有关问题的通知》	明确了企业年金方案和合同备案的流程和需要的材料,劳动保障行政部门负责备案	劳动保障部门是企业年金的监管主体,备案有利于掌握监管的主动权
2006 - 02 - 15	《企业会计准则第9号——职工薪酬》、《企业会计准则第10号——企业年金基金》	对企业年金基金的会计确认和计量、列报规则进行了规定	有利于企业和税务机关等企业报表使用者对企业的财务有清晰、准确的了解

续表

时间	办法名称	主要规定	出台意义
2006 - 03 - 29	《财政部关于国有金融企业试行企业年金制度有关问题的通知》	明确了国有金融企业试行企业年金制度的原则、基本条件、实施方案和组织管理	为国有金融企业建立企业年金计划确立了行动指南，有助于企业年金制度的规范化运行
2006 - 11 - 01	《关于企业年金基金银行账户管理等有关问题的通知》	规范企业年金基金账户管理，明确企业年金基金银行账户的资金性质和对投资管理风险准备金的管理	有助于保障企业年金基金资产的安全，维护委托人的合法权益
2007 - 01 - 31	《关于企业年金基金进入全国银行间债券市场有关事项的通知》	明确了企业年金基金资金进入银行间债券市场的手续条件、运作规则	有利于拓宽企业年金基金的投资渠道，丰富银行间债券市场的投资者，有利于年金基金的保值、增值
2007 - 04 - 24	《关于规范移交原有企业年金的指导意见》	确定了需要移交的企业年金的范围、移交的原则、移交的手续、对个人权益的保护等内容	实现企业年金市场化运作，避免因政企不分出现的企业年金管理混乱等问题
2007 - 09 - 29	《关于中央企业试行企业年金制度有关问题的通知》	明确了何种央企可以建立企业年金、建立原则、缴费数额、新老制度的平稳衔接	为央企建立企业年金制度确定了行动指南，使其行为有法可依，避免国有资产流失，实现代际公平
2007 - 09 - 30	《保险公司养老保险业务管理办法》	明确了保险公司作为企业年金受托人时应遵循的规则，保险公司委托保险代理机构办有关企业年金管理业务应满足的要求	对保险公司参与企业年金受托业务时的行为提出了明确的要求，保险公司有提示风险和信息披露的义务
2009 - 03 - 08	《关于加强铁路企业年金管理的指导意见》	明确了企业年金的实施主体和条件、设计方案、运营监管等事项	为铁路企业建立企业年金明确了条件和方向，使铁路企业建立年金有章可循

续表

时间	办法名称	主要规定	出台意义
2009 - 06 - 02	财政部 国家税务总局《关于补充养老保险费、补充医疗保险费有关企业所得税政策问题的通知》	明确企业为在本企业任职或者受雇的全体员工支付的补充养老保险费不超过职工工资总额5%标准内的部分，在计算应纳税所得额时准予扣除	明确企业年金中企业缴费部分的全国性的税收优惠办法
2009 - 11 - 26	《关于企业年金基金管理信息报告有关问题的通知》	明确要求受托人定期向委托人报告企业年金受托管理情况，账户管理人向受益人报告企业年金权益情况；账户管理人、托管人和投资管理人分别向受托人报告企业年金账户管理、托管和投资管理情况；受托人、账户管理人、托管人和投资管理人向社会保障部门报告企业年金基金管理情况	有利于企业年金运作情况的公开化、透明化，促使受托人、账户管理人、托管人和投资管理人对委托人负责
2009 - 12 - 10	《关于企业年金个人所得税征收管理有关问题的通知》	明确了与企业年金有关的个人所得的征税办法。国家税务总局公告2011年第9号——《企业年金个人所得税补充政策》对此规定进行了补充说明	规范了企业年金的个人所得征税管理
2011 - 02 - 23	《企业年金基金管理办法》	进一步补充了对企业年金理事会受托人的规范，细化了企业年金的信息披露和监管要求，调整了对企业年金基金投资比例的限制	在企业年金计划管理、受托管理、账户管理、托管管理、投资管理、信息披露、权益归属等方面做出了进一步规范
2011 - 05 - 20	《关于企业年金集合计划试点有关问题的通知》	就企业年金集合计划的设立、变更和终止、管理运行、委托人加入和退出、信息披露等提出指导性意见	有利于推动和规范企业年金集合计划的试点，为集合计划的进一步推广奠定基础

注：表格内容根据中国养老金网资料整理。

（三）中国企业年金的制度特征

中国企业年金制度的发展与世界上其他国家相比，既有共性又有其独特的制度特征。[①]

1. 政府推动下的自愿性企业年金制度

回顾中国企业年金建立与发展的背景和历程可以看出，企业年金制度从建立之初即与整个社会保障制度的改革联系在一起，肩负着减轻原有社会保障体系的财务压力，从而保证退休人员能够保持合理的养老金待遇水平的期望。正因为如此，政府从一开始就采取了积极支持的态度，这一点可以从上述一系列政府文件、相关的鼓励政策等看出，事实上，企业养老金也的确是在政府的推动下逐步发展起来的。但与此同时，这一制度本身却并不具有强制性，企业可根据自身的经济实力自愿选择是否加入。

纵观世界上私营养老金的发展情况，可以发现第二支柱的计划类型主要分为两类：

（1）自愿性的企业养老金计划，包括美国、加拿大、德国、英国、奥地利、芬兰、法国、爱尔兰、西班牙、日本等国。在这类国家中，第二支柱在养老保险体系中的作用程度各不相同。在这类国家中，企业建立年金计划的动力主要来源于两个方面：第一，企业自身缓解劳资矛盾、稳定劳动力队伍和激励员工努力的需要。美国就是典型的例子。19 世纪 70 年代企业退休金制度在美国最初出现时，是由企业自发建立的，资金来源于计划发起企业的当期应税收入，且几乎所有的企业年金计划的资产都与发起公司的总资产合为一体，雇主为雇员出资建立退休金计划不是法定的责任，它可以理解为企业的市场竞争手段和企业文化建设的投入。而政府对企业年金的影响是在企业年金发展到一定程度之后才产生的，主要是在法律和税收方面。1942 年美国通过的《国内税收法》对符合税收优惠条件的企业年金计划作出了限定，20 世纪 70 年代，政府对企业年金的干预力度进一步加强，通过修订 1974 年《雇员退休收入保障法》和《国内税收法》等相关立法，对企业年

---

① 关于中国企业年金的制度特征，郑秉文主编的《2011 中国养老金发展报告》概括为六点，即：完全积累的个人账户形式、信托制的基金管理模式、分权制衡的基金管理结构、采取基金托管制度、以市场化方式进行运营、给予税收优惠并由政府实施监管。这一概括抽象出了其各方面的核心内容。本书则从另一角度，侧重分析目前中国企业年金制度与世界上第二支柱发展较快的典型国家相比所具有的制度特征。

金制度的一系列规则作出了更多的限定，从而逐渐使企业退休金计划从一种完全由企业主导的行为演进为具有一定的准公共性质。第二，在养老保险制度改革中，政府为了推动这一支柱的发展，给予较多的税收优惠政策，成为企业选择加入私营养老金计划的重要动力。仍以美国为例，尽管公共养老金制度是1935年才建立起来的（以《社会保障法》颁布为标志），企业退休金在此之前已有相当的发展，似乎并非政府积极推动的结果，但事实上，也正是由于企业年金本身的正外部性，在一定程度上延迟了人们对公共养老金制度的需要。意识到这一点，政府在之后给予了企业退休金计划积极的税收优惠，并通过健全的机制设计，在推动企业年金市场发展的同时努力保证制度的公平性。在欧洲，大部分社会保障制度建立早，福利水平高，随着老龄化问题的加剧，支持养老保障体系运转的财政负担越来越大，采取自愿性养老保险制度的国家往往主要通过政府制定一系列政策和法律鼓励雇主建立企业年金，例如，在英国，为了激励雇主和雇员缴费从原来的国家养老保险转入企业退休金，政府规定了一系列解约条件，其中最重要的一条是提供最低退休金的担保。与此同时，多个国家采取了EET的税收优惠模式。[①]

（2）强制性（或准强制性）的企业养老金计划，代表性国家包括澳大利亚、冰岛、瑞士、丹麦、瑞典等。这类国家之所以能够建立强制性的养老金计划，重要原因在于由政治、历史、文化等诸多社会因素导致其更倾向个人和企业承担主要责任，对政府规模的扩张存在本能的抵制，同时工会组织的力量相对强大。实行强制性企业养老金制度的国家具有两个典型特征：第一，这些国家第一支柱的缴费率和替代率都相对较低。例如在实行强制性私营养老金的最典型国家澳大利亚和冰岛，第一支柱甚至不用单独缴费，而是总税收的一部分，获取养老金的资格要基于家计审查（means test），澳大利亚第一支柱公共养老金的替代率为11.8%，而第二支柱强制性的私营养老金的替代率却达到了35.4%。冰岛第一支柱公共养老金的替代率只有15%，而第二支柱的替代率则高达81.9%。[②]第二，由于采取强制性企业养老金制度，这些国家的私营养老金具有较高的覆盖率。例如，在澳大利亚，《超级年金保障法案》规定，所有的雇主都必须为雇员加入的养老金基金缴费，

---

① 杨燕绥：《企业年金理论与实务》，中国劳动社会保障出版社2003年版，第278页。

② OECD（2011）：Pensions at a Glance 2011：Retirement Income Systems in OECD and G20 Countries，P121.

无论雇员的工作是全职、兼职还是临时性的。这使得上述国家的企业年金覆盖全国就业人口的比例远远高于其他国家，根据 OECD 2009 年的统计，强制性私营养老金的覆盖率在澳大利亚为 68.5%，冰岛为 82.5%，瑞士为76%，丹麦为 70%，瑞典为 70.1%。[①]

显然，中国的企业年金制度与上述两种情况均有所不同。在 2004 年原劳动与社会保障部颁布《企业年金试行办法》和《企业年金基金管理试行办法》之前，虽然政府部门在多个文件中也曾一再表明支持企业建立补充养老保险，但真正自愿建立第一支柱之外的企业养老金的企业并不多，这一时期企业年金多数是在基本养老金从行业统筹转向地方统筹过程中，为弥补新制度下养老金待遇与原制度之间的差额而建立的，不是源于企业自身的需要，而是制度转轨的一种配套措施。2004 年"两个办法"的出台，表明了政府发展企业年金的决心，然而，由于第一支柱的替代率已经相对较高[②]，且覆盖了城镇职工就业人口的绝大多数，因此，作为确立中国企业年金基本制度模式的"两个办法"并没有选择强制性的企业年金制度，而是明确规定在依法参加基本养老保险并履行缴费义务的基础上，具有相应的经济负担能力和已建立集体协商机制的企业可以通过工会或职工代表大会集体协商自愿决定是否建立企业年金并根据企业的实际情况制定年金方案。这种自愿性的企业年金计划，最主要的困难在于如何保证企业年金的覆盖率。

2. "一步到位"的 DC 模式与市场化管理方式

从企业年金发展的国际经验来看，各国在企业年金的缴费模式、管理方式和市场化程度上存在较大的差异，即使是同一国家，在企业年金发展的不同阶段情况也不尽相同。以 OECD 国家为例，在南欧（意大利、希腊、西班牙和葡萄牙等国）和中东欧国家，第一支柱社会保障将满足退休人员的绝大部分收入需要，第二支柱私营养老金没有必要而且事实上也不多。其他欧洲

---

① OECD（2011）：Pensions at a Glance 2011：Retirement Income Systems in OECD and G20 Countries，P173.

② 在 2004 年之前，中国基本养老保险的替代率（包括基础养老金和个人账户养老金）分别为2001 年 73.3%，2002 年 72.5%，2003 年 65.1%，2004 年 60.8%。总体来讲，与许多国家相比，我国基本养老保险的替代率较高，但由于几乎没有第二、三支柱，总替代率并不算高，而且在近年呈现下降趋势，主要基于两方面原因：第一，2005～2010 年，城镇职工工资增长较快，而养老金增长速度明显低于工资增长速度；第二，通货膨胀加速了名义工资增长速度，进而推动了养老金替代率的下降。参见张士斌、黎源：《欧洲债务与中国社会养老保险制度改革——基于公共养老金替代率视角的分析》，载《浙江社会科学》2011 年第 11 期。

大陆国家也采取与工资相关联的现收现付制社会保障模式，但保障水平相对较低，例如德国，鼓励雇主建立企业养老金，与公共养老金共同提供收入保障。但其企业养老金采用企业承诺的方式，在企业的资产负债表中建立账面储备金进行积累。这种做法在当雇主陷入财务困境时，会使雇员的养老金权益面临显而易见的风险，所以企业要定期向一个保障组织支付保险费，该组织将承保当雇主无力承担养老金义务时的养老金归属权利。法国的第二支柱也是现收现付制的，它以行业为基础，雇主无力承担养老金责任的风险由整个行业的稳定性来承担，甚至当某个行业出现整体经营状况下滑时可以通过行业之间的转移支付来化解风险。在丹麦，第一支柱养老金实行与收入无关的水平费率，而雇员被要求建立积累制私营养老金，该计划以行业为基础进行谈判，大部分私营养老金计划为缴费确定型，通过专业养老金公司来管理。英国第一支柱为水平费率的基本养老金，第二支柱为公共养老金和私营养老金的混合体，雇员可以选择作为国家收入关联计划（State Earning-Related Scheme，SERS）的成员，或签订契约退出该计划并加入待遇确定型职业养老金计划或缴费确定型职业养老金计划。澳大利亚的基本养老金实行普惠制，不需要专门的缴费，但需要对收入和财产进行家计审查。第二支柱为强制性缴费的积累制的私营养老金计划，之前的待遇确定型计划开始慢慢淡出[①]。美国最初也采取待遇确定型的企业退休金计划，计划资产与企业总资产合为一体进行内部管理，但在发展过程中缴费确定型企业退休金计划逐渐成为主流形式，信托型的管理方式也有了较快的发展。近年来，私有退休金计划与资本市场的联系日益紧密，而且作为老年收入保障的第二支柱发挥着十分重要的作用。

尽管存在上述不同，总体来看，国际企业年金市场的发展大体可以分为三个阶段，即：（1）企业年金市场自主建立阶段。这一阶段的企业年金主要是作为企业福利制度的一个组成部分，市场特征为覆盖率低、可携带性差，基金资产缺乏相对独立性，年金计划主要采取 DB 模式。（2）企业年金市场高速发展阶段。这一阶段的市场特征表现为覆盖范围迅速扩大，政府通过立法、经济等手段介入企业年金领域，使企业年金运作更加规范，计划的公平性、安全性均得以增强，企业年金基金进入金融市场，形成了较发达的养老金投资市场，与资本市场形成良性互动。（3）企业年金纳入社会保障体系筹发展阶段。在这一阶段，多支柱的养老保障体系开始得到各国政府

---

① 董克用、邢伟等译：《养老金：趋势与挑战》，中国发展出版社 2007 年版。

的重视，一些国家开始对养老金制度进行较大幅度的改革，确立了将企业年金作为养老保险的第二支柱的目标，通过税收激励等方式促进其发展。缴费确定型计划逐渐取代待遇确定型计划成为企业年金市场的主流模式，并开始进行 DB 与 DC 混合模式的探索。

中国企业年金制度从建立之初，就明确了走市场化之路的决心，不能不说是基于对国际经验的总结，应该说利用了后发优势，"一步到位"地进入了当今世界企业年金发展的主流模式。企业年金计划统一采取缴费确定型（DC），以个人账户的方式进行积累，账户中的资金具有私人产权性质和继承性，这就意味着任何单位和个人不得以任何理由侵占、挪用企业年金个人账户资产；同时，这部分资金在员工退休之前依法"锁定"，未达到国家规定的退休年龄不得提前支取。企业年金基金采用信托方式进行管理，受托人可以为企业年金理事会或法人受托机构，企业和职工与计划受托人之间建立信托关系，受托人依法对企业年金资产承担最终责任，采用信托管理的目的是保持企业年金资产的独立性。企业年金基金采用市场化的方式进行运营管理，包括基金筹集、投资、账户管理、养老金给付等职能均委托给相应的金融机构，政府只负责制定企业年金法律法规和操作规则，并负责企业年金计划与运营的监管，不干预企业年金基金的运营过程。市场化管理的目的在于充分发挥市场在竞争性领域的作用，提高企业年金的运营效率。由于资金大部分投资到金融市场上，希望能够通过专业化的投资管理使计划参加者获得较多的投资收益，并通过金融市场分享经济增长的好处。

总体来讲，采取 DC 型的企业年金计划，通过市场化的方式管理企业年金资产，可以将老年保障风险分散到更大范围的养老金类别中，还可以帮助企业在整个薪酬体系设计上更有灵活度，同时也有助于使作为受益人的企业员工了解自己积累的养老金财富，并享受拥有养老金资产所有权的感觉。养老金基金作为机构投资者进入资本市场，还会促进资本市场本身的健康稳定发展，与之形成良性互动。

但是，也要看到，市场化的管理方式要想取得较好的效果，需要具备相应的制度条件与环境，例如发达的金融市场、成熟的监管机制，等等。特别值得关注的一点是，DC 型的养老金计划将大部分风险留给了缴费成员，尤其是到退休年龄之前的实际回报率的风险，还有退休时的利率风险和长寿风险，以及养老金提供机构的破产风险和错误购买投资产品的风险等。最终养老金待遇将严重依赖于投资表现，特别是退休时金融市场的状态。此外，企业年金被视为创造了新的储蓄和投资，从而引起金融界和经济学界的高度重视，但企业年金究竟是增加了储蓄还是仅仅替代了其他储蓄？我们认为，除非资金得到有效的运用，否则新增加的投资不会自动带来经济增长，而只会带来股票市场的价格攀升。上述问题还需要理论界和实际部门来进一步研究。

3. 不同所有制特性带来的参与主体差别

企业是年金计划建立的核心主体，特别是在自愿性企业年金制度下，企业年金市场的发展很大程度上取决于企业的积极参与。中国的企业年金市场与发达国家不同的一点是，企业的所有制性质导致企业年金的参与主体与发达国家有较大的差别，而这种差别在微观上将导致企业建立年金计划的能力不同、对企业年金的需求动机不同等，从而在宏观上影响企业年金制度设计及相关的税收激励政策。

尽管改革开放以后，中国国有企业的数量明显下降，但对于关系国计民生、作为国家经济基础和支柱的电力、电信、铁道、金融、民航、邮政、公用、石油、军工、烟草等行业，均由国有企业，许多为中央大型国有企业来经营。2011年《财富》世界500强企业最新排名中，中国共有69家企业入围，其中，中石化、中石油、国家电网分别以76.3亿美元、14.4亿美元和4.6亿美元高居财富排行榜的第5、第6、第7位。该排名是以营业收入和利润这两个指标为标准，这说明中国国企创造财富的能力已经十分强大。① 然而，从另一方面来看，由于这些大型国有企业往往具有行业垄断的特点，一些行业或部门依据高度集中的行政权力，通过各级政府的所有权、国家法律、市场准入法规等，形成对产品市场的行业垄断，并间接影响劳动力市场的均衡状态。

中国的企业年金在发展初期就由大型行业而来。在基本养老保险制度改革过程中，逐步建立起"统筹加个人账户"的基本养老保险体制，要求基本养老金统一由地方统筹。在这一过程中，一些大型行业为弥补新制度下养老金待遇与原制度之间的差额，使得员工的总体福利不下降，选择建立了企业年金。这一时期，电力、石化、铁路等行业的企业年金成为整个企业年金市场的主体，到2000年，电力行业累积达到58.7亿元，占全国积累资金的31%② 。也就是

---

① 张荣楠：《国企高额垄断利润妨碍经济转型》，载《证券时报》2011年7月12日。
② 张美中、李克强、胡维清、周玲瑶：《企业年金——中国养老保险的第二支柱》，管理出版社2004年版。

说，在企业年金建立初期，已经形成了大型国有垄断行业占主体的格局。

"两个办法"颁布之后，中国企业年金市场进入了新的发展阶段。由于明确规定了建立企业年金计划的条件为依法参加基本养老保险并履行缴费义务、具有相应的经济负担能力和已建立集体协商机制，显然，在这种自愿性的企业年金制度下，国有大中型企业仍然是最有条件和能力建立年金计划的。原因不仅在于其对企业年金的性质相对熟悉，在制定企业年金方案、规范企业年金管理方面具有相对优势，更在于其具有较强的经济能力，职工收入普遍高于其他所有制性质的企业，而且利润在企业内部的分配模式也不同于其他私营部门。[①] 这一点可以从在企业年金市场的现实发展中大型国有企业具有较强的经济能力和参与动机得到印证。

在对中国企业年金市场的发展问题进行研究时，对不同所有制企业的特点及其建立企业年金计划的内在机理必须给予充分的考虑。

二、初期发展与整体滞后：现状与问题探析

从 2004 年新的企业年金制度确立，以及随后的企业年金金融服务商资格认定开始，中国的企业年金市场进入实际运营阶段，到目前为止大约经历了七八年的时间。与企业年金制度发达的国家相比，这一市场尚处于发展初期的起步阶段。

在过去七八年中，中国企业年金制度经历了建立、发展和逐步规范的过程，制定了一系列的相关法规，并在实践过程中做出了有益的探索，也遇到一些需要解决的问题。对企业年金发展的现状做出客观的描述，探讨与分析导致问题的深层原因，对于进一步明确企业年金发展的制度导向，创造的良好发展环境是十分必要的。

（一）破冰之旅：市场发展初具规模

1. 制度构建

近年来，企业年金在制度构建方面主要取得了下述成就：

第一，确立了企业年金的基本制度模式。明确了发展企业年金的目的、建

---

① 相关统计资料显示，虽然近年来我国实行了限制高管薪酬、规范非工资性收入等对垄断行业的调控措施，但行业收入分配差距不仅没有降低，反而持续走高。2009 年最低与最高行业的收入差距已经上升为 15.93 倍。参见张原：《中国行业垄断的收入分配效应》，载《经济评论》2011 年第 4 期。

立企业年金计划的条件、企业年金方案的基本内容、企业年金资金的管理方式、企业年金受益人的基本权利、企业年金的可携带性、收益分配和领取方式等。

第二，制定了企业年金市场的准入规则。完成了两批企业年金基金管理机构的资格认定，同时，要求原社保经办机构、企业和行业管理机构、地方性年金中心所管理的企业年金基金移交给合格的年金管理机构，实行规范化、市场化运作，作出了具体的工作部署，保证了新旧制度下企业年金的过渡与衔接。

第三，建立企业年金管理机构之间的专业化分工与相互监督、制衡的机制。明确了受托人作为企业年金方案的执行者的职能和责任，保证了企业年金资产的独立性。

第四，对基金证券投资的开户、运作流程、清算模式、备付金账户管理等相关问题作出具体规定，为企业年金进入资本市场奠定基础。确定了企业年金的投资原则、范围、额度等，并根据实际情况在《企业年金基金管理办法》（2011）中做出了相应调整；使企业年金资金运营有章可循。

第五，建立了企业年金的信息披露制度。明确要求受托人定期向委托人报告企业年金受托管理情况，账户管理人向受益人报告企业年金权益情况，确定了重大事项报告制度，形成了较为完整的信息交流和反馈机制；明确了审计要求；加强了企业年金资金运营的风险控制。

第六，探索政府部门之间的协作监管模式。信托模式下企业年金的实际运营涉及银行、证券、基金、保险信托等多方金融机构，产生了跨部门的协调、监管的需要。作为主要监管机构的人力资源与社会保障部会同中国银监会、证监会、保监会等金融管理部门，在市场准入、业务经营、投资管理、费用调整等方面进行协同监管，为进一步加强对跨市场风险和系统性风险的监测与分析奠定基础。

第七，积极推动企业年金市场的进一步深化。管理部门在加强监管的同时，还致力于企业年金市场的培育与发展。例如，积极推动发展企业年金集合计划，努力降低企业年金的管理成本，使更多的企业能够加入到企业年金计划当中来，从而推动企业年金市场的进一步深化；积极与相关部门沟通与协作，进行企业年金税收政策方面的探索等。

总体来讲，在企业年金制度建立初期，人力资源和社会保障部等企业年金市场管理部门在积极推动企业年金制度构建方面做了大量的工作，取得了显著成果。

2. 市场实践

在上述制度的推动和保证之下，企业年金市场发展实现了初期的"破冰之旅"。近年来，企业年金无论从参与年金计划的企业数量、计划所覆盖的员工人数和企业年金基金的规模方面都有明显的增长，特别是从新制度正式运营的2006年开始，企业年金增长速度较制度建立之前明显增快。截至2011年底，我国建立企业年金计划的企业共有4.49万家，覆盖的企业职工共1 577万人，企业年金基金规模3 570亿元。而2006年底，建立企业年金的企业只有2.4万多家，覆盖的企业职工共964万人，企业年金基金规模910亿元。不仅如此，企业年金基金的管理方式也发生了重大变化。2006年之前，企业年金的投资规模只有24.21亿元，相当于企业年金总规模的2.66%，投资组合数量仅为34个。而到2010年底，企业年金的投资规模达到了2 450亿元，相当于企业年金基金规模的87.22%，投资组合的数量也达到了1 504个。[1] 新制度对于企业年金市场的推动作用由此可见一斑。

图3-1至图3-3显示了从2000年到2011中国企业年金市场发展的总体情况[2]。

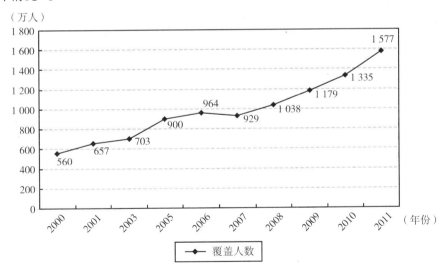

图3-1 企业年金覆盖职工人数变动情况

---

[1] 参见郑秉文主编：《2011中国养老金发展报告》，经济管理出版社2011年版。

[2] 2000~2005年数字来源于胡晓义：《走向和谐：中国社会保障发展60年》，中国劳动社会保障出版社2009年版，第445页。2006年以后数据来源于人力资源和社会保障部官方网站各年度人力资源和社会保障事业发展统计公报。

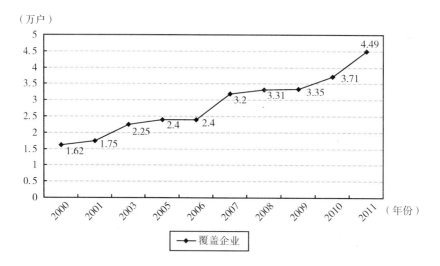

图 3-2　建立年金计划数量变动情况

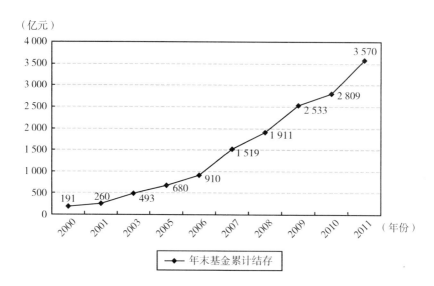

图 3-3　企业年金各年末基金累计结存变动情况

从上图中可以看出，中国的企业年金市场一直处于持续发展之中，无论是建立年金计划的企业数量、计划覆盖的职工人数还是企业年金基金累计结存，均保持增长态势，市场发展初具规模。企业年金得以发展，主要有以下几方面原因：第一，由于起步阶段市场规模很小，基数低，因此能够达到一个相对较高的增长速度；第二，一些经济实力较强的企业本身就具有建立企业年金计划的潜在需求，希望能够通过企业年金与薪酬福利制度相结合，完善分配机制和激励机制，增强员工对企业的归属感和忠诚感，但又一直没有找到合理、合法的渠道以及较好的资金管理方式，这种潜在的需求在企业年金制度建立之后得以释放；第三，金融机构为了扩大自身企业年金业务，积极宣传企业年金的作用，并根据企业的需要设计企业年金方案，推动了企业年金市场的发展。

（二）整体滞后：第二支柱尚未形成

如前所述，我国企业年金发展的目标是作为整个养老保障体系的第二支柱，为企业职工提供退休收入保障，有效地防止老年风险，减缓政府在养老方面的财政压力。然而，从现状来看，却离上述目标有较大的距离，主要表现在以下几个方面：

1. 市场规模偏小，企业年金整体发展滞后

考察一个国家企业年金市场的发展及其在整个经济中的地位，可以用企业年金资产规模及其占 GDP 的比重来衡量。根据经合组织（OECD）的统计，2009 年经合组织及其他主要国家的企业年金资产规模及其占 GDP 的比重如表 3 - 2 所示。

表 3 - 2　　　　　经合组织和其他主要国家企业年金资产规模
及其占 GDP 的比重（2009 年）

国家	资产规模（百万美元）	占 GDP 比重（%）	国家	资产规模（百万美元）	占 GDP 比重（%）
OECD 成员国					
澳大利亚	808 224	82.3	挪威	27 852	7.3
奥地利	18 987	4.9	波兰	58 143	13.5
比利时	16 677	3.3	葡萄牙	30 441	13.4
加拿大	806 360	62.9	斯洛伐克共和国	4 640	4.7
智利	106 596	65.1	斯洛文尼亚	1 266	2.6
捷克共和国	11 332	6.0	西班牙	118 056	8.1
丹麦	133 980	43.3	瑞典	36 307	7.4
爱沙尼亚	1 371	6.9	瑞士	496 957	101.2
芬兰	182 286	76.8	土耳其	14 017	2.3

续表

国家	资产规模 （百万美元）	占 GDP 比重 （%）	国家	资产规模 （百万美元）	占 GDP 比重 （%）
OECD 成员国					
法国	21 930	0.8	英国	1 589 409	73.0
德国	173 810	5.2	美国	9 583 968	67.6
希腊	63	0.0	经合组织 34 国	16 777 792	67.6
匈牙利	16 886	13.1			
冰岛	14 361	118.3	**其他主要经济体**		
爱尔兰	100 278	44.1	阿根廷	30 105	11.5
以色列	95 275	46.9	巴西	224 218	17.1
意大利	86 818	4.1	中国	19 980	0.6
日本	1 042 770	25.2	印度	61 971	5.4
韩国	29 632	2.2	印度尼西亚	9 614	2.2
卢森堡	1 171	2.2	俄罗斯联邦	14 987	1.5
墨西哥	107 136	7.5	南非	165 630	58.4
荷兰	1 028 077	129.8			
新西兰	13 755	11.8			

资料来源：Pensions at a glance 2011：Retirement-income systems in OECD and G20 countries© OECD 2011，P179.

从表 3 - 2 中可以看到，2009 年经合组织（OECD）企业年金资产达到 16.8 万亿美元，相当于 GDP 的 67.6%，由此可见其规模之大。在 OECD 国家中，美国的企业年金市场最为发达，其资产总值为 9.6 万亿美元，相当于 GDP 的 67.6%，占整个 OECD 国家企业年金资产的一半以上；其他企业年金资产规模较大的国家还包括英国，拥有 1.59 万亿美元的企业年金资产，相当于 GDP 的 73%；此外还有日本，其企业年金的资产规模为 1.04 万亿美元，占 GDP 的 25.2%；荷兰的企业年金基金资产规模为 1.03 万亿美元，占 GDP 的 129.8%；澳大利亚的超级年金的资产规模约为 0.81 万亿美元，相当于 GDP 的 82.3%；加拿大的企业年金资产与之非常接近，约为 0.81 万亿美元，占 GDP 的 62.9%。这六个国家的企业年金资产规模占到了经合组织企业年金总资产的 80% 以上。

除了上面所提到的六个国家企业年金基金资产规模特别巨大以外，还有一些国家虽然企业年金资产绝对规模不算很大，但占该国 GDP 的比重却相当高。这些国家往往引入了强制性或准强制性的企业年金制度，例如冰岛、瑞士、丹麦、芬兰等国。智利的企业年金发展历史也很长，积累了较大规模的养老金资产，占 GDP 的比重为 65.1%，接近于 OECD 国家的平均水平；此外，匈牙利、墨西哥、波兰等国，在 20 世纪末、21 世纪初也引入了强制性的企业年金制度，随着现有职工缴费的增加和新的职工不断加入，其企业年金资产的规模在未来还会有比较明显的增长。[①]

相比上述企业年金发达的国家，中国的企业年金市场的绝对规模显然还非常小，占 GDP 的比例也很低。截至 2011 年底，企业年金的累计结存为 3 570 亿元，仅占当年 GDP 总量的 0.8%。正因为如此，2011 年 OECD 的报告《2011 年退休金概览：OECD 和 G20 国家的退休收入体系》中将中国的养老保障体系概括为省级统筹下的二层次公共养老金制度，而对以第二支柱为发展目标的企业年金几乎没有提及。[②]

企业年金的发展滞后还表现在其与基本养老保险规模的对比上。图 3-4 直观反映了中国目前企业年金与基本养老保险的对比，从中可以看到，企业年金的规模远远小于基本养老的规模，从而在整个养老体系中的作用微乎其微。

企业年金发达国家的经验数据显示，一国养老保险体系的三个支柱的替代率较为合理的比例是 5:3:2，而目前，中国企业年金参保人数仅为全国就业人口的 1.6%，占参加基本养老保险总人数的 5%，企业年金在退休收入中的平均替代率不到 1%。[③] 要实现第二支柱的目标，我国企业年金的发展还有很长的路要走。

2. 市场结构不平衡，地区、行业差距较大

中国目前的企业年金市场除了整体规模偏小外，市场结构也很不均衡，主要表现为存在较大的地区差距和行业差距。

从地区分布来看，企业年金主要集中于上海、广东、北京、浙江、福建、山东等地区，沿海经济发达地区明显高于内地省份。[④] 企业年金地区发

---

① 参见 OECD：Pensions at a glance 2011：Retirement-income systems in OECD and G20 countries, 2011，P179.

② OECD：Pensions at a glance 2011：Retirement-income systems in OECD and G20 countries, 2011，P121，P332.

③ 参见中国养老金网：《2010 年中国企业年金市场之专家观点》，2011 年 2 月 28 日。

④ 张美中、李克强、胡维清、周玲瑶：《企业年金——中国养老保险的第二支柱》，企业管理出版社 2004 年版。

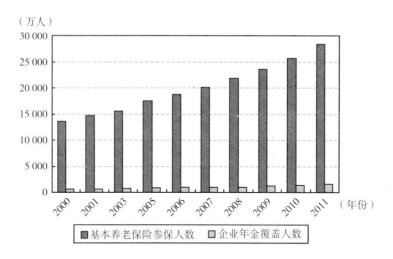

（万人）

图 3-4　企业年金与基本养老保险参保人数对比

注：2000～2005 年数据来源于胡晓义：《走向和谐：中国社会保障发展 60 年》，中国劳动社会保障出版社 2009 年版，第 445 页。2006 年以后数据来源于人力资源和社会保障部官方网站各年度人力资源和社会保障事业发展统计公报。

展不平衡的原因在于经济发展的不平衡。由于企业年金制度具有非强制性，只有具有较强的经济实力的企业才有能力建立。此外，沿海地区开放度高，接受新事物的能力较强，对企业年金接受起来也相对容易。中国的基本养老保险本身就采取省级统筹而非全国统筹，再加上企业年金这种明显的地区差异，当企业年金发展到一定规模之后，地区间的养老保障差距将成为一个问题。

比地区差距问题更为突出的是行业差距。企业年金市场发展初期，建立年金计划的企业大多集中在电力、铁路、金融、保险、通信、煤炭、有色金属、石油等高收入行业或垄断行业，根据郑秉文的调研数据，2010 年中小企业建立的企业年金基金占全国企业年金基金总规模的 4%，缴费人数占比仅为 10%。[1] 近年来，关于行业垄断与收入差距关系的研究成为人们关注的一个热点问题。相关研究认为，不同部门之间职工收入决定的分割效应不仅存在，而且有不断增强的趋势，主要表现在垄断行业与竞争行业之间职工收入差距明显扩大；垄断利润可以资本化为收入，使大型国有企业职工收入增

---

[1]　参见中国养老金网：《2010 年中国企业年金市场之专家观点》，2011 年 2 月 28 日。

长过高。① 相比于大型国有企业，中小企业建立年金计划的实力则明显不足。行业差距对企业年金发展的影响，主要是在养老保障制度的公平性方面，如果不能很好地解决这一问题，必将限制企业年金的长远发展。

（三）权衡得失：税收政策举棋难定

税收优惠政策对于促进企业年金发展的重要作用得到了各国的公认，特别是在那些采取自愿性企业年金制度的国家，税收优惠是企业及其雇员选择建立企业年金计划的重要动力之一。在中国，对于企业年金税收优惠政策的呼声在业界一直很高，学术界进行了广泛的探讨，各地也曾有一些探索。然而，迄今为止，总体而言针对企业年金的税收优惠政策仍很有限，背后确有其现实的考虑与困难。

1. 税收优惠政策的必要性

许多工业化国家出于分散国家在基本养老保险方面的压力的考虑，都对企业年金采取鼓励性的政策，其中最主要的手段是给予税收方面的优惠。税收优惠政策的程度往往与企业年金在整个养老保险体系中的重要性有很大关系。那些基本养老保险水平低的国家，政府往往给予较多的优惠政策鼓励企业年金的发展；反之，如果基本养老保险待遇已经很优厚，政府对企业年金税收优惠的力度就会小些。

由于企业年金的缴费主体包括企业和职工两方面，二者均有可能成为税收优惠的对象。对于企业来讲，虽然作为薪酬分配方案的一个组成部分，企业缴费部分最终来源于未来工资的增长，② 但是，在企业年金计划建立初期，企业缴费部分也不可能直接从员工预期的工资增长额中扣除，否则得不到员工的认可，也不利于企业在劳动力市场上的竞争，因此，这一时期企业缴费相当一部分来自于企业利润或员工预期之外的工资增长部分，从而导致企业的成本提高。如采取税收优惠政策允许企业缴费在税前列支，可以降低企业当期的应税所得，从而减少企业所得税的纳税义务，也就在一定程度上减少了企业建立年金计划的成本。对于职工来讲，个人所得税是影响其实际

---

① 张原：《中国行业垄断的收入分配效应》，载《经济评论》2011年第4期。

② 参见 Edward Montgomery, Kathryn Shaw, Mary Ellen Benedict, "Pensions and Wages: An Hedonic Price Theory Approach", *International Economic Review*, Feb., 1992, Vol. 33, No. 1, pp. 111 – 128，他们利用实际数据来验证工资与企业年金的消长关系，以此间接证实了企业年金作为延期支付工资的属性。

收入的重要因素。出于社会公平的考虑，个人所得税往往采取超额累进税率进行征收。如果给予企业年金的雇员缴费以税收优惠，可以直接减少其应税所得或待其退休时再征收从而使其进入一个较低的税率等级，起到熨平收入流的作用。此外，对企业年金的投资收益免税，也有利于激发员工参与年金计划的积极性。

在企业年金缴费、累积和领取三个阶段，都有可能受到政府税收政策的影响，每个阶段对应的税种也不完全相同，在缴费阶段对应的是企业所得税和个人所得税，在累积阶段是增值收益税和利息税，在领取阶段则对应个人所得税、遗产税、赠与税等。如果我们用 T 代表征税（Taxing），E 代表免税（Exempting），[①] 针对企业年金的税收政策就可以包括 EEE、EET、ETE、TEE、ETT、TTE、TET、TTT 共 8 种模式。比较通行的做法是 EET 税制，其特点是在当期消费和未来消费之间是中立的，同时避免了收入的重复征税，并较好地反映了养老资金在整个生命周期中所具有的熨平收入流的再分配性质。此外，EET 模式还能够产生税收激励作用，通过降低企业年金计划参与人的税收负担，加快资金累积的效果来增加其效用水平。

正是因为税收优惠政策的这些作用，企业年金市场要想得到较快的发展，离不开税收政策的支持。

2. 中国企业年金税收优惠政策的演变过程及现状

在中国，最早涉及企业年金税收优惠政策的文件是 2003 年 2 月财政部下发的《财政部关于企业为职工购买保险有关财务处理问题的通知》，该通知规定"有条件的企业可以为职工建立补充养老保险，辽宁等完善城镇社会保障体系试点地区的企业，提取额在工资总额 4% 以内的部分，作为劳动保险费列入成本（费用），非试点地区的企业，从应付福利费中列支，但不得因此导致应付福利费发生赤字"。由此可见，该通知只明确了对于试点地区的企业的 4% 税前扣除，而其他企业则需要从福利费或税后利润中扣除。因企业的福利费允许在税前列支的部分不能超过计税工资的 14%，考虑到企业其他福利开支较大的实际情况，大部分企业基本上享受不到税收优惠的待遇。几乎在同时，2003 年 4 月，国家税务总局下发的《关于执行〈企业会计制度〉需要明确的有关所得税问题的通知》中规定，"企业为全体雇员

---

① 税收待遇还存在减征的情况，如澳大利亚的超级年金在三个环节上均不免税，但均给予一定比例的减征。

按国务院或省级人民政府规定的比例或标准缴纳的补充养老保险、补充养老保险，可以税前扣除"，但因没有扣除比例的详细规定而难以操作。

2004 年企业年金制度建立调动了各方参与主体的热情，由于始终没有一个全国性统一的税收优惠政策，一些地区的地方政府开始相继出台了关于企业年金的税收优惠的试点和探索。在一年多的时间内，广东、安徽、江苏、山西、河南、云南、北京、河北、陕西等省市相继出台了相应的税收优惠政策，税前列支的比例基本上在 4% 或 5%，其中江苏、山西甚至达到了8.33% 这一《企业年金试行办法》规定的缴费上限。

2008 年 2 月，财政部下发《关于企业新旧财务制度衔接有关问题的通知》，规定"补充养老保险的企业缴费在工资总额 4% 以内的部分，从成本（费用）中列支。企业缴费总额超出规定比例的部分，不得由企业负担，企业应当从职工个人工资中扣缴。个人缴费全部由个人负担，企业不得提供任何形式的资助"。该通知首次将针对企业年金的税收优惠政策推广到全国。

2009 年 6 月财政部、国家税务总局下发的《关于补充养老保险费、补充医疗保险费有关企业所得税财政问题的通知》中规定，"自 2008 年 1 月 1 日起，企业根据国家有关政策规定，为在本企业任职或者受雇的全体员工支付的补充养老保险费、补充医疗保险费，分别在不超过职工工资总额 5% 标准内的部分，在计算应税所得额时予以扣除；超过部分，不予扣除"。该通知将企业缴费部分的税收优惠比例由原来的 4% 提高到了 5%。

以上关于企业年金的税收优惠政策主要是针对企业缴费而言，对于个人缴费部分的税收政策则是在 2009 年 12 月国家税务总局下发的《关于企业年金个人所得税征收管理有关问题的通知》中首次明确的。该通知规定："企业年金的个人缴费部分，不得在个人当月工资、薪金计算个人所得税时扣除"；"企业年金的企业缴费计入个人账户的部分（以下简称企业缴费）是个人因任职或受雇而取得的所得，属于个人所得税应税收入，在计入个人账户时，应视为个人一个月的工资、薪金（不与正常工资、薪金合并），不扣除任何费用，按照'工资、薪金所得'项目计算当期应纳个人所得税款，并由企业在缴费时代扣代缴。对企业按季度、半年或年度缴纳企业缴费的，在计税时不得还原至所属月份，均作为一个月的工资、薪金，不扣除任何费用，按照适用税率计算扣缴个人所得税"。2011 年 1 月，国家税务总局又公布了《关于企业年金个人所得税有关问题补充规定的公告》，对 2009 年下发的通知做出了进一步的补充，公告规定，"企业年金的企业缴费部分计入职工个人账户时，当月个人工资薪金所得与计入个人年金账户的企业缴费之和未超过个人所得税扣除标准的，不征收个人所得税。个人当月工资薪金所得低于个人所得税费用扣除标准，但加上计入个人年金账户的企业缴费后超过个人所得税费用扣除标准的，其超过部分按照《通知》中的规定缴纳个人所得税"。该通知还明确了以前年度企业缴费部分未扣缴税款的计算补税问题，要求按所属纳税年度分别计算每一职工应补缴税款。

根据上述国家税务总局 2009 年下发通知和 2011 年公告的精神，目前中国没有针对企业年金个人缴费的税收优惠政策。对企业缴费计入个人账户的部分，按照"工资、薪金所得"项目计算应缴税款，但不与正常工资、薪金合并，使得其适用税率较低，有一定程度的税收优惠，但税优的幅度微乎其微。

从中国企业年金税收政策近年的发展的现状，可以概括出下面几个方面的特点：

（1）企业年金税收配套措施滞后于市场发展，全国性的税收优惠政策出台晚。中国企业年金制度是在借鉴发达国家主流模式的基础上构建的，但在最初的制度设计上，却没有像发达国家那样具备相应的税收方面的配套措施，导致地方性的探索在前，而全国性的税收政策则是在年金市场正式运营后三四年才开始，税收政策明显地滞后于企业年金市场的发展。

（2）相当一段时期内政策缺乏统一性和一致性。这不仅表现在全国性的税收优惠政策迟迟未出台，各地企业年金税收政策存在差异，而且即使在全国性的政策出台之后，2008 年 2 月财政部的文件中确定企业缴费总额在工资总额 4% 以内的部分可以从成本中列支，2009 年 6 月财政部和国家税务总局的文件中又规定为不超过工资总额 5% 的部分在计算应税所得时予以扣除，而且是追溯到 2008 年 1 月起；国家税务总局 2011 年的补充规定公告，更是提出要对企业缴费进入个人账户的部分的未扣税款进行补税。税收政策的频繁变动，导致参与企业年金计划的参与主体企业和员工缺乏准确的判断和稳定的预期。

（3）税收优惠政策的层次低，效力有限。迄今为止，关于企业年金的税收政策几乎都是财政部或国家税务总局以"通知"而非法律法规形式发布的，这就导致其稳定性差，容易出现"朝令夕改"的问题。成熟的企业年金制度下，税收政策应该与社会保障的法律法规以及税收方面的法律法规一同综合制定，例如美国的《雇员退休收入保障法》以及《税收法》就起着相辅相成的作用，《税收法》中更是对于 401（k）等私有退休金计划的税收优惠和缴费方面的限制有明确的规定，事实上，401（k）本身就是《税收法》的一个条款。

（4）企业年金的税收优惠力度小。与实行自愿性企业年金计划的国家相比，中国企业年金的税收优惠幅度相对较小，体现在企业缴费的税前扣除部分占工资总额的比例以及个人缴费的税收优惠政策上。税收优惠力度偏小不利于推动企业年金市场的发展，使其难以成为养老保险的第二支柱。

3. 税收政策举棋难定的原因

在企业年金制度建立初期，企业年金税收优惠政策之所以举棋难定，有其客观的现实原因。主要来讲，税收优惠政策的出台以及具体的征税模式受到来自三个方面的限制：

第一，税收优惠政策公平性方面的考虑。

税收优惠政策是指税法对某些纳税人和征税对象给予鼓励或照顾的特殊规定，国家通过税收优惠利用税收负担上的差别待遇给予特定的纳税人以税收利益，从而直接或间接地影响纳税人在经济、社会领域中的行为。税收优惠政策"本质上是创设了一种租税特权，是以打破量能课税之平等原则作为管制诱导工具，其存在之合法正当性要求它必要承载着某种价值追求，而这种价值追求对税收优惠本质属性的揭示也最为直接"。[①]税收优惠所追求的价值目标主要分为两类，一是社会目的，作为执行社会政策的工具，其目标是追求社会的公平、和谐与稳定，企业年金的税收优惠政策即属于此类；二是经济目的，以促进经济发展为目的，如针对中小企业的税收优惠、出口税收优惠等。企业年金的税收优惠政策既然属于第一类，就要看其是否真正有利于促进该目标的实现。在这一点上，企业年金计划与政府的公共养老金计划有相似之处，二者都属于老年经济保障计划的一部分，发展企业年金实际上是老年保障结构调整的战略选择，从这一角度看，政府应该通过税收政策给予鼓励和支持。

然而，参加企业年金计划的企业与参加基本养老保险的企业却又存在一定的差别。由于基本养老保险是强制性的，所有城镇企业甚至灵活就业人员、外来务工人员等都被包括在内，因此，对于企业职工具有普惠性质；而企业年金是自愿性的，只有具备经济负担能力、建立了企业年金计划的企业和职工才能享受到企业年金税收优惠的好处，目前在中国，有能力建立企业

---

① 刘继虎：《税收优惠条款的解释原则》，载《政法论坛》2008 年第 5 期。

年金计划的企业大部分是大型国有企业甚至是行业垄断企业，它们不仅凭借对产品市场的行业垄断获得垄断利润，而且由于其特有的分配模式导致其职工的收入高于其他行业。也就是说，能够享受企业年金税收优惠待遇的正是那些经济状况相对好、收入水平相对高、养老保障矛盾最不尖锐的企业和职工。而那些处于发展中的资金实力尚不雄厚的中小企业及其职工、自我雇佣人员等，则无法获得税收方面的好处。正因为如此，社会上存在将企业年金称为"富人俱乐部"的说法。这一点又同税收优惠政策的社会目标相冲突，如果处理不好，不仅不会缩小反而会扩大行业间、企业间、城乡间的居民收入差距，不利于社会稳定。

第二，政府财政能力的制约。

为了获得企业年金的发展，发达国家对企业年金实施税收优惠政策所带来的税收收入损失已成为许多国家政府财政预算中一笔较大的税式支出。对于企业参与年金计划的缴费允许在税前列支，虽然能够在一定程度上鼓励企业和员工参加企业年金计划，发挥其对于企业年金市场发展的激励作用，但也会直接导致政府的当期财政收入的减少，增加政府的财政压力。

虽然近年来，中国的财政收入持续增长，但总体来讲，相比于发达国家财政收入的规模依然偏小。据财政部最新公布的数据显示，2011 年全国财政收入为 103 740 亿元（其中税收收入 89 720 亿元，占财政收入的比例为 86.5%），这一数字为当年 GDP 的 22%。[①] 而根据国际货币基金组织《政府财政统计年鉴（2007）》公布的 2006 年 51 个国家财政收入占 GDP 比重的数据计算，各国财政收入占 GDP 比重平均为 40.6%，其中 21 个工业化国家的平均水平为 45.3%，30 个发展中国家的平均水平为 35.9%。这表明，当前中国政府财政收入占 GDP 比重不仅低于发达国家平均水平，而且低于发展中国家平均水平。[②] 同时，财政支出的规模也在不断增大（2011 年全国财政支出累计 108 930 亿元）。中国是一个拥有 13 亿人口的发展中大国，区域之间、城乡之间发展很不平衡，经济社会发展中还存在不少薄弱环节，需要财政部门的支持，例如，"三农"、教育、医疗卫生、社会保障和就业、保障性安居工程，等等。特别是处于经济转型时期和工业化发展阶段，需要偿还

---

① 搜狐财经：《财政部公布 2011 年财政收支情况》，http：//business. sohu. com/20120120/ n332755544. shtml。

② 李雁争：《中国财政收入占 GDP 比重低于国际水平》，载《上海证券报》2009 年 5 月 7 日。

历史欠账和支付转轨成本，财政的压力就更大。因此，在税收优惠政策方面就要根据轻重缓急进行选择。

在养老保险方面，我国实际上已经给予了基本养老相当优惠的税收政策。在许多实行综合所得税制的发达国家，所得税针对人们的全部收入进行汇总，超过了规定的免征额或费用扣除标准，则应按照统一的税率表进行纳税，也就是说，公共养老金也属于课税的对象。而我国对于基本养老保险却实行彻底的免税政策。在缴费阶段，不仅企业向基本养老统筹计划缴纳的保险费全部可以税前列支，免征企业所得税，而且职工个人的缴费也是免税的。在投资环节，由于养老金储备基金的规模有限，而且投资由政府运作，投资收益也是完全免税的。在领取环节，《个人所得税法》也明确规定，"个人提取原提存的住房公积金、医疗保险金、基本养老保险金时，免于征收个人所得税"。对基本养老金的税收优惠政策，一方面与我国分类所得税的制度有关，另一方面，也保护了作为低收入群体老年人的利益，有利于社会的公平，因此，短期内不可能发生改变。在此种情况下，是否还能够给予企业年金以较大幅度的税收优惠政策就成了需要考虑的问题。

第三，税制衔接与征缴能力方面的限制。

企业年金缴费既包括企业缴费，又包括个人缴费，在缴费、投资、领取三个环节中，可以采用多种不同的征税模式，而每种模式又各有其优劣。究竟哪种征税模式适合中国的特点，不仅要考虑其对企业年金市场的激励作用和发达国家的经验，还要考虑与中国目前税收制度的衔接以及税务部门的征缴能力。以与企业年金有关的个人所得税政策为例，国外最常采用的是 EET 模式，而在我国采用起来就有一定的困难。2009 年 12 月国家税务总局发布《关于企业年金个人所得税征收管理有关问题的通知》后，国家税务总局所得税司负责人就相关问题答记者问中指出："对企业年金在领取环节征收个人所得税的国家，基本上都是多年实行综合税制或综合与分类相结合税制的国家，其对个人的退休金是征税的，税务机关不仅具有完备的个人收入信息和健全的征管机制，而且具有全国统一的信息化管理平台。而我国现行个人所得税制是分项税制，且对退休工资或退休金予以免税，不具备将企业年金递延至个人退休领取环节征税的基本条件"[1]。原劳动和社会保障部课题组

---

[1] 深圳新闻网：《税务总局就企业年金个人所得税整个问题答记者问》，http：//www.sznews.com，2009 年 12 月 13 日。

的研究报告也认为，"允许职工个人缴费在税前扣除从税收征管上看不易管理"①因此，税制衔接与征缴能力的限制成为影响企业年金税收优惠政策的又一因素。

（四）负担沉重：多数企业举步艰难

企业年金制度建立起来以后，在监管部门的倡导和金融机构的积极推动之下，市场有了一定程度的发展，但截至 2011 年底，全国参加企业年金计划的企业只有 4.49 万户，仅占全国一千多万户企业中的很小比例；覆盖的职工人数 1 577 万人，只占基本养老保险参保人数 28 391 万人的 5.56% 左右。可见，大多数企业并没有参加到企业年金计划中来。导致这种局面出现的原因可以从以下三方面来分析。

1. 企业建立年金计划的能力有限

企业建立年金计划的一个前提条件是缴纳了基本养老保险，并具有相应的经济负担能力。按照目前各地国有企业社会保障制度的缴纳比例和缴纳项目来看，中国企业负担的各项社会保险的缴费除职工缴费部分以外，大体包括：按职工工资总额的 20% 左右缴纳基本养老保险、按工资总额的 6.5% ~ 7.5% 缴纳基本养老保险，此外，企业还要承担职工缴费基数 1% ~ 2% 左右的工伤保险、0.6% ~ 2% 的失业保险、0.6% 的生育保险以及 1% 左右的大病医疗互助补充保险。也就是说，在所有这些社会保险项目中，企业为职工缴纳的比例高达工资总额的 30% 左右。总体来讲，中国企业社会保险缴费率已在高位运行，接近甚至超过了企业的最大承受能力。② 按照世界银行 2009 年测算的实际承受税率，中国的社会保险缴费在 181 个国家中排名第一，约为"金砖四国"中其他三国平均的 2 倍，是北欧 5 国平均数的 3 倍，是 G7 国家平均数的 2.8 倍，是东亚邻国和邻近地区（中国香港和台湾地区）的 4.6 倍。③

在市场经济条件下，作为自主经营、自负盈亏的微观经济主体，企业追求的是利润最大化。企业的活力、竞争力是企业在市场经济条件下面临的根

---

① 劳动和社会保障部社会保险研究所、中国太平洋人寿保险股份有限公司：《中国企业年金财税政策与运行》中国劳动社会保障出版社 2003 年版。

② 王增文、邓大松：《基金缺口、缴费比率与财政负担能力：基于对社会保障主体的缴费能力研究》，相关数据根据各地方情况略有调整。

③ 白重恩：《公共财政与结构转变》，载《中国财政》2011 年第 9 期。

本问题。劳动力成本是产品成本的一部分，而它又是由工资、奖金、社会保险费用等共同组成的。在其他条件不变的情况下，社会保险费用支出的增加，将会导致劳动力成本的提高。[①] 又由于存在进口竞争，销售价会受到竞争的制约，导致社会保障负担增加引起的劳动成本增加无法通过转嫁给消费者而消化，从而只能迫使企业减少利润。[②] 由于我国的中小企业以劳动密集型企业居多，工资在成本中所占比重高，社会保险缴费的变动对企业利润的影响就更为明显。

倘若劳动力成本过高，企业往往会从两个方面做出反应：第一，在资本和劳动力可以互相替代的情况下，企业在追求利润最大化的过程中会选择以低成本的资本排挤高成本的劳动力，从而导致失业的加剧，并进一步增加企业和国家的负担，带来恶性循环；第二，减少投资。成本过高会导致企业亏损，使得投资无利可图。无论是哪种情况，都会给社会经济发展带来不良影响。

企业年金是基本养老保险之上的补充，对于那些连基本养老保险缴费都很困难的企业而言，显然，没有建立企业年金计划的能力。当然，不同企业的经营状况和利润水平是有所不同的，这就导致其对于社会保障方面的承受能力也有所不同。研究表明，总体来讲大型国有企业的缴费能力要高于私营中小企业。[③]

从中国的企业数量来看，在改革开放过程中，中小企业有大幅增长，已成为国民经济和社会发展的重要力量。到 2009 年 9 月底，全国工商登记企业 1 030 万户（不含 3 130 万个体工商户），按现行中小企业划分标准测算，中小企业达 1 023.1 万户，超过企业总户数的 99%。目前，中小企业创造的最终产品和服务价值相当于国内生产总值的 60% 左右，缴税额为国家税收总额的 50% 左右，提供了近 80% 的城镇就业岗位。但是，国际金融危机爆发后，中小企业受到严重冲击，亏损、停产和半停产企业增多，经济效益大幅下降。[④] 正因为如此，为了帮助企业渡过金融危机，一些地方出台了对部

---

① 李珍、王向红：《减轻企业社会保险负担与提高企业竞争力》，载《经济评论》1999 年第 5 期。

② 周小川：《社会保障与企业盈利能力》，载《经济社会体制比较》2000 年第 6 期。

③ 孙博、吕晨红：《不同所有制企业社会保险缴费能力比较研究——基于超对数生产函数的实证分析》，载《江西财经大学学报》2011 年第 1 期。

④ 中国新闻网：《国务院关于促进中小企业发展情况的报告》，http：//www.chinanews.com/cj/news/2009/12－24/2036814.shtml。

分企业临时性下调社会保险费缴纳比例的政策，主要针对的是那些困难企业、就业容量大的企业以及在经济结构调整和转型升级过程中符合产业结构调整方向需要大力扶持的企业。[①] 在这种情况下，中小企业，特别是当中的困难企业，在缴纳了基本养老保险费用后生产和经营尚且困难，建立企业年金计划的能力更会明显不足。

2. 企业建立年金计划的意愿不强

企业建立年金计划的意愿是否强烈是影响企业年金市场规模的另一个重要的因素。这又主要取决于来自企业自身的内在动力以及来自政府税收的外在激励。

就内在动力而言，主要是指企业出于以下几个方面的需要而建立年金计划：(1) 稳定员工队伍。从而减少频繁地从外部雇佣劳动力的直接成本以及劳动力替换对生产效率造成损失的间接成本。(2) 吸引优秀人才。通过建立企业年金向劳动力市场发出效益良好、重视人才等正面信息。(3) 完善人力资源管理制度。通过将企业年金计划与企业薪酬福利制度相结合，根据员工工龄、岗位责任的不同实行差别待遇，使员工年金待遇与企业经济效益和个人劳动贡献直接挂钩，进一步完善企业的分配机制和激励机制。(4) 构建新型企业文化。由于企业年金计划是企业与员工通过集体协商机制共同选择的，且企业在年金计划中为员工承担了部分缴费义务与管理责任，因此总体来讲反映了一种和谐的劳动关系。

具体来看中国的企业。关于企业的类型主要有三种划分方法：一是按照所有制形式，可以分为国有企业、私营企业、三资企业、股份制企业等；二是按照规模来划分为大型企业、中小型企业甚至微型企业；三是按照行业来划分，包括工业企业、建筑企业、通信企业、金融企业等。不同类型的企业在对待企业年金的态度上也会有所不同。为简化分析，我们将企业划分为具有典型性的两大类，即"国有大中型企业"和"私营中小企业"，并进一步考察其在建立年金计划方面的动力。

就大型国有企业而言，通过建立企业年金计划稳定员工队伍的需要并不强烈。相比于中小型企业而言，大型国有企业的普通员工工作一般相对稳定，即便出现人员流动，如果不是关键岗位的员工，在目前就业竞争压力大

---

① 例如，浙江省就确定了各地对部分企业集中减征的总量不超过该统筹地区 2009 年五项社会保险费实际征缴额 3% 的标准，在此标准内由各地区确定具体减征企业的名单。

的情况下，很容易从市场上找到替代，特别是年轻员工。也就是说，从外部雇佣劳动力的成本并不是很高。对于中年以上的员工，由于他们是在老体制下进入的企业，往往受到某种程度的保护，所谓"老人老办法"，对企业发展而言，这部分人更主要的不是需要稳定的问题，而是怎样使其能够离开关键岗位让位于更加适合的人才；在吸引优秀人才方面，大型企业却有这些方面的需要，近年来媒体当中不断曝光的高管跳槽等问题就说明了这一问题的重要性。但对于这部分人来讲，吸引其跳槽的原因可能会是其他企业的更高职位与更高薪酬，即使建立了企业年金，对其的制约也是有限的（特别是在企业年金具有可携带性的情况下）；就构建新型企业文化而言，由于大型国有企业总体经济情况较好，职工收入较高，加之企业的所有者是国家，劳动关系的矛盾并不突出，企业往往通过其他方式构建其特有的企业文化，增强团队精神，企业年金所起的作用毕竟比较间接。

　　因此，大型企业建立企业年金计划的主要动力是出于将企业年金计划与企业的薪酬福利计划相结合的考虑。但从目前来看，大型国有企业的企业年金计划虽然也有完善分配机制和激励机制的考虑，根据员工工龄、岗位责任的不同实行差别待遇，使员工年金待遇与企业经济效益和个人劳动贡献挂钩，但这种差别却不会很大。原因在于，目前企业的各个层级之间的工资待遇水平已经有相当大的差别，如果企业年金把这种差别拉得过大，容易因为分配不公平引起普通员工的意见，特别是在目前人们对国企高管薪酬过高不满的情况下。因此，企业年金缴费的差别，只能控制在适度的范围之内。

　　大型国有企业参与年金计划的另外一个目的是提高企业的整体福利水平，这一点带有一定的"中国特色"。企业年金从本质上而言是一种企业福利制度，同时还是一种延期支付的工资①，在中国往往表现为一种非工资性收入。近年来，不同所有制企业收入差距问题曾引起学术界的广泛关注，陈戈（陈戈、Sylvie Demurger、Martin Fournier，2005）的研究结果表明，形成收入差异的主要来源是非工资性收入；其研究结果还显示，国有企业和外资企业的工资水平高于集体企业，但通过小时工资的比较，国有企业年金的小时工资高于外资企业，也就是说，尽管外资企业提供了较高的年收入，但是

---

　　① 参见 Edward Montgomery，Kathryn Shaw，Mary Ellen Benedict，"Pensions and Wages：An Hedonic Price Theory Approach"，*International Economic Review*，Feb.，1992，Vol. 33，No. 1，pp111 - 128. 他们利用 Smith 和 Ehrenberg 的公式，采用 Survey of Consumer Finances 提供的数据检验发现，在确定给付模式中企业年金和工资存在着此消彼长的关系。

以长时间的劳动为代价的。[1] 罗楚亮、李实（2007）基于第一次全国经济普查的数据对不同法人企业之间收入水平进行分析，把收入分为收入Ⅰ（应付工资）、收入Ⅱ（应付工资＋劳动失业保险费）、收入Ⅲ（应付工资＋劳动失业保险费＋住房公积金与住房补贴＋应付福利费）以及收入Ⅳ（应付工资＋劳动失业保险费＋住房公积金与住房补贴＋应付福利费＋养老保险和医疗保险），结果也证明了收入差距主要体现在非工资性收入上。[2] 张原、陈建奇（2007）的研究进一步指出这种非工资收入差距有进一步扩大的趋势。[3] 刘磊、杨蕊（2010）则指出多种证据表明，中国国有企业人力资本收入总体高于非国有企业，从收入的组成结构看，非工资性收入是收入差距的主要来源；从企业盈利水平以及与收入的关系来看，国有企业的资本收益率却低于非国有企业，因此可以认为"国有企业在相对低水平盈利的条件下支付给人力资本高收入，所以说，国有企业资本与人力资本之间的分配更加倾向于人力资本利益。他们运用制度经济学的原理说明目前中国的国有企业，存在正式制度与非正式制度的摩擦现象，从而导致国有企业的分配目标具有双重性，分别为实现人力资本利益目标和实现资本利益目标。现实市场中各种所有制形式的企业在分配过程中都包括这两种行为，只是目标重点和实施这两种行为的数量有较大的差异。因此，可以认为，非国有企业是以实现资本利益最大化为分配目标的，国有企业的行为则是两者兼顾，甚至更多的是实现人力资本利益的行为。[4] 或许这种关于企业分配行为的分析可以在相当程度上解释国有企业具有相对大的建立企业年金计划的积极性。对于企业员工而言，企业年金作为延期工资虽然并不如即期工资那么有吸引力，但在短期内，工资收入水平不能有较大提高而其他福利又受到种种限制的情况下，能获得企业年金作为一种未来的收入，一般是会持欢迎态度的。

正是因为大型国有企业分配所具有的双绩效目标的特点与市场经济的本质存在一定的偏离，一些重点行业的管理部门针对这一问题做出了补充规

---

[1]　陈戈、Sylvie Demurger、Martin Fournier：《中国企业的工资差异和所有制结构》，载《世界经济文汇》2005年第6期。

[2]　罗楚亮、李实：《人力资本、行业特征与收入差距——基于第一次全国经济普查资料的经验研究》，载《管理世界》2007年第10期。

[3]　张原、陈建奇：《非工资性收入分配：国有部门收入调控的新视角》，载《中国工业经济》2007年第8期。

[4]　刘磊、杨蕊：《非正式制度与不同所有制企业人力资本收入差异》，载《当代财经》2010年第3期。

定。例如，2006 年财政部发布了《关于国有金融企业试行企业年金制度有关问题的通知》，规定一般国有金融企业试行企业年金制度须具备三方面的条件：（1）企业盈利并完成董事会或财政部核定的考核指标，亏损企业在实现扭亏之前不得试行企业年金制度；（2）企业国有资本保值增值，且年度考核达到财政部核定的行业标准中等（含中等）以上；（3）企业资本充足率、偿付能力充足率及净资本负债率等风险控制指标满足行业监管部门的要求。政策性金融机构要完成财政部核定的年度财务收支计划；因改制剥离不良资产而亏损的存续金融企业，要累计减亏 10%（含）以上，并完成财政部核定的年度考核指标。该通知还要求具备企业年金计划的国有金融企业应有较强的人工成本承受能力，不得因实行企业年金制度造成人工成本大幅度增加，影响企业的竞争能力和国有资本经营收益。当企业人工成本高于行业平均水平，以及相关费用指标未达到财政部规定标准的，应暂缓实行或调整缴费比例。现实中，有已准备建立企业年金计划的金融企业因该通知而停办。

与大型国有企业不同，目前尽管也有少部分经济效益好的民营企业或中小企业建立了企业年金计划，但总体来讲参与企业年金的意愿并不强。对于大多数中小企业而言，生存与发展是第一要务，企业年金计划的建立尚未提上日程。对于那些相对成熟的大中型民营企业，平均盈利水平虽然较高，但不是很稳定，容易受到其他因素的影响。这些企业主要以利润为导向，普遍没有建立长久的、制度化的员工保障计划，一般短期内也不会考虑。但也有些企业开始关注，他们会综合考虑和权衡企业年金对于企业发展究竟能否起到正面和有效的作用、对企业当前和未来可能产生的影响、建立、运营和管理年金计划的成本，以及能够从政府那里得到怎样的政策。这些企业是未来企业年金市场发展的潜在需求主体。

企业建立年金计划的动力不仅来自于企业内部，而且来自于政府税收优惠政策的外部激励。如前所述，基于多方面的限制，中国目前关于企业年金的税收优惠政策仍非常有限。对于大型国有企业而言，由于其分配目标的双绩效特点，即使在税收激励作用不是很强的情况下，也会有相当的动力建立企业年金计划，而对于那些以利润作为单一目标的民营企业或中小企业来说，税收政策的激励则显得愈加重要。

此外，作为年金计划的受益人，企业员工对于建立年金计划的态度也会对企业年金市场的发展产生一定的影响。由于企业年金的个人缴费部分没有税收优惠、年轻员工人员流动性大、企业员工不拥有对年金的投资选择权等原因，目前企业员工对建立企业年金计划的意识并不强。然而，客观来讲，这种来自员工方面因素对市场发展所带来的负面影响还不是很大，理由在于：尽管名义上有所谓集体协商机制的要求，但企业年金计划的决定权往往还是在企业，而非员工。一旦企业有建立年金计划的考虑，员工通常不会反对。我们的调查发现，在有的企业年金计划中，企业缴费占 5%，个人可以在 2%~8% 之间自愿缴费，尽管没有任何税收优惠，大多数人还是选择了8%。道理很简单，一旦选择加入年金计划，除个人缴费之外还可以享受企业缴费部分，对个人显然是有利的。此外，对于那些具备一定金融知识的员工而言（比如银行、保险公司等金融机构的员工），他们更加相信机构的资产管理能力，认为通过企业年金进行投资比个人储蓄在收益性方面会更有优势，而比起个人投资，风险又相对较小（特别是养老方面的投资，一般总会比较保守），成本也更低。

3. 实际运行效果缺乏良好的示范效应

从已经建立企业年金计划的企业的实际运作来看，由于实际运行效果并非很理想，缺乏进一步的示范效应，也促使一些准备进入的企业采取观望态度。

尽管企业年金作为一种养老资金具有长期投资的特点，投资绩效并不能够通过短期的收益来衡量。但对于参加年金计划的企业来说，企业年金资金运营的效果，特别是投资收益率仍然是其确定是否参加年金计划以及选择企业年金的基金管理机构的重要出发点。

然而，现实情况是，受到经济发展状况和证券市场整体水平的影响，中国企业年金市场建立初期的投资效果并不理想。2004 年企业年金制度出台，2006 年企业年金资金真正开始进入市场进行投资运作，2007 年监管部门才正式进行收益率情况的统计，因此迄今为止共有 5 年时间可供观察企业年金的投资表现。从表面上看，这 5 年的投资收益率达到了 8.87% 的平均水平，比同期通货膨胀率 3.71% 高出 5.16%，总体情况良好。但如果更进一步分析就会发现，这 5 年之间的起伏很大，其中 2007 年的收益率最高，当时股票市场处于牛市期，一些投资收益高的计划的收益率甚至达到了 90%，其他计划的收益普遍也在 20% 左右。然而，从 2008 年开始，受到国际金融危机的影响，国内股票市场一路下滑，对企业年金投资带来重大影响，导致企业年金市场投资收益率首次出现负数，2008 年为 -0.83%。2009 年和 2010

年尽管大部分企业年金基金管理人增加了固定收益类资产的投资比例，使得企业年金在国内经济增长速度下降、证券市场持续走低的情况下逆势盈利，并于 2010 年取得了 3.14% 的加权平均收益率，92.33% 的投资组合实现了盈利，但总体来讲投资收益并不高。2011 年证券市场继续下滑，加之《企业年金基金管理办法》出台之前，规范企业年金基金投资的《企业年金基金管理试行办法》对投资比例规定过于死板，固定收益类不能超过 50%，致使投资管理人不得不将 50% 的资金放在收益率很低的流动性产品上，甚至在资本市场很差的情况下仍然不得不配置股票，其结果是再次出现了收益率为负的情况（2011 年投资收益率为 -0.78%）。[①] 因此，抛开 2007 年股票市场的畸高回报，仅看 2008～2011 年 4 年的投资表现，整个企业年金行业的平均收益率低于 3 年期定存利率。在这种收益环境下，企业建立年金计划的意愿肯定会受到负面影响，许多企业持观望态度，还有的企业由于银根紧缩，贷款困难或贷款利率太高，决定不建立年金计划，而将资金优先用于整个企业内部经营使用。此外，与发达国家不同，我国企业年金的投资组合选择余地小，且没有设计出保证收益的投资组合，加之员工没有投资选择权，风险与收益不对等，使得建立年金计划的企业面临很大的决策压力，也减少了企业建立年金计划的动力。

此外，年金制度设计较为复杂，整个制度运行效率低且成本高，也是阻碍企业进入年金市场的一个原因。从企业准备建立年金计划开始要经历制订方案、方案上职代会、方案到人社部门备案、与受托人签署合同、受托人与其他管理人签署合同、合同报备等一系列手续，对于那些准备给员工建立补充养老保险的企业，特别是外资企业和民营企业而言，如果忽略企业缴费部分的税收优惠，则宁可选择操作相对简单的商业团体养老保险。

（五）围城内外：金融机构进退两难

金融机构是中国企业年金市场的积极参与者和推动者。由于企业年金采用市场化的管理方式，作为企业年金的金融服务商同时也就成为企业年金的市场运营主体。参与到年金市场中的金融服务商包括商业银行、证券

---

① 参见：郑秉文主编，《2011 中国养老金发展报告》，经济管理出版社 2011 年版；陈良同志在"共赢未来·长江行"养老金资产管理高峰论坛上的发言，人力资源和社会保障部官方网站，2012 年 10 月 8 日。

公司、保险公司、信托公司等金融机构，其通过提供企业年金的方案设计、组织管理、企业年金基金的投资管理、账户管理等服务，在保护企业年金基金财产安全的基础上，实现企业年金基金的保值与增值，从而最终服务于企业年金的受益人，达到为其老年收入提供保障的目的。发达国家的经验表明，企业年金的金融服务商管理着巨大的企业年金资产，是资本市场上重要的机构投资者，并通过收取管理费等方式从企业年金的发展中获得了大量的金融利润。当然，金融机构提供上述服务也是有成本的，需要有专门的人才、高水平的技术支持以及发达的信息管理系统。因此，只有到企业年金市场发展到一定规模时，金融机构才能够从企业年金的发展中获得利益。

1. 企业年金金融机构服务机构的总体状况

金融服务商在企业年金市场上主要以受托人、账户管理人、投资管理人和托管人等角色出现。按照监管部门的规定，从事企业年金的金融管理机构需事先通过资格认定。2004 年 12 月劳动与社会保障部颁布《企业年金基金管理机构资格认定暂行办法》，对申请条件进行了原则性规定，并经过委托专家评审，分别于 2005 年 8 月和 2007 年 11 月公布了两批企业年金基金管理机构的名单，如表 3 - 3 所示。

表 3 - 3 中国企业年金基金管理机构

第一批企业年金基金管理机构 37 家列表（2005 年 8 月 2 日公布）			
受托人（5 家）	账户管理人（11 家）	投资管理人（15 家）	托管人（6 家）
保险公司（2 家）包括：平安养老；太平养老	保险公司（4 家）包括：中国人寿；泰康人寿；新华人寿；太平洋人寿	基金管理公司（9 家）包括：南方基金；博时基金；华夏基金；嘉实基金；富国基金；易方达基金；银华基金；招商基金；海富通基金	银行（6 家）包括：中国工商银行；中国银行；中国建设银行；交通银行；招商银行；中国光大银行
信托投资公司（3 家）包括：中信信托；中诚信托；华宝信托	银行（5 家）包括：中国工商银行；交通银行；上海浦东发展银行；招商银行；中国光大银行	保险公司（4 家）包括：中国人寿资产管理公司；华泰资产管理公司；太平养老；平安养老	
	信托公司（2 家）包括：中信信托，华宝信托	证券公司（2 家）包括：中信证券；中国国际金融有限公司	

续表

第二批企业年金基金管理机构 24 家列表（2007 年 11 月 19 日公布）			
受托人（7 家）	账户管理人（7 家）	投资管理人（6 家）	托管人（4 家）
银行（3 家） 包括：中国建设银行；中国工商银行；招商银行	保险公司（4 家） 包括：中国人寿养老；泰康人寿养老；平安养老；长江养老	基金管理公司（3 家） 包括：国泰基金；工银瑞信基金；广发基金；	银行（4 家） 包括： 中信银行； 浦东发展银行； 中国农业银行； 中国民生银行
信托投资公司（1家） 包括：上海国际信托	银行（3 家） 包括：中国建设银行；中国民生银行；中国银行	保险公司（3 家） 包括：泰康资产管理公司；中国人保资产管理公司；长江养老	
保险公司（3 家） 包括：长江养老；中国人寿养老；泰康养老			

　　2011 年 8 月，人力资源和社会保障部对企业年金基金管理资格有效期届满、提出延续申请的机构，组织专家进行了评审，并征求了中国银监会、中国证监会和中国保监会的意见，决定延续 32 家企业年金基金管理机构的资格，注销了 2 家企业年金基金管理机构的资格，其中将中国人寿资产管理有限公司企业年金基金投资管理人资格转移到中国人寿养老保险股份有限公司，中国太平洋人寿保险股份有限公司因没有提交申请延续企业年金基金账户管理人资格材料，也予以注销。总体来讲，自 2007 年底以来，中国企业年金金融服务商的数量没有大的改变。

　　根据人力资源和社会保障部公布的数据①，截至 2012 年 6 月，在受托市场上，11 家受托人总共管理了 43 256 个企业年金业务，涉及参加企业年金计划的员工 941.38 万人，管理的基金额为 2 483.23 亿元，较上年底增长 21.08%。但是，整个受托市场集中化趋势较为明显，排在前 5 位的公司所拥有的建立年金计划的企业数为 37 936 个，占整个市场的 87.7%，管理的职工数为 803.3 万人，占全部市场份额的 85.33%，管理的基金额为

---

　　①　人力资源和社会保障部官方网站：《人力资源和社会保障部办公厅关于通报 2012 年上半年企业年金基金管理情况的函》，2012 年 9 月 27 日。

2 097.26 亿元，占全部市场份额的 84.46% 。也就是说，其余 6 家受托人无论在受托管理的企业数、职工人数还是受托管理的基金额方面都很弱小。从账户管理市场来看，截至 2012 年上半年共有 16 家账户管理人开展企业年金基金账户管理业务，涉及 50 113 个企业账户和 1 765.37 万个个人账户。从账户管理人所拥有的企业账户上来看，也具有较强的集中化倾向。排名前 5 位的账户管理人拥有企业账户数 41 715 个，占全部市场份额的 83.24%，而剩下的17.76% 的市场份额被其余 10 家账户管理人不同程度地分享。托管市场也出现类似的市场份额高度集中的情况，截至 2012 年 6 月，共有 10 家金融机构提供企业年金基金托管业务，全部托管金额为 4 198.61 亿元，其中排名前 5 家的托管机构获得的托管业务高达 3 194.38 亿元，占全部市场份额的 81.71%，而剩下不到 19% 的市场份额被余下的 5 家托管人不同程度地分享。比较而言，企业年金投资基金管理市场的竞争相对充分，2012 年 2 月底共有 21 家金融机构参与企业年金投资管理，无论从各投资管理人管理的基金组合数量来看，还是从投资管理人持有的资产规模上来看，都没有出现过分集中的现象。总体来讲，前 5 家相对平均，且这 5 家拥有的投资组合数占全部市场份额的57%，资产总和净值占整个市场的 50.25%，剩下的由其他 16 家投资管理人共同分享。总体而言，企业年金基金管理机构在受托、账户管理、托管和投资管理方面的业务近年来都有了较大幅度的发展，但市场份额较为集中。

2. 年金市场竞争激烈与"围城效应"的产生

尽管经过两批资格认定，目前已有多家机构分别获得了担任企业年金四种金融服务商的资格，并积极参与到企业年金市场中来，但现实却并不理想，大多数金融服务商并没有像发达国家那样，从企业年金的金融管理服务中获得巨额利润，反而是在人员、信息系统建设等方面有较大先期投入的情况下，因业务规模受限，收益微乎其微，甚至导致连年亏损，难以达到盈亏平衡点。对他们来讲，当前经营年金业务的主要目的是在市场中先占据领先地位，积累经验，待未来市场发展后再蓄势而发。但盈利毕竟是金融机构经营的目标，这种情况也不可能持续很久，如果一个企业的某一块业务长期处于亏损状态，公司的决策层就会面临来自股东的压力。① 而另一方面，其他许多金融机构

---

① 当然，对于企业年金金融服务商而言，经营企业年金业务除了其业务本身带来的利润之外，还有一个因素是希望通过企业年金基金管理机构的资格，更好地发掘和利用现有的企业客户资源，促进其主营业务的发展。这也是其能够坚持在企业年金市场的重要原因之一。

看重企业年金未来的发展潜力，却因未能获得经营年金业务的资格仍在门外苦苦等待。难怪有人把目前金融机构的这种尴尬局面比喻为"围城"——企业年金市场城外的人想进来；而城中的人又因种种困难而萌生退意。

金融机构究竟能够从经营企业年金业务中获得多大的收益呢？根据《企业年金基金管理试行办法》，受托人和管理人收取的管理费率均为不高于托管企业年金基金财产净值0.2%，账户管理人每个账户每月不超过5元。管理费收取最多的是投资管理人，费率为不高于投资管理企业年金基金财产净值的1.2%。2011年2月新公布的《企业年金基金管理办法》中收费标准并未发生改变。按理说，这一收费标准并不算低，如果企业年金达到相当的规模，企业年金的金融服务商应该能够从中获取相当的收益。然而现实中，一方面企业年金规模有限，无论是受托、账户管理、托管等业务，均集中于几大家金融机构，其余50%的机构争夺剩下20%左右的市场；另一方面，金融机构为了获取业务，在年金市场上站稳脚跟，又纷纷降低管理费率，使得收入更低，并导致市场出现恶性竞争的情况。以投资管理人为例，1.2%的管理费仅次于公募基金主动型股票型基金1.5%的费率，理应成为一块重要收入来源，但事实上，由于市场建立初期竞争激烈，实际收取的费率远远达不到规定的上线，即使是一般来讲收费较高的权益类账户，投管人与企业协议管理费率往往也只有0.3%，非权益类账户的管理费率则更低。有些公司甚至不收取任何费用。大型企业在进行年金投资管理人的招标时，管理费率往往是能否中标的重要因素，竞相压低管理费率也因此成为企业年金金融服务商获得业务的重要手段。不仅是投资管理人，受托人、托管人以及账户管理人都面临同样的困境。

针对这一情况，2011年2月18日，获得企业年金基金管理资格的21家投资管理人、13家受托人、10家托管人、18家账户管理人等62家年金基金管理机构协同签署了《企业年金基金管理机构基本服务和收费标准行业自律公约》，约定企业年金的受托费率不低于企业年金基金财产净值的1‰，账户管理费每户每月不低于人民币1元。托管费率不低于企业年金基金财产净值的0.7‰，投资管理费率含权益类产品投资型的，不低于企业年金基金财产净值的6‰，不含权益类产品投资型的，不低于企业年金基金财产净值的3‰。[①] 这一自律公约在一定程度上减少了市场的无序竞争，受到企业年

---

① 曹元：《年金基金管理人结盟提价》，载《21世纪经济报道》2011年2月23日。

金管理机构的支持，使其压力下稍有减缓。但公约毕竟不如法律的约束力强，在面对大型企业有很强的议价能力的情况下，金融机构为了获取业务，有时仍不得不打破规定降低费率；在激烈的竞争压力下，也仍有可能出现个别金融服务商私下降低费率，不按公约执行的情况。而且，通过行业结盟的方式，制定最低费率标准，毕竟不是市场经济条件下的最佳方式，难免使人产生垄断价格的嫌疑。

目前，坚持在企业年金市场上的金融管理机构大体分为以下几种情况：一是进入市场早，规模做得大或业务结构有特点，已经基本实现了盈利，但盈利水平仍很低；二是虽然规模较大，但由于进入市场相对较晚（第二批获得年金业务资格），错过了第一批大型国企建立年金计划的"红利期"，加上收费水平低、成本高等原因，尚未真正实现盈利，但目标是在近一两年扭亏为盈；三是企业年金业务在可预见的两三年内还不可能达到盈利，需要靠其他业务来支撑，例如几家养老保险公司先后通过整合资源，将团体养老保险纳入养老保险公司业务范围来反哺年金业务，从而实现该业务的盈亏平衡，得以继续在年金市场坚持；四是一些金融机构，例如大型商业银行，在年金市场看重的并非是年金业务本身的盈利，而更多希望通过年金业务建立起与企业的紧密联系，从而推动其主营业务的发展，对这些机构而言，年金业务的经营状况并不会对其形成很大的压力；五是年金业务规模小、成本高，处于萎缩状态，如果市场情况长期不能改观，则很可能会退出市场。由此可见，企业年金市场上金融服务商的总体状况并不乐观。长期来讲，如果大多数金融机构要想真正能够在企业年金业务中生存与发展，建立年金计划的企业及管理的年金资产需要达到一定的规模。也只有如此，市场本身也才能够真正健康运行。

3. 企业年金投资管理及投资绩效

企业年金的投资管理及其绩效在影响委托人的参与意愿的同时，还反映了企业年金金融服务商的管理水平，并最终决定企业年金资产的多少，进而决定企业年金作为养老保障资金的作用能否很好发挥。关于投资问题，有两个问题需要引起重视。

一是对企业年金投资管理目标的认识。虽然企业年金等养老保险基金投资运营应遵循"安全第一、收益第二"的原则已经成为人们的共识，但在现实中，人们对于"安全性"的标准却存在不同的理解。事实上，根据企业年金投资目标的不同，企业年金资金的安全性标准可以分为三个层次[1]：（1）账面数字安全标准：旨在保证企业年金账户资金的本金不受损害。这是企业年金管理最根本的安全性要求，但这种标准对于企业年金的受益人——企业员工来讲，仅仅是一个安全性的幻觉。在这种思想指导下，企业年金资产配置过于保守，会带来企业年金资产配置中长期投资不足的风险，结果是既无法抵御通货膨胀的侵蚀，更无法满足退休者老有所养且保持相对生活水平的基本养老要求。（2）购买力安全标准：旨在抵御通货膨胀风险，维持账户的购买力水平。这是企业年金管理的最基本安全性目标。（3）相对生活水准安全标准：旨在维持账户所有人期末相对生活水准。根据这一标准，企业年金的收益目标应至少与中国的长期经济增长率持平，否则，退休员工将会直接感受到相对生活水平的下降，从而影响社会的稳定。根据崔少敏等的观点，基本养老个人账户和企业年金的投资目标应反映相对生活安全标准，并体现跨越较长期限进行投资的特点。[2]

二是对企业年金资产配置的认识。发达国家的历史经验表明，权益类资产的长期收益率平均高于 GDP 增长率。企业年金采取 DC 方式进行积累，作为基本养老保险之上的补充，应该能够使受益人分享经济增长的好处，获得适当的退休收入，因此，企业年金必须有适当的权益类资产配置。但是，同时需要注意的一点是，企业年金作为养老金计划追求长期稳定收益的资金性质，决定了其权益类资产配置过程应具有渐进性。一方面，由于资本市场本身所具有的较高的价格波动性和收益的不确定性，即使从市场整体而言长期投资仍可能获得较高的回报率，但某些权益类资产的高风险性仍可能会被相对低估。假设企业员工在市场处于低谷时退休，其个人账户积累的资金就可能会遭受损失而不能提供适当的退休收入。因此，虽然权益类资产的长期投资回报率较高，但其投资比例应该根据资本市场本身的风险波动程度来确定；另一方面，资本市场的成熟程度还构成对企业年金权益类资产配置比例的现实约束。在发达国家，由于资本市场的投资理念、市场结构、运作机制、监管制度等方面相当成熟，养老金资金投资于权益性资产的比例也相对较高，但在发展中国家，则往往在进行权益类资产投资的同时，不断增加其他类别的资产，以便在提高收益率的

---

① 崔少敏、李克平、波涛、武玉宁：《企业年金发展研究》，中国财政经济出版社 2007 年版。

② 按照这一观点，企业年金开始市场化运营以来，所有投资管理人累计年化收益率 6.06%，并不能算高，甚至还有一定差距。

同时保证收益的稳定性。

从中国企业年金基金资产的投资管理的实际效果看，如前所述，过去五年的投资收益并不很理想，特别是受到经济发展状况和证券市场整体水平的影响，出现了一定的起伏。但是，我们也要看到，经过这几年的市场化管理运营实践，企业年金的投资管理机构逐渐对企业年金的养老金性质有了较为深刻的认识，努力贯彻以安全性为首的投资原则，并根据市场变化及时调整投资策略。监管部门也认识到根据市场状况调整企业年金投资监管比例的必要性，2011 年 2 月颁布的《企业年金基金管理办法》将企业年金投资股票等产品以及股票基金、混合基金、投资连结保险产品的比例限制提高到不高于投资组合在企业年金基金财产净值的 30%，2012 年上半年企业年金投资收益再度出现好转，平均投资收益率达到 3.8%。[1] 今后，监管部门、作为委托方的企业和职工以及企业年金投资管理机构，应该在下述观念上达成共识，即：养老金投资本质上是长期投资，一两年甚至几年的投资结果并不能够完全说明问题。影响企业年金的投资收益和风险的因素是多方面的，包括金融市场的整体形势、政府部门对企业年金投资方向和比例方面的限制、金融机构的管理水平等，因此，需要审时度势，根据实际情况做出有利于企业年金取得长期稳健的、较高水平投资回报的调整。

总体来讲，在企业年金市场的激烈竞争中生存，同时肩负着企业年金保值增值的重任，金融机构面临着很大的压力。

（六）风险控制：监管机构任重道远

企业年金在积累养老资金、提供养老保障的过程中，会面临许多风险，既可能受到来自制度自身缺陷的影响，又面对来自运营过程中可能遇到的投资风险、通货膨胀风险、道德风险、长寿风险等，从而影响到企业年金受益人的利益，难以实现其最初的目标。由此来看，企业年金的监管就显得愈加重要。

人力资源和社会保障部是中国企业年金的主要监督管理部门，它不仅是企业年金制度的设计者、政策的制定者，同时还是保障企业年金安全稳定运

---

[1]　这里值得注意的是，具体到不同的投资管理人和不同的企业年金计划，则存在一定的差距，有的超过了 3%，有的却在 −7% 以下，这体现了管理机构因投资决策、管理水平等方面的差距而带来的投资绩效的不同。参见陈良同志在"共赢未来·长江行"养老金资产管理高峰论坛上的发言，人力资源和社会保障部官方网站。

营的监管者。如前所述，过去几年在监管部门的积极推动下，中国企业年金在制度构建方面取得了一系列成就，主要包括：确立了企业年金的基本制度模式，制定了企业年金市场的准入规则，对企业年金的实际运营的相关事项作出了具体规定、建立了企业年金的信息披露制度，积极培育和推动企业年金市场的发展，并且在政府部门之间的协作监管模式方面展开了有益的探索。但是，由于我国企业年金制度仍处于发展初期，无论是在明确企业年金的制度定位，还是在具体的监管内容、方式与能力等方面，我国与发达国家仍有较大的差距，监管机构任重而道远。

1. 制度定位不够清晰

企业年金的发展始终是与我国社会养老保险体系的改革紧密联系在一起的，其是否真正能够得到发展，很大程度上取决于政府对其在整个养老保险体系中的定位以及与养老保险体系中其他支柱的衔接。

如果政府真正将企业年金作为养老保险的第二支柱来进行制度定位的话，那么，在制度设计方面就不能仅就企业年金来谈企业年金。例如，要将企业年金与基本养老保险以及作为第三支柱的商业年金一同考虑，明确其目标替代率，寻找并给出实现该目标替代率的途径，做出更为具体的规划；要考虑到企业年金与未来的职业年金发展的协调问题，在发展进程、覆盖率、保障水平等方面均要综合平衡；同时还要研究如何协调好大型国有企业和私营企业的年金政策，尽可能减少企业年金对政府财政的"隐性依赖作用"，充分发挥企业年金的市场激励作用，这将直接影响到企业年金的税收优惠政策的力度与落实情况；在企业年金的资金管理方面，要认真研究其与基本养老保险统筹资金、个人账户资金、全国社会保障基金等相比较而言的共性与特性，针对其资金的特点制定相应的投资管理政策。

从目前情况来看，尽管监管部门在企业年金本身的制度建设上做了大量的努力，构建了企业年金的基本制度框架，但企业年金发展与整个养老保险体系之间的联系仍不够清晰，缺乏对于目标及实现目标的路径与方法的研究和方向指引，结果很可能会导致企业年金市场发展"跟着感觉走"，政策制定"被市场推着走"，遇到困难只能是"头疼医头，脚疼医脚"的局面，难以从根本上解决问题。

2. 监管能力不足

企业年金的监管能力严重不足，主要表现在以下三个方面：

第一，在监管主体上，目前社会保险基金（包括基本养老保险基金、基本医疗保险基金、工伤保险基金、失业保险基金和生育保险基金）、个人账户基金、全国社会保障基金、企业年金基金等几类性质、定位、运作方式完全不同的基金集中于人力资源和社会保障部同一个监管部门，监管起来差异大，内容复杂，不易及时发现和处理问题。

第二，在监管技术方面，各类信息的采集、分类整理和信息化进程难以适应企业年金发展对信息披露和信息共享平台构建的要求。由此导致业内人士很难对市场发展有一个总体的把握，无法根据情况作出战略性的调整；研究部门也因缺乏完整、准确的数字支撑，难以对市场进行深入的研究、分析和预测。

第三，监管人才严重缺乏。企业年金运营模式复杂，风险控制链长，涉及金融机构类型众多，加之处于发展的初期阶段，监管制度本身也是在摸索中完善，由此导致监管难度大，需要大量的复合型的监管人才。然而，从现实情况看，一方面，我国企业年金的监管人员数量太少，监管负担十分沉重，无法满足企业年金市场监管需要。目前核心监管部门是人力资源和社会保障部的基金监督司，该司主要负责企业年金监管的人员很少，其不仅要负责监管的建立年金计划的 3.7 万家企业，参与计划 1 335 万名成员，2 800万元的企业年金资产，还要负责研究、起草和完善企业年金的政策法规、企业年金金融服务商的资格审批，此外，还要协调证监会、保监会、银监会等其他金融监管部门，工作量异常繁重。许多企业年金发达的国家，都有独立的监管部门，并配备了数量充分的监管人员，从而保证了监管的力度。例如，半个世纪以来，英国企业年金监管机构规模不断扩大，尤其是从 1996年到 2005 年的 10 年间，"养老金监管局"从 135 名雇员增加到了 288 人，人数增加了一倍多，同期监管负荷系数逐年下降，人均监管计划成员数量从1997 年的 10.1 万人下降到 2005 年的 6.0 万人。再比如，爱尔兰"养老金监管委员会"的雇员从 1999 年的 19 人增加到 2005 年的 39 人，7 年间增加了一倍多，人均监管计划成员数量从 2000 年的 3.3 万人，下降到 2005 年的1.9 万人，6 年下降了 40%。显示了其监管计划规模扩大与监管负担相对减轻的趋势。相反在中国，由于企业年金资产规模迅速膨胀，超过了监管机构规模扩张的速度，监管人员的人均监管资产比例却呈上升趋势。① 比较而

---

① 参见搜狐财经：《加强企业年金监管体系》，http://business.sohu.com/20070911/n252075533.shtml，资料来源于 2007 年 9 月 11 日《中国证券报》。

言，暴露了中国企业年金监管能力的严重不足。

3. 监管内容和监管方式有待进一步探索与完善

经过前一阶段的制度建设，与企业年金有关的监管框架已经构建起来，但由于处于市场发展初期，加之监管能力不足，在监管内容方面还是粗线条的，需要逐步细化；监管方式也还需要进一步完善。主要包括市场准入制度和运营风险的监管两个方面。

（1）市场准入。

世界各国的金融监管实践表明，根据金融市场发达程度不同，对金融市场参与者的监管模式主要分成两大类，即审慎性监管（Prudential Regulation）和严格监管（Draconian Regulation）①，这两种模式对于参与企业年金基金管理的金融服务商也同样适用。

在审慎性监管模式下，监管部门对金融机构采取宽进严出的管理理念，注重对其自律性的培养，强调管理者对基金持有人的诚信义务和基金管理的透明度，打击内幕交易等欺诈行为，保护持有人的利益。在采取这种监管模式的国家，参与企业年金市场的金融机构不受许可证管理的限制，监管机构也较少干预企业年金基金的日常活动，只是在有关当事人提出要求或基金出现问题时才介入；在很大程度上，监管机构依靠独立审计、精算师等中介组织对基金运营进行监督。美国等发达国家主要采用这种模式。在严格监管模式下，监管机构除了要求基金达到最低的审慎性监管要求外，还对基金的结构、运作和绩效等具体方面进行严格的限量监管。将这些监管指标综合考量，就形成了对基金市场参与者的准入标准。在采取严格监管模式的国家，从事企业年金的基金管理的金融机构，作为市场参与主体，必须从各个方面符合监管者的限量要求，由此成为符合标准的准入者。这种监管模式较多地运用于市场尚不成熟的国家和地区。

中国的企业年金监管目前采取严格监管的方式，主要表现在企业年金基金管理机构的市场准入机制和投资管理的比例限制。客观来讲，由于处于企业年金发展初期，特别是在市场规模小、竞争特别激烈的情况下，严格监管模式是相对合适的选择，但具体的审批操作上需要进一步改进和细化。比如，在市场准入的考量指标上，主要强调公司的治理结构、财务状

---

① 由于"严格监管"除要求基金管理人达到最低的审慎性监管要求外，还对基金的结构、运作和绩效等具体方面进行严格的数量方面的限制，因此，也常被译为"限量监管"。

况和过往业绩等。由于绝大多数金融机构在建立之时，形式上均已按照相关要求设置了功能部门，从治理结构角度很难判断各金融机构之间的差别，起不到筛选的作用；而财务状况指标又往往偏于简单，也容易根据需要进行调整；过往业绩实际上并不一定能够有效支持公司的未来表现。再如，在评审专家方面，虽然针对各相关机构、部门、行业都配置了一定数量的专家名额，具有较为广泛的代表性，但由于制度建立初期，这些专家此前对企业年金介入的程度并不深，其专业性也有待加强。此外，在评审过程方面，由于上报材料集中，审定工作量大，甄别工作往往主要体现在形式上有效。加之能够获得资格的数量有限，获得资格的企业能够取得市场的寡头特权，并先期占领市场，导致企业有隐藏不利信息的动机。[①]

金融机构能否进入市场以及进入市场的先后不同，会在客观上造成金融机构之间的不平等。例如，从前两批获取企业年金投资管理资格的金融机构来看，第二批金融机构因错过了市场起步初期大型国企建立年金计划的"红利期"，就在某种程度上处于相对不利的地位。而目前仍有相当数量的金融机构即使符合条件却因短期内不再有审批，被挡在年金市场的大门之外。因此，如何完善市场准入机制还需要进一步研究。

此外，在完善市场准入机制的同时，还需要确立现有金融机构在管理不善的情况下的退出机制。目前的相关法规在退出方面只做了笼统的规定，缺乏更为具体的细节性的规定。企业年金基金管理机构的退出应该能够与现有法律相衔接，退出应力求平稳，尽可能减少管理机构变动对企业年金计划带来的负面影响。

从长远来看，审慎监管模式应当是中国企业年金监管未来发展的方向。

（2）运行风险监管。

企业年金是一种长期契约，包含了职工收入中的相当一部分，在金融市场运作中有可能由于信息不对称、道德风险和逆向选择而带来风险，这些运行过程中的风险主要与企业年金的管理不善，账目不清，资产估值不准确，投资组合和流动性管理不善，行政管理成本过高以及市场结构等因素有关。监管的最主要目的是保护企业年金计划成员的利益和保障整个体系的稳定性和可持续性。

---

① 崔少敏、李克平、波涛、武玉宁：《企业年金发展研究》，中国财政经济出版社 2007 年版。

从目前情况来看，对企业年金运行风险监管的基本框架已经建立，但在细节方面也还需要进一步充实与完善。主要体现在对企业年金计划的监管以及对企业年金基金管理机构及企业年金基金投资的监管两个方面。

在企业年金计划监管方面，一个非常关键的问题是如何处理好企业年金计划中公平与效率的关系。与基本养老提供基本养老保障的目标不同，企业年金包含了效率的因素，在建立年金计划的企业内部，不同职工从企业年金计划中享有的待遇可以因其工作岗位、贡献、工作年限等因素不同而有所不同，目的是起到吸引优秀人才、稳定员工队伍等方面的激励作用。但是，在追求效率的同时，也要兼顾公平。以美国为例，这种公平性是通过其雇员收入保障法（ERISA）中基本覆盖率的要求以及限制优待高薪雇员的规定来实现的，其中高薪雇员被定义为拥有公司5%以上股票或年薪超过美国税务局规定的数量的人员。[①] 目前在中国与企业年金计划有关的法律法规及监管中，均没有明确的关于企业年金覆盖率和限制优待高薪雇员的明确规定，而相关做法只是由各企业与受托人协商在年金计划中制定。而在企业年金计划中，最有动力避税的是高薪雇员，最有权力决定建立企业年金计划的也是高薪雇员，但最不需要企业年金提供养老保障的恰恰还是这些高薪雇员。近年来，收入分配差距在中国呈现扩大的趋势，已经成为引人关注的社会问题。如何根据中国的实际情况确立相应的标准，限制高薪雇员从企业年金计划中得到过多的好处，需要认真地研究。这也影响到企业年金个人缴费部分的税收优惠政策。此外，还应针对企业年金计划中既得受益权、投资选择权等问题作出规定。

在企业年金基金管理机构和企业年金基金投资的监管方面，主要是指对受托人、账户管理人、投资管理人和托管人的业务进行监管。包括针对各类机构的特点考察其治理结构是否合理、职责分工是否明确、信息披露是否及时和准确无误、信息系统是否健全、风险控制机制是否完善，等等。在这方面要特别重视实践中的间接监管和主动监管。监管部门要能够对企业年金金融管理机构的财务健全性做出科学评价，包括其盈余适当性、资产的品质、获利能力、资产流动性，等等，切实保证企业年金基金管理人在未来具有偿付能力；要进一步对企业年金资产的市场价值进行监督，当基金的累积小于事先规定的最小积累水平时，考虑如何对其进行处置；对企业年金基金的资

---

① 林羿：《美国的私有退休金体制》，北京大学出版社2002年版。

产选择进行约束，限制企业年金投资于高风险的金融工具或进行高风险的资产组合，但是这种限制一定要考虑到市场的实际情况，具有一定的灵活性。在2011年企业年金基金管理办法出台之前，有关部门对固定收益类投资比例限制过死而对年金收益带来负面影响的教训应该认真汲取。此外，由于企业年金有较长的缴费期和风险管理期，从参与计划到领取养老金要长达数十年，监管部门还需要根据企业年金的养老金的特点，针对其所面对的市场风险、操作风险、合规风险、管理风险以及外包风险等，及早进行风险识别。对于那些恶性竞争、夸大收益和违规的行为，应做出明确的处罚规定，从而营造公平的市场环境。

三、中国企业年金市场发展的前景展望

企业年金市场在中国的未来发展与其所处的市场环境及社会经济条件等密切相关。从发达国家企业年金发展的经验来看，企业年金市场的充分、健康发展需要具备一定的前提条件，包括明确清晰的养老保险制度框架、成熟完善的金融市场体系、合理有效的政府税收政策、正确导向的企业社会责任、公开透明的政府监管制度以及公平公正的利益主体格局等。中国企业年金市场目前所具备的条件还是初步的，这也与其所处的发展初期这一历史阶段相对应。外部环境的完善需要一定的过程，但这并非意味着我们就只能等待，仍然有可能在一定范围内有所突破，这包括"顶层设计"与现有制度框架内的完善两个方面。

（一）"顶层设计"对年金市场进一步发展的重要性

从未来的企业年金发展来看，"顶层设计"具有非常重要的意义。

养老金替代率是反映一国养老保障水平的重要指标，由退休人员的养老金与在职职工工资水平的比较而来。它既与社会收入水平以及养老金的支付水平密切联系，又与国家的负担能力以及养老金基金运营的状况紧密相关。根据国际经验，作为第一支柱的基本养老替代率高的国家，对第二、三支柱的需求相对较小，企业年金也相对不发达。但许多国家面临第一支柱政府财政负担过重的问题，采取了一系列措施加快第二、三支柱的发展，同时降低第一支柱的替代率。一般认为，养老体系三支柱比较合理的替代率是5:3:2左右。其中经济发达国家第一支柱的目标替代率更低一些，大体在37%~

42%，而处于经济转型期的东欧国家和部分中南欧国家的第一支柱替代率则要高些，大约为51%~58%之间。

自20世纪90年代中期以来，我国第一支柱的替代率已经在逐年下降。根据相关研究文献的资料显示，2001~2009年我国基本养老金（基础养老金加个人账户养老金）的替代率如表3-4所示①。

表3-4　　　　　　**2001~2009年我国基本养老金替代率**　　　　单位：%

年份	2001	2002	2003	2004	2005	2006	2007	2008	2009
基本养老金替代率	73.3	72.5	65.1	60.8	57.7	57.5	57.3	56.0	49.3

导致基本养老金替代率下降的原因主要有两点，一是由于经济发展和收入分配制度改革，城镇职工平均工资有了较大的增长。2005~2010年间，我国城镇职工平均工资增长了一倍，年均增长超过14%，而近年来我国每年按照增长10%的标准来提高基础养老金待遇，因而导致基本养老金替代率下降。二是通货膨胀加速了名义工资的增长速度，进而推动基本养老金替代率进一步下降。2007年以来，我国物价指数上升明显，特别是消费者价格指数上涨迅速，年均超过了3%，导致工资增长速度加快，在推动养老金替代率下降的同时，降低了养老金的实际购买力。② 由此可见，由于第二、三支柱几乎没有建立起来，基本养老金的替代率只有不到50%，应该说中国的养老保险体系已经开始面临保障不足的问题。在这种情况下，发展第二、三支柱，对于实现老年保障变得尤为迫切。因此，要想企业年金市场真正得以发展，顶层设计显得尤为重要。

顶层设计的目标是保证合理的养老保障水平，而通过结构性调整，建立比例恰当的养老保险多支柱体系则是达到该目标的重要手段。在过去30年中，中国经济总量增长迅速，但进一步经济增长的前景受到许多因素的制约，如世界经济不景气、人口红利即将消失、资源环境制约，等等。因此，养老金顶层制度设计不仅要考虑到经济高速发展时期的养老金

① 郝勇、周敏、郭丽娜：《适度的养老保险保障水平：基于弹性的养老金替代率确定》，载《数量经济技术经济研究》2010年第8期。
② 张士斌、黎源：《欧洲债务危机与中国社会养老保险制度改革——基于公共养老金替代率视角的分析》，载《浙江社会科学》2011年第11期。

财政平衡问题，更要未雨绸缪，考虑到经济增长速度趋缓之后可能遇到的问题。在积极设计、构建和推动多支柱养老保险体系发展的过程中，迫切要解决的一个关键问题是如何通过结构调整来适当降低第一支柱的比重，同时增加第二、三支柱的作用，形成一个相对合理、健康、可持续的养老保障体系，使三个支柱协调发展。解决这一问题有两条途径：一是将当前重点放在多支柱养老保险体系的平行发展上。在这种方式下，第一支柱的保障水平不变，第二、三支柱以较快的速度发展，从而达到各支柱间的合理比例，并使整体的养老保障水平有所提高；二是将当前重点放到对已有养老保险体系的结构调整上，在短期内总的保障水平基本不变的情况下，主动降低第一支柱的保障水平，同时提高第二、三支柱的保障水平，使养老保障的结构发生变化。一个可以考虑的途径是逐步降低第一支柱中个人账户部分的比重，转为强制性的企业年金。比较而言，第一种途径是一种理想方式，也是目前所采用的，有利于实现较为充分的老年保障。但问题在于实际状况与理想目标之间距离过大，运行效果差强人意。政府层面短期内能够保证基本养老金的支付，但由于财力有限和公平性等方面的考虑，对第二、三支柱并没有给予真正充分的重视和实际的政策支持，企业层面参与动力不足，导致市场发展收效甚微。第二条途径的好处在于有利于养老保障制度结构的合理化，使国家、企业、个人能够更好地分担养老方面的责任，同时克服企业年金市场过小导致的规模不经济，使得税收优惠政策不会因社会不公而有所顾虑，还有利于养老金资金的市场化管理。但是，这一途径在结构调整过程中会面临许多困难，其中最突出的问题是如何完成与现有养老保险制度的衔接与平稳过渡以及如何平衡调整过程中各方面利益主体的关系。包括：能否有足够的资金确保当前退休职工的养老金支付？在第一支柱比重降低的同时，第二、三支柱的比重能否真正增加从而保证养老保障的水平不会下降？第二、三支柱主要采取市场化运作的方式，养老金运营风险控制及保值、增值问题能否很好地解决等诸多问题。

在顶层设计方面，通过税收优惠，引导人们建立个人退休储蓄账户也是一个可以探索的方向。与目前的企业年金计划相比，建立个人退休储蓄账户可以使那些没有被企业年金计划所覆盖的中小企业员工也能够享受到税收优惠政策，从而促使更多的资金用于老年保障的积累。它意味着政府对企业年金税收优惠政策目标对象的扩展，政府在鼓励企业继续为员工退休收入提供保障的同时，也鼓励员工个人为退休收入进行储蓄。为了防止个人退休储蓄账户成为高收入者的避税工具，给财政收入带来过多损失，可以考虑设定最高缴费上限，并分出几个税收优惠递减的缴费层次，员工个人向退休储蓄账户的缴费可以全部或部分从税前扣除。此外，必须严格个人退休储蓄账户的领取制度，账户中的资金必须以养老保障为目标，未达到规定年龄（如60岁）前不得提前支取（受益人退休前死亡等特殊情况除外）。个人退休储蓄账户的资金在采用市场化方式进行管理的同时，应赋予个人相应的投资选择权，个人可以自主选择金融机构，并在不同的投资组合间进行转换。

由此看来，养老保险制度的顶层设计者，需要对整个养老保险体系进行综合、全面的考虑，认真计算各类方案的成本与收益，研究进一步改革的途径，分析可能遇到的各种问题并找出相对可行的解决方案。顶层制度的设计不仅直接关系到企业年金市场能否健康发展，而且关系到能否真正实现养老保障和社会和谐发展的目标。

（二）现有框架内的改进

顶层设计的完善涉及范围大，影响广，需要考虑的因素多，不可能一蹴而就。与此同时，在未来一段时期，在现有框架内，也仍然能够取得一定程度的进展，主要包括以下几个方面的内容：

1. 针对不同性质的大型企业的需求，提供更为细化的年金产品与服务

企业年金市场要得以发展，作为需求一方的企业至关重要。如前所述，影响我国企业建立企业年金计划的意愿，主要来源于企业规模和企业的所有制性质两个方面，总的趋势是大型企业大于中小型企业；国有企业大于私营或其他所有制性质的企业。在经历了最初跑马圈地式的初期发展之后，企业年金市场要进一步深化，需要对不同性质的企业的特点进行更为深入的分析，提供差异化的年金产品与服务，从而更好地满足受益人的需要。

表3-5从企业的机构设置和决策机制、总体财务状况、人员数量和年龄结构、以往参加企业年金的经验、在企业年金资产管理和投资方面对待风险的态度、建立企业年金计划的行为方式等方面对不同经济性质的企业在建立企业年金的态度进行了粗略的比较。

表 3 - 5　　　　　　　　不同经济性质企业建立企业年金计划的偏好比较

企业性质	机构和决策机制	财务状况	人员结构	以往经验	风险态度	建立年金计划的行为方式
国有特大型、大型企业（电力、通信、石油、石化、邮电、银行、证券等行业）	实力雄厚，遍布全国的分支机构分散管理，各分支机构自己决定企业年金的具体内容	有稳定的财务状况和盈利能力，往往有大量的沉淀福利基金	员工数量较多（几千人到几十万人），员工年龄结构比较老化，平均40岁左右。个人平均投资理念一般，平均收入中等	其中一些曾有过类似的补充养老计划，对企业年金政策有一定了解，但对具体的退休金计划缺乏研究	对投资回报/风险有正确的认识，但比较保守，不希望、也不愿意承担中等以上的投资风险	有较强的意愿建立企业年金、偏好稳定的投资工具，通常集体决策周期较长、总部的管控能力一般较弱，分支机构主导建立年金计划
股份制企业（特别是上市公司。不同行业有不同特点）	实力参差不齐，有限的分支机构，总部有绝对的管控能力，各分支机构无权决定主体企业年金计划	各家公司差异较大，但普遍而言，盈利水平不高	企业员工一般不多（几百人到两三千人），属于中大型企业，员工年龄结构较低，平均35岁以下，个人平均投资理念尚可	福利政策以现金为主，不太注重长远的退休福利，企业年金制度建立之前往往没有补充养老保险计划，但接受新事物能力较强，倾向稳健持续发展	对投资/回报有正确认识，对待风险态度仍偏向于保守，但个别（高科技等）例外	受国外养老福利制度的影响，逐步有建立企业年金的意愿，偏好有稳定回报的投资工具，但又渴望好的投资回报，对价格敏感，一般集体决策，有较长的决策周期
"三资"企业（特别是跨国企业）	总部有绝对的管控能力，各个分支机构无权决定主体企业年金计划，往往大的福利政策需得到国外集团总部的批准	盈利水平与企业建立时间相关，个别盈利水平较高	员工一般不多（几十人到上千人，个别上万人），一般为中型企业，员工年龄结构较低，平均年龄30岁左右，有较好的投资理念和心态	各国（地区）企业的福利政策各不相同，欧美企业比较注重长远的退休福利，而港台地区的众多小型"三资"企业则较少建立长久的、制度化的员工福利保障计划	对投资回报/风险有清晰的认识，对待投资风险的态度比较成熟，能承受较大的投资波动风险	由于国外母公司有较成熟的福利保障制度，如时机成熟且有税优，会有建立企业年金计划的意愿。对价格较敏感，希望有多样化的投资工具，员工平均素质较高，希望具有投资选择权。对服务机构专业技术要求高，决策时间较长

续表

企业性质	机构和决策机制	财务状况	人员结构	以往经验	风险态度	建立年金计划的行为方式
民营企业（特别是成熟的大中型民营企业）	总部有较强的管控能力	平均盈利水平较高，但不稳定，易受其他因素影响	员工一般不多（几十人到几百人），一般为中小型企业，平均年龄结构较低，个人投资理念波动大，水平低	普遍没有建立长久的、制度化的员工保障计划，一般短期内不会考虑。但成熟的大中型民营企业开始关注	各种企业参差不齐，对投资/风险的认识较模糊，对投资风险态度不成熟	由于对企业年金缺乏清晰、完整的认识，其消费行为比较冲动，缺乏理性约束，主要取决于企业老板

注：根据何志光：《企业年金计划设计、管理和监督》一文提供的资料整理，此文收录于孙建勇主编：《企业年金运营与监管》，中国财政经济出版社2004年版。

由于目前许多大型国企都已经具有年金计划，因此，对于企业年金的金融服务商而言，一方面是积极挖掘那些还没有建立年金计划的企业的需求，特别是非国有企业的需求，从而使市场规模在一定程度上得以扩大；另一方面，要根据自身在年金管理方面的特点，挖掘自身优势，提高服务水平，从竞争对手中争取更多的业务。这一过程将会推动整个年金市场更好地整合与优化。

2. 积极推动集合年金计划的发展

中国企业年金市场建立初期的制度设计主要是针对大型企业的单一计划，即由受托人将单个委托人交付的企业年金基金进行单独管理的年金计划。这种管理方式适应了来自金融、电力、石油、烟草、铁路、钢铁等行业的大型企业的企业年金发展需要。事实上，在企业年金市场建立初期，这些大型国有企业也的确成为市场上各金融机构业务争夺的重点，中小企业所建立的企业年金基金无论是在基金规模上还是缴费人数上都是微乎其微的。

导致这种情况出现的主要原因，除了中小企业自身盈利水平低、企业生命周期短、缺乏建立企业年金的动力之外，企业年金的管理成本也是限制更多企业进入这一市场的重要因素。对于这些企业来说，即使有建立企业年金计划的意愿，也往往也会由于资产规模小、缴纳的年金管理费少，不足以弥补企业年金基金管理人的管理成本，无法获得规模经济的优势，并导致年金资产收益率过低。当企业年金市场发展到一定阶段，进入市场的新的大型企业越来越少，使得单一计划下市场趋于饱和。

在这种情况下，从降低企业年金管理成本、推动中小企业参与的角度出发，集合年金计划开始引起关注。在多方呼吁之下，2011年5月开始实施的《企业年金基金管理办法》中对集合年金计划做出了原则性规定，之后人力资源和社会保障部又发布了《关于企业年金集合计划试点有关问题的通知》，进一步明确了集合年金计划的设立、管理、信息披露等具体问题，表明集合年金计划将成为中国企业年金市场的重要形式。

发展集合年金计划，有利于企业年金管理成本的降低。对于金融机构而言，年金计划必须达到一定规模，投资组合的管理才是经济的。在企业年金市场发展初期，由于计划形式单一，导致大量资金量在一两千万元的企业年金计划也只能采用单一计划的形式建立，整个市场3 000多亿元的规模就有1 500个左右投资组合，平均一个组合的规模不到2亿元。相比开放式基金而言，基金的平均规模是200亿元左右，二者之间的悬殊之大由此可见。而管理一个企业年金组合与管理一只基金的运营工作量基本相当，同样需要资产配置、交易操作、估值核算等，由此造成管理成本高，收益低下。因此，发展集合年金计划得到了金融机构的积极响应。截至2012年3月，人力资源和社会保障部总共受理了8家法人受托机构上报的集合计划管理合同，并完成了38个集合计划的备案工作，集合年金计划的探索已经开始。

然而，目前关于集合年金计划的监管条款还偏于简单，对规范与促进集合年金市场的发展还远远不够。在集合年金计划的未来发展中，还有以下一些问题需要摸索与解决。

集合年金计划究竟采取何种形式是一个需要认真研究的问题。根据计划发起主体的不同，集合年金计划主要包括前端集合和后端集合两种模式。前端集合模式的责任主体是受托人，由法人受托机构在预先选定投资管理人、托管人和账户管理人之后，设计相应的标准化的年金产品，参加年金计划的各个企业则按照标准的年金计划方案进行缴费。差异化的投资需求可以通过法人受托机构所选择的不同投资管理人，或同一投资管理人设立不同的二级子账户来实现。在所谓后端集合模式下，集合计划是由投资管理人发起设立的企业年金投资组合，并通过向各受托人定向发行的方式，将众多中小企业的企业年金基金集合起来，形成一个类似于共同基金的投资管理模式。在这种模式下，集合计划一经设立，其管理费率、投资组合、计划条款等内容就已经确定，形成了标准化的年金产品（也可以称为集合产品）。委托人通过受托人认购了某一标准化的年金投资组合，也就意味着同时认可了其投资管理人和托管人。企业在完成企业年金方案备案之后，也就等于认可了该集合计划的相关条款。在这种模式下，受托人只提供服务平台，最终投资于什么组合由员工自主选择，这种做法更接近于香港的强基金和美国401（k）的管理方式。前端集合与后端集合各有其利弊，前者的优点在于，受托人仍然处于核心位置，参与计划的成员企业，都必须接受受托人统一制订的集合年金计划，从而也更符合企业年金制度设计时采用信托型管理模式，充分发挥受托人监督管理作用的初衷；后者的优势则在于作为投资管理人，在投资组合设立和管理方面有更丰富的经验，建立这类计划的最直接目的是减少组合数量，提高组合资金规模，从而提高收益率。到2011年底，共同基金共21 600多亿元，投资组合的数量只有914个，而企业年金基金才3 500多亿元，投资组合的数量却已达到1 880个，显然发展后端集合有利于通过减少企业年金投资组合的数量来减少管理成本。① 从目前来看，监管部门的基本主张是集合年金计划的两种模式并存，即"前有集合计划，后有集合产品"，但这两种模式的集合年金计划对企业年金计划管理和资金运作、对企业年金金融服务商在管理成本、运作绩效、市场竞争格局方面究竟会带来哪些利益方面的影响，还需要实践的检验。

与此同时，集合年金计划的风险控制问题也需要引起高度关注。集合年金计划与单一年金计划的最大区别在于，在计划的实施与管理过程中往往涉及多家企业的利益，由此导致计划参与主体没有单一计划明确，名义上每家企业都是集合年金计划的委托人，每家企业受益人的利益均与集合年金计划的运作绩效直接相关，因此对集合年金计划均负有监督的责任。但出于成本方面的考虑，很可能每家企业都寄希望于其他企业的监督，而不会主动监督。如何建立有效的风险控制机制也需要进一步探讨。

除此之外，什么样规模的企业适合并愿意建立集合年金计划是另一个值得研究的问题。从目前市场情况来看，一些投资管理人提出，初始规模资金在2 000万元以下的企业年金计划一般就应该进入集合年金计划统一管理，如果没有历年积累（存量资金）、特殊缴费等，按照7%的缴费比例测算，

---

① 参见陈良同志在"共赢未来·长江行"养老金资产管理高峰论坛上的发言，人力资源和社会保障部官方网站2012年10月8日。

年度工资总额在 3 亿元左右的企业才适合建立单一计划。① 果真如此的话，不仅未来单一计划的门槛会逐步提高，现有单一计划中的一部分也可能会转向集合计划，这一转变对整个年金市场的影响以及有可能会导致的利益方面的冲突与摩擦，也是需要认真考虑的问题。

总体来讲，集合年金计划的发展将在现有框架内推动市场的进一步完善，尤其是在降低管理成本方面。但是，由于自身的局限性，对中小企业来讲，生存与发展仍是第一要务，建立企业年金计划的愿望普遍不强，因此，也不能对集合年金计划在扩大市场规模方面的作用期望过高，特别是在与企业年金有关的税收政策没有真正大的突破的情况下。

3. 进一步完善企业年金税收优惠政策

由于企业年金与基本养老保险同样属于老年人的经济保障计划，因此，企业年金的税收政策不应与基本养老保险的税收政策相脱节。尽管税收政策的根本突破在很大程度上与养老保障的顶层设计有关，但在现有框架内，也并非完全没有调整的空间。

首先，从政府层面来看，作为非政府养老保险计划的一部分，企业年金的发展从长远来讲可以减轻政府的财政负担。因此，政府税收政策与企业年金市场发展在根本利益上是一致的；其次，目前的企业年金税收政策并非像一些发达国家那样以税法的方式确定下来，而是由财政部或国家税务总局以"通知"形式发布的。这就说明其并未形成一个相对成熟与稳定的体系，有根据实践进行修改与完善的可能。近年来，中国保监会在商业养老保险的税收支持方面进行了一些尝试，例如，2009 年中国保监会与上海市政府签署了关于支持上海保险业发展的合作备忘录，多项保险试点将在上海先试先行，其中就包括个人税延型养老保险的试验，即投保人在税前列支保费，在领取保险金时再缴纳个人所得税。该试点一旦实施并在全国推广，不仅会直接促进商业养老保险的发展，对于与之性质接近的企业年金的税收政策的突破也会有一定的示范效应。作为企业年金的监管部门，人力资源和社会保障部也在积极推动个人所得税递延方面的研究并积极与财政部门进行沟通。从未来发展看，作为养老保障制度的重要支柱，企业年金与商业养老保险一

---

① 参见:《提升养老保险公司年金计划的竞争力》，载《山东人力资源与社会保障》，2011 年第 11 期，年金栏目。该刊记者撰文，未署名。栏目由平安养老保险公司协办。在一些其他场合还有人认为，1 亿元以下的企业年金基金都应该进入标准组合，或建议规定 5 000 万元以下规模的企业应该进入前端集合年金计划。无论怎样，企业年金的组合数量都将大大减少。

样，应该能够在税收制度上获得更多的支持。目前需要做的是为进一步的税收递延措施创造条件，如建立年金市场统一的数据接口规范和创造统一报税平台等。第三，税收政策管理措施的完善也会为增加税收优惠力度创造条件。参照发达国家经验，对于与税收优惠政策有关的企业年金计划做出更为详细的规定，包括计划合格性的要求、员工合格性的要求、赋益权的要求、非歧视原则、严格贯彻"以养老为目的"的要求等，也能为更好地符合税收政策的目标创造条件。

4. 其他方面的改进

企业年金市场发展还可以得益于其他一些方面的改进，包括但并不限于以下几个方面。

（1）进一步加强监管制度建设。考虑到企业年金市场运行中多方金融主体参与的复杂性以及协同监管的难度。目前无论是与企业年金有关的法律法规，还是监管的具体内容、监管的技术手段、监管人员的数量和能力等方面，距离一个完善的、规范化的、操作灵活的企业年金监管体系均还有很大的差距。随着监管制度的不断完善，对市场的发展肯定会起到积极的推动作用。

（2）完善机构间的标准化建设、构建企业年金公共平台。目前的年金制度设计中，整个运营流程非常烦琐，由于涉及多个管理机构，且人社部没有制定明确的管理机构之间的标准流程和数据接口标准，直接导致机构之间还靠传真、邮件等传统的方式进行业务交互，与开放式基金相比，运行效率低下且各机构运行成本奇高，无论是各家系统开发还是人力配备都非常不经济。因此，年金市场亟须尽快完善机构间的标准化建设。此外，建立企业年金公共平台也会在规范企业年金运作与管理、减少企业年金市场的管理成本等方面起到正面的激励作用。以账户管理系统为例，尽管企业年金制度建立之初，监管部门已经就企业年金账户管理系统所必须具备的基本功能、运行环境以及风险控制能力等进行了规范，但具体到每个账户管理人来说，都需要根据该规范进行系统开发，不仅投入成本大，而且在记录企业和职工个人的基本信息，缴费、支付、投资收益、权益余额和未归属权益等信息以及进行具体的业务处理上，在具体细节方面仍存在不同。随着企业年金市场的发展，特别是集合年金计划的建立，更多的企业及其职工加入到年金计划中来，进一步改进账户管理系统的功能就显得更加重要。监管部门或行业组织若能出面牵头将各公司的账户管理整合在一起，同时构建账户信息安全保障体系，不仅能够有效地降低管理成本，而且有利于保证企业年金账户管理系统平稳运行及各项业务的持续展开。

（3）逐步赋予企业年金计划职工投资选择权。发达国家的企业年金投资往往赋予员工投资方面的选择权。例如，美国的雇员收入保障法中就规定，至少要提供三种以上的投资选择。现实中金融服务商提供的投资选择实际上平均已经达到 10 个左右。然而，中国目前的企业年金制度并没有相关的规定，主要是考虑到我国的企业员工普遍缺乏投资知识和正确的投资理念，认为由企业代表员工做出投资决策更有利于资金安全与收益。这一考虑固然有一定道理，但不可否认的是，企业年金的个人缴费部分是作为个人私有财产进入员工个人账户的，员工理应拥有对账户中资金的投资选择权。企业年金采取 DC 模式的一个主要初衷也在于这种模式下投资风险由个人承担，从而使企业和政府避免由此带来的风险。如若不明确赋予员工投资选择的权利，又要其承担相应的风险，权利与责任显然是不对等的，一旦出现养老金市场剧烈波动，企业年金资金出现严重亏损的情况，雇员势必会对投资决策产生质疑，从而导致社会的不稳定，并最终由政府承担潜在的风险。因此，从未来的发展看，在加强员工投资方面的教育，使得员工获得更多的关于企业年金投资方面的信息的同时，赋予个人投资选择权，从根本上有利于提高员工参与企业年金计划的积极性，并有利于市场的发展。

（4）明确企业年金既得受益权。企业年金的"既得受益权"是指雇员未到退休年龄离开公司，对于已缴纳的企业年金，特别是雇主缴费部分的可携带问题。在企业年金的实际运作中，雇员因各种原因离开原有企业的情况时有发生，直接影响作为企业年金受益人的利益的就是既得受益权能否得到充分保障的问题。对于大部分 DC 计划，通常个人缴费部分具有 100% 的可携带性，困难在于企业缴费部分。目前有关企业年金的法律法规中关于既得受益权的规定不够明确，特别是对于企业缴费的部分究竟如何携带未有明确的表述，对于那些职工离职企业为其缴费而未归属的部分资金如何处理也没有明确的规定。实际上，关于既得受益权的规定是在企业通过计划设立达到稳定员工队伍的利益与职工要求减少劳动力流动的成本之间的权衡。政府监管应在这中间找到一个较好的平衡点，给出指导性的意见，否则，像目前这样由各企业在年金计划中自行规定，计划之间差距大，对不同企业的员工是很不公平的。既得受益权规定的完善对于提高那些流动性相对较强企业的员工参与企业年金计划的积极性将具有正面的影响。

（5）鼓励企业年金按照收入流方式领取。企业年金涉及缴费、积累和领取三个阶段。在市场建立初期，人们更多地关注前两个阶段。但事实上，第三个阶段也非常重要。按照国际经验，在养老金的领取阶段，通常有一次性领取和按照收入流方式领取两种方式，后一种显然更有利于退休者获得稳定的收入来源，在一定程度上还能够减少通货膨胀对退休后许多年养老金的侵蚀，从而有利于更好地实现老年保障目标。一些国家对按收入流方式领取给予了一定程度上的税收激励，或采取强制性措施。按收入流领取，还会涉及大量的养老金资金的管理和投资安排，可以考虑在职工退休后将企业年金账户中的资产转化为传统的商业年金，也可以考虑创造出专门针对企业年金的年金类产品。在这方面的研究和制度规范，对于未来年金市场的发展也具有非常重要的意义。

结　语

中国的企业年金市场发展受制于多方面的因素，养老保险制度顶层设计不清晰、金融市场体系尚未成熟与完善、税收政策缺乏有效支持、政府监管能力与水平尚待提升均成为制约市场进一步高速前行的外部因素；而经济增长速度趋缓使得企业（特别是大量中小企业）面临生存与发展的压力，缺乏建立企业年金的能力，又使得企业参与年金市场的动力不足。关于国有企业分配的双绩效目标特点的分析从更深层次揭示了目前中国企业年金市场格局形成的内部机理。

国际企业年金发展的经验告诉我们，一个国家企业年金制度的发展离不开其本身所生存的土壤，正因为如此，欧美国家、拉丁美洲国家以及一些经济转型国家均探索了不同的发展道路，形成了不同的制度模式与管理方式，处于经济体制转轨过程中的中国企业年金市场发展也不例外。同时，无论是自愿性企业年金制度还是强制性企业年金制度，无论是政府推动还是市场自发，企业年金市场的高度发展趋势却是毋庸置疑的。

基于上述认识，可以对中国企业年金市场的未来发展形成下述几个判断：

第一，就整个市场规模来看，在顶层制度不发生大的变化的情况下，近期企业年金市场的发展速度不可能发生跨越式的增长。做出这一判断的主要依据在于：（1）经过前一阶段的发展，企业年金最主要的参与主体——国有大型企业中许多已经建立了企业年金计划，新的参与主体的数量在逐步递减；（2）出于税收公平方面的考虑和征管能力的限制等原因，企业年金的税收优惠政策尽管可能会有一定幅度的调整或在一些经济发达的试点地区有所突破，但短期内难以有大的改观；（3）企业（特别是大量中小企业）对企业年金的需求有赖于经济的高速持续增长，否则参与年金市场的动力不会有明显增强，尤其是在金融危机和经济增长速度下降，经济结构调整成为主要发展重心的情况下。

第二，在监管部门和金融机构的积极推动下，企业年金本身的管理会逐渐走向规范，市场进入相对平稳的发展时期。尚未建立企业年金计划的国有企业出于增加企业福利的考虑，仍会有一定的进入市场的需求；一些条件较好的非国有企业为了更好地在人才市场上取得竞争优势、稳定劳动力队伍，在条件具备或市场状况有所改观时也会考虑建立企业年金计划；企业员工由于能够获得企业年金中的企业缴费部分，即使在税收激励作用不明显的情况下，也有一定的参加企业年金市场的动力；金融机构出于对企业年金发展前景的考虑，仍会继续坚持在企业年金市场上，并努力站稳脚跟；从完善整个养老保险制度的角度出发，监管部门会继续推动年金市场的发展，并积极争取来自税收方面的支持。因此，企业年金市场将进入相对平稳的发展时期。

第三，未来几年企业年金的市场竞争依然会比较激烈。企业年金金融服务商的数量不可能有大的变化，新机构进入企业年金市场较为困难。现有企业年金基金管理机构之间的竞争除了通过开拓市场和从竞争对手中获取更多的市场份额之外，发挥差异化的竞争优势、提高服务水平、稳定已有客户变得更为重要。集合年金计划有利于降低企业年金的管理成本，促进经济实力较好的中小企业加入。在未来两三年内，大多数金融机构将逐渐实现企业年金业务的扭亏为盈，但企业年金业务短期内不可能成为金融服务商主要的利润增长点。

第四，从长远来看，企业年金作为养老保险的一个重要支柱是大势所趋，企业年金市场具有很大的发展潜力。人口老龄化及其所带来的养老问题已经成为当今中国社会面临的重要问题。在养老保险制度从现收现付制向部分积累制转变的过程中，面临着巨额的转轨成本，养老金支付的财政压力巨大；在名义工资增长和通货膨胀的压力下，第一支柱基本养老保险的替代率近年来已呈现出下降的趋势，要想真正实现老年保障的社会目标，发展包括企业年金在内的多支柱的养老保险体系是必然的选择，这一点已经成为政府和社会各方的共识。在这种情况下，从上而下和从下而上的探索会同时进行。发达国家企业年金发展的国际经验为中国未来发展提供了可资借鉴的蓝本，使得中国在制度建设方面具有一定的后发优势。那些具有前瞻性的企业和金融机构在其可以承受的限度内会克服困难坚持在市场中占有一席之地。一旦企业年金的顶层制度设计方面有所创新或政策方面发生正面的调整，马上会得到各方参与主体的积极响应。因此，从长远来看，企业年金市场仍具有巨大的增长潜力和光明的发展前景。

本章参考文献：

1. 白重恩：《公共财政与结构转变》，载《中国财政》2011 年第 9 期。

2. 陈戈、Sylvie Demurger，Martin Fournier：《中国企业的工资差异和所有制结构》，载《世界经济文汇》2005 年第 6 期。

3. 崔少敏、李克平、波涛、武玉宁：《企业年金发展研究》，中国财政经济出版社 2007 年版。

4. 董克用、邢伟等译：《养老金：趋势与挑战》，孙建勇主编 OECD 养老金译丛，中国发展出版社 2007 年版。

5. 郝勇、周敏、郭丽娜：《适度的养老保险保障水平：基于弹性的养老金替代率确定》，载《数量经济技术经济研究》2010 年第 8 期。

6. 胡晓义：《走向和谐：中国社会保障发展 60 年》，中国劳动社会保障出版社 2009 年版。

7. 蓝方：《慎对养老金入市》，载《新世纪》2012 年第 6 期（总第 488 期）。

8. 劳动和社会保障部社会保险研究所、中国太平洋人寿保险股份有限公司：《中国企业年金财税政策与运行》，中国劳动社会保障出版社 2003 年版。

9. 李雁争：《中国财政收入占 GDP 比重低于国际水平》，载《上海证券报》2009 年 5 月 7 日。

10. 李珍、王向红：《减轻企业社会保险负担与提高企业竞争力》，载《经济评论》1999 年第 5 期。

11. 刘继虎：《税收优惠条款的解释原则》，载《政法论坛》2008 年第 5 期。

12. 刘磊、杨蕊：《非正式制度与不同所有制企业人力资本收入差异》，载《当代财经》2010 年第 3 期。

13. 罗楚亮、李实：《人力资本、行业特征与收入差距——基于第一次全国经济普查资料的经验研究》，载《管理世界》2007 年第 10 期。

14. 彭雪梅：《对企业年金在中国养老保险体系中定位的再认识》，载《财经科学》

2004 年第 2 期。

15. 孙博、吕晨红：《不同所有制企业社会保险缴费能力比较研究——基于超对数生产函数的实证分析》，载《江西财经大学学报》2011 年第 1 期。

16. 孙建勇主编：《企业年金运营与监管》，中国财政经济出版社 2004 年版。

17. 孙守纪等编写：《企业年金理论与实务》，中国保险监督委员会认可人身保险从业人员资格考试教材，广州信平市场策划顾问有限公司出品，2011 年 12 月。

18. 王强：《中国企业年金监管体系制度构建研究》，西南财经大学博士学位论文，2009 年。

19. 王增文、邓大松：《基金缺口、缴费比率与财政负担能力：基于对社会保障主体的缴费能力研究》，载《中国软科学》2009 年第 10 期。

20. 杨燕绥：《企业年金理论与实务》，中国劳动社会保障出版社 2003 年版。

21. 于小东等译：《养老金：发展与改革》，孙建勇主编 OECD 养老金译丛，中国发展出版社 2007 年版。

22. 张美中、李克强、胡维清、周玲瑶：《企业年金——中国养老保险的第二支柱》，管理出版社 2004 年版。

23. 张茉楠：《国企高额垄断利润妨碍经济转型》，载《证券时报》2011 年 7 月 12 日。

24. 张士斌、黎源：《欧洲债务危机与中国社会养老保险制度改革——基于公共养老金替代率视角的分析》，载《浙江社会科学》2011 年第 11 期。

25. 张原、陈建奇：《非工资性收入分配：国有部门收入调控的新视角》，载《中国工业经济》2007 年第 8 期。

26. 张原：《中国行业垄断的收入分配效应》，载《经济评论》2011 年第 4 期。

27. 郑秉文主编：《2011 中国养老金发展报告》，经济管理出版社 2011 年版。

28. 周小川：《社会保障与企业盈利能力》，载《经济社会体制比较》2000 年第 6 期。

29. 中国养老金网：http：∥www. cnpension. net。

30. 中华人民共和国国家统计局官方网站：http：∥www. stats. gov. cn／。

31. 中华人民共和国人力资源和社会保障部官方网站：http：∥www. mohrss. gov. cn／。

32. Edward Montgomery, Kathryn Shaw, Mary Ellen Benedict, "Pensions and Wages: An Hedonic Price Theory Approach", *International Economic Review*, Feb. , 1992, Vol. 33, No. 1, pp. 111 – 128.

33. OECD (2011)：Pensions at a Glance 2011：Retirement Income Systems in OECD and G20 Countries.

第四章

年金市场Ⅱ：机关事业单位职业年金的酝酿与规划

引 言

本章的研究内容是我国机关事业单位职业年金的构建问题。本章首先对我国机关事业单位现行养老保险制度的特点和弊端进行了总结，并探讨了我国机关事业单位职业年金的发展背景和意义，在此基础上梳理了国外公职人员养老保险制度的基本模式、改革趋势及原因，并重点考察了美国、英国、澳大利亚、丹麦等国的公职人员职业年金计划，最后对我国机关事业单位职业年金的发展提出了设计方案，并探讨了相关配套改革。

一、发展我国机关事业单位职业年金的背景及意义

（一）现行机关事业单位养老保险制度亟待改革

我国现行的机关事业单位养老保险制度是在新中国成立后企业养老保险制度建立之后逐步发展起来的[①]。1955年12月，国务院先后颁布了《国家机关工作人员退休处理暂行办法》和《国家机关工作人员退职处理暂行办法》，这标志着我国机关事业单位养老保险制度的基本建立。此后，随着一系列相关文件的出台，我国的机关事业单位逐步确立起一套不同于企业的养

[①] 我国企业养老保险制度创建的标志是1951年颁布实施的《中华人民共和国劳动保险条例》。

老保险制度，这为后来我国"养老金双轨制"的出现埋下了伏笔。

改革开放后，我国机关事业单位的养老保险制度进入恢复发展与改革试点时期。在这一时期，我国先后出台了《关于安置老弱病残干部的暂行办法》（1978 年）、《国务院关于工人退休、退职的暂行办法》（1978 年）、《关于老干部离职休养的暂行规定》（1980 年）、《国家公务员暂行条例》（1993 年）、《事业单位工作人员工资制度改革实施办法》等，对既有的机关事业单位养老保险制度进行了完善。与此同时，我国还分别于 1991 年和 2008 年在部分省市开启了"公务员养老保险制度试点改革方案"和"事业单位养老保险改革试点方案"，尝试将机关事业单位的养老保险与城镇职工基本养老保险统一起来。然而，由于缺乏统一的改革方案以及执行力不足等多种原因，这些试点改革虽然取得了一些成效，但却未能获得实质性进展，机关事业单位与企业仍然实施着两套不同的养老保险制度。

从过去这些年的经验来看，我国机关事业单位的养老保险制度在保障退休人员待遇、稳定机关事业单位职工队伍、促进经济社会文化各项事业全面发展等方面均发挥了重要作用。然而，随着近年来我国社会保障事业的不断推进，特别是随着我国企业职工基本养老保险体系的逐步建立和完善，我国现行的机关事业单位养老保险制度暴露出越来越明显的弊端，与企业职工基本养老保险乃至整个基本养老保险体系不相协调，迫切需要改革。

1. 现行机关事业单位养老保险制度的特点

相比于我国现行的企业职工基本养老保险制度①，我国现行机关事业单位的养老保险制度存在着如下一些特点：

第一，筹资来源完全来自于国家财政。机关事业单位的养老金实行现收现付制，完全由国家财政拨付，各单位工作人员在工作期间不需要缴纳养老保险费，没有任何基金积累，这不同于我国企业职工养老保险制度实行"统筹账户"和"个人账户"相结合的筹资结构。尽管 1991 年以后我国部分试点地区对机关事业单位养老保险制度进行了改革，增加了个人缴费的部分，但总体而言，个人缴费的基数和比例仍然很低。

第二，待遇计发以退休前的工资为标准。根据 2006 年颁发的《关于机关事业单位离退休人员计发离退休费等问题的实施办法》，对于 2006 年 7 月

---

① 这里的企业职工基本养老保险制度是指根据 1997 年《国务院关于建立统一的企业职工基本养老保险制度的决定》建立起来的"统账结合"模式的企业基本养老保险制度。

1日后离退休的公务员来说，退休费按本人退休前职务工资和级别工资之和的一定比例计发，而对事业单位工作人员来说，退休费按本人退休前岗位工资和薪级工资之和的一定比例计发①。然而，我国企业职工基本养老保险制度实行以当地上年度在岗职工月平均工资和本人指数化月平均缴费工资的平均值为基础的计发标准。相比之下，前者通常比后者更高。

第三，待遇调整与在职人员同步。无论是公务员还是机关事业单位工作人员，其离退休人员的待遇调整都是随着在职人员的工资调整而同步调整的，调整比率为在职人员工资增长率的100%。然而，对于企业职工基本养老保险制度而言，其主要是根据职工工资和物价变动等情况进行调整，调整幅度为企业在岗职工平均工资年增长率的一定比例。

第四，社会化管理程度低。现行机关事业单位离退休人员的退休金由各单位自己管理和发放，各单位设立和配备相应的机构和人员，社会事务包袱沉重。然而，我国企业离退休职工养老金已经改为社会化管理和发放，社会事务负担相对较轻。

2. 现行机关事业单位养老保险制度存在诸多弊端

（1）养老金待遇与其他群体待遇差距较大。

在20世纪90年代我国企业职工养老保险制度未实施改革以前，机关事业单位与企业的养老保险制度都属于现收现付制，待遇水平也相差不多。然而，20世纪90年代以后，企业职工的养老保险制度开始朝着"统账结合"的基本养老保险制度不断推进，而机关事业单位的养老保险制度却维持着国家财政兜底的"单位保险"模式，在这种"双轨制"模式下，机关事业单位与企业的养老保险待遇水平开始有了差距，并且越拉越大。据统计，1990年底，我国事业单位和机关的人均离退休费分别是企业职工的1.14倍和1.2倍，到了2005年底，差距则分别扩大到了2.1倍和1.9倍。1998年，我国企业、事业单位和机关的养老金平均替代率分别为73.7%、98.3%和101.7%，到了2005年，这些数据则分别演变为49.3%、87.7%和88.4%②。

---

① 在2006年7月1日以前退休的公务员和事业单位职工，其离退休费的计发标准为1993年11月国务院颁发的《机关工作人员工资制度改革方案》和《事业单位工作人员工资制度改革方案》。

② 郑功成主编：《中国社会保障改革与发展战略（养老保险卷）》，人民出版社2011年版，第156~157页。另外，2006年以后，《中国统计年鉴》、《中国劳动统计年鉴》等统计口径发生调整，不再给出企业、事业单位、机关的退休金数额。

机关事业单位与企业之间越拉越大的养老金待遇差距，表明我国的养老保险制度没有很好地发挥出应有的"再分配功能"，有违制度设计的初衷。从现实情况来看，养老金待遇的"双轨制"问题已经伤害了企业职工的自尊心与积极性，也影响了我国社会的公平正义及各群体之间的和谐稳定①。

（2）缺乏合理的责任分担机制。

在我国企业职工基本养老保险制度中，企业、个人和政府三方共同承担缴费责任，其中，企业和个人所承担的责任主要表现在社会保险费的缴纳上，而国家的责任则主要体现在政府通过税收形成财政性社会保障的支出，并且承担着最后的兜底责任。然而，在我国现行的机关事业单位养老保险制度中，个人不承担养老保险的缴费责任，政府却承担着全部的养老金支出责任。显然，这一安排没有体现出权利与义务相结合、待遇与贡献相联系的社会保障基本原则，在我国老龄化的背景下，现行制度安排给政府造成了沉重的财政支出压力。

（3）财政压力不断增加。

由于机关事业单位工作人员退休金待遇的计发基础比较高，再加上已退休人员退休金的调整幅度比较高，这使得机关事业单位养老金发放所带来的财政支付压力也越来越大。统计数据显示，1990 年我国机关退休费用总额为 59.5 亿元，但是到了 2005 年，这一数据则达到 1 827.7 亿元，增加了近 30 倍，年均递增 25%，明显高于同时期工资总额 20% 的增长速度②。

（4）阻碍劳动力的合理流动。

作为一种重要的生产要素，劳动力的自由流动应该是市场经济条件下资源合理配置的内在要求。然而，我国机关事业单位和企业养老保险制度的"双轨制"格局，客观上在二者之间构筑起阻碍劳动力合理流动的壁垒，妨碍了人力资源的有效配置。一方面，当劳动力从企业流向机关事业单位时，其个人账户积累的养老保险基金如何转移和携带的问题不能得到很好的解决；另一方面，当劳动力从机关事业单位流向企业时，企业也无法对其所面临的养老金权益损失进行有效弥补。虽然 2001 年劳动与社会保障部针对这

---

① 据 2012 年 3 月 12 日的《人民日报》报道，人民网"两会"期间的调查显示，"社会保障"以最高票数连续三年位居热点问题中的榜首。其中，由于机关事业单位与企业之间的养老金待遇差距所产生的"社保公平问题"，是网民们所关注的焦点问题之一。

② 郑功成主编：《中国社会保障改革与发展战略（养老保险卷）》，人民出版社 2011 年版，第 157 页。

一问题出台了《关于职工在机关事业单位与企业之间流动时社会保险关系处理意见的通知》，但是从实践来看，该《通知》在操作性上存在着一定的不足，因而未能得到社会的广泛认同。

（5）养老保险的管理成本较高。

从养老保险的管理体制上看，我国的机关事业单位基本上"各自为政"，未能像企业职工基本养老保险制度那样成立集约式的经办机构，专门负责各家单位养老保险的缴费、档案管理、关系变更、人员管理、政策咨询、待遇给付等业务，这种分散化的管理模式不仅大大增加了各机关事业单位的管理成本，而且也影响了机关事业单位核心职能的发挥。特别是在近年机关事业单位离退休人员数量快速增长的背景下，养老保险"高管理成本"和"低管理效率"的问题更加凸显。

（二）机关事业单位养老保险制度改革思路逐渐明晰

过去这些年的探索和实践表明，要在短期内解决我国机关事业单位养老金待遇过高、部门之间养老金待遇差距扩大的问题，可以通过改变机关事业单位养老保险待遇的计发办法和待遇调整机制等"参量式调整"来实现。然而，要想长期内建立起可持续的、与整个基本养老保险体系相协调的机关事业单位养老保险制度，真正实现我国社会保障制度的"公平、正义、共享"目标，就必须对我国现行的机关事业单位养老保险制度进行"结构性改革"。

立足于我国的现实，我国机关事业单位养老保险制度的改革思路应该包括以下方面：

1. 建立缴费型养老保险制度

从责任分担机制上看，我国机关事业单位的养老保险可被看作"国家财政保险"（全额拨款单位）、"单位保险"（自收自支单位）或"国家财政与单位共同保险"（差额拨款单位）。它们在本质上都属于传统的福利性退休金制度，而非现代社会意义上的缴费型养老保险制度。从世界趋势来看，福利性退休金制度会削弱养老保险对劳动者的激励作用，造成养老保险运行的高成本和低效率。因此，近些年来，缴费型养老保险制度得到了越来越多国家的认同。缴费型养老保险制度强调权利和义务的对等原则，认为劳动者只有按规定履行了一定的缴费义务，才有权利享有一定的养老保险待遇。不仅如此，很多国家还通过税收优惠等措施激励人们在工作期间缴纳更多的养老保险费，从而提高退休后的待遇水平。考虑到我国日渐增长的财政压力和现行制度所产生的负面激励作用，我国机关事业单位养老保险制度的发展方向也应该是缴费型养老保险制度，也即机关事业单位的工作人员在工作期间应该缴纳养老保险费，从而减轻政府负担。

2. 建立多层次的养老保险制度

一般认为，一国要想建立全面、稳定和可持续的养老保障体系，不应仅仅依靠单一层次的制度安排，而是应该将不同层次的制度安排组合在一起。为此，世界银行在1994年和2005年先后提出"三支柱模式"和"五支柱模式"，国际劳工组织提出了"四层次养老保障模式"①。

经过多年的改革与完善，我国已经初步建立起覆盖企业职工的多层次基本养老保险体系。其中，第一层次是强制性的基本养老保险制度，由实行现收现付制的社会统筹账户和实行基金积累的个人账户构成，主要是向劳动者提供基本水平的养老保障；第二层次是自愿性的企业年金，也即由企业在基本养老保险之外建立的、用于激发员工积极性、提高员工退休待遇的企业补充养老保险；第三层次是商业性养老保障，是由个人通过购买商业保险或其他手段所获得的老年经济保障。应当说，这一养老保险体系设计合理，体现出风险共担、社会互助的现代养老保险精神，完全可以为我国机关事业单位的养老保险制度改革所参考。依据这一思路，我国机关事业单位的养老保险制度也应该包括如下三个层次：第一，具有强制性质的基本养老保险制度；第二，具有强制性质的公职人员职业年金；第三，自愿性质的商业养老保障。这样，机关事业单位的养老保险制度就能够与企业的养老保险制度实现对接。

3. 自上而下在全国范围内统一推行

要变革运行多年的机关事业单位养老保险制度，实施新的养老保险规则，我们必须自上而下地制定统一政策，并在全国范围内统一推行。事实上，这也是过去20多年来我国机关事业单位养老保险制度改革的经验总结。

在1991年《关于企业职工养老保险制度改革的决定》和1992年《关于机关事业单位养老保险制度改革有关问题的通知》出台后，我国各地相继开展了机关事业单位养老保险制度改革的试点工作。然而，由于没有统一的改革方案和实施依据，各地在养老保险的实施范围、缴费基数、缴费费

---

① 这里的"三支柱"分别是指强制性公共养老金、强制性私营养老金、自愿性养老金，"五支柱"分别是指非缴费型普惠性养老金、强制性社会统筹养老金、强制性个人账户养老金、自愿性养老金、非正式家庭保障，"四层次养老保障模式"分别是"满足最低生活保障的公共养老金"、"实现再分配的公共养老金"、强制性私人养老金、自愿性私人养老金。

率、待遇衔接等方面五花八门，这种混乱状态不仅不能很好地保证个人的养老权益，而且为建立全国统一的机关事业单位养老保险制度增加了难度①。

2008 年 3 月，国务院原则通过了《事业单位工作人员养老保险制度改革试点方案》，在山西省、上海市、浙江省、广东省、重庆市先期开展试点，该方案提出事业单位应当实行统账结合的基本养老保险制度和职业年金。然而，对于如何设计"中人"的过渡性养老金、如何设计职业年金的具体方案，该《方案》却没有提及。从实践来看，各地在具体实施过程中也存在着政策多样化、多部门管理、统筹层次低等问题②。

因此，要保证新的机关事业单位养老保险制度顺利推行，我们需要及时总结试点经验，制定统一制度，然后统一实施，将机关事业单位养老保险工作逐步纳入到法制化和规范化的轨道上来。

4. 整体推进机关与事业单位的改革

事业单位是我国特有的法人机构，它脱胎于计划经济体制，承担着重要的社会职能。尽管事业单位与政府机关在性质上有着明显的区别，但长期以来，我国的事业单位一直是政府机关的附属机构或派出机构，实行着与政府机关相同或类似的人事管理制度和社会保障制度。在我国社会保障改革的历史进程中，机关和事业单位基本都是作为整体一并被提及的，这从 20 世纪 90 年代以来党中央和国务院所颁发的一系列文件中可以得到印证。在这种背景下，新时期我国机关事业单位的养老保险制度改革宜将二者整体推进，而不应再单独推进，人为制造新的部门分割。2008 年以来我国五省市事业单位养老保险制度试点改革进展缓慢的事实已经证明了这一点。由于该方案仅将部分事业单位作为改革对象，而不是所有的机关事业单位，结果遭到这些事业单位的抵制，增加了改革的政治成本③。

（三）职业年金是机关事业单位养老保险制度改革的关键

1. 机关事业单位改革面临着"福利刚性"难题

如前所述，我国机关事业单位养老保险制度的目标框架已经基本明确，也即要建立类似于企业职工养老保险的多层次养老保险制度。其中，第一层

---

① 参见陈宗利：《机关事业单位养老保险制度探析》，载《经济师》2006 年第 8 期。
② 参见郑功成主编：《中国社会保障改革与发展战略（养老保险卷）》，人民出版社 2011 年版，第 170～171 页。
③ 参见郑秉文：《事业单位养老金改革路在何方》，载《河北经贸大学学报》2009 年第 5 期。

次是基本养老保险制度，第二层次是职业年金，第三层次是商业性养老保障。然而，要保证这一全新的制度框架顺利实施，我们首先必须克服改革的最大阻力，也即解决机关事业单位员工群体的"福利刚性"难题。

所谓"福利刚性"，通常是指人们对自己的福利待遇有着只能上升不能下降的预期，或者说人们在习惯较高水平的福利待遇之后，很难接受福利待遇水平的下降。对于我国机关事业单位的员工群体而言，在近些年养老待遇不断上涨的背景下，他们已经习惯于高于企业职工的养老退休待遇，因此，一旦机关事业单位养老保险制度朝着企业职工养老保险制度"靠拢"和"接轨"，机关事业单位的员工群体将预期养老金待遇的大幅下降，他们也很自然地抵制养老保险制度的改革，并希望现行制度尽可能地维持下去。

从国际养老保险改革和发展的实践来看，由于"福利刚性"问题所导致的养老保险改革停滞甚至社会动荡的案例比比皆是。以法国为例，"在战后 60 多年里，养老保险碎片化制度逐渐显现其缺陷，即待遇水平存在差距，福利刚性导致攀高拉齐，致使财政不堪重负，历届政府均信誓旦旦，试图削减山头，向下拉齐福利水平，但始终没有成功过，尤其是最近十几年来，养老保险制度改革已成为新政府上台后列入其议事日程的第一目标，但每次改革都引发全国性的示威游行，两届总理直接或间接为此而下台。"[1] 再比如，2011 年，英国政府的退休改革计划欲将公职人员退休年龄延长 6 年至 66 岁，并增加需要交纳的养老金额度，同时降低养老金的最终支付水平，结果导致约 200 万英国人于当地时间 11 月 30 日走上街头，开始举行"世纪大罢工"，以抗议政府进一步提高养老金保障门槛的计划[2]。

从实践经验来看，福利刚性问题是导致我国机关事业单位养老保险制度的试点改革"雷声大，雨点小"，最终难以突破的重要原因。因此，要改革我国现行的机关事业单位养老保险制度，我们就必须妥善解决机关事业单位员工群体所存在的"福利刚性"问题。

2. 职业年金是克服"福利刚性"问题的重要安排

面对机关事业单位员工群体的刚性福利需求，任何形式的"强行压制"措施都有可能引发不满和抵制，甚至带来更高的政治成本。在这一约束条件

---

① 此处引自郑秉文：《"碎片化"或"大一统"——英、法、美社保模式的比较》，载《中国社会科学院报》2009 年 4 月 30 日。

② 参见《不许动我的奶酪！欧洲退休改革引发动乱》，中国日报网，2011 年 12 月 5 日。

下，结合国外公职人员养老保险制度发展的经验，我国理应通过建立机关事业单位职业年金的方式来实现帕累托改进，也即通过职业年金来弥补机关事业单位基础养老保险待遇的不足，从而确保机关事业单位群体的养老保险待遇的整体水平不受损害，并在这一过程中逐步实现机关事业单位养老保险的制度框架与企业职工养老保险的制度框架对接，最终建立起多层次、结构合理的机关事业单位养老保险框架。

显然，要实现上述帕累托改进，职业年金的设计就成为影响机关事业单位养老保险制度改革进程的关键环节。如果我们不能推出设计合理、机制健全的职业年金，就不能让机关事业单位的员工群体对养老保险待遇形成稳定的预期，机关事业单位的养老保险制度改革就难以真正突破，"双轨制格局"也将难以破解。

二、国外公职人员职业年金的经验及借鉴

从概念的外延来看，我国的"机关事业单位工作人员"接近于国外的"公职人员"，他们所供职的机构都是指完全依靠或者主要依靠公共财政资源提供公共产品或者公共服务的组织。从国外已有的研究来看，尽管各国公职人员所指代的具体群体并不完全相同，在名称上也有"government workers"、"public employees"、"civil servants"等差异，但是其核心群体是"政府雇员"，也即我国语境下的"公务员"。为了研究的方便，我们在这里不去探究他们之间的细微差异，而是将其全部划入"公职人员"这一群体。在这一部分，我们首先分析国外公职人员养老保险制度的基本模式、改革趋势及原因，然后在此基础上考察典型国家职业年金的制度安排，最后对国外公职人员职业年金的发展经验进行总结。

（一）国外公职人员养老保险制度的基本模式、改革趋势及原因

1. 国外公职人员养老保险制度的基本模式

依据不同的划分标准，我们可以将国外公职人员养老保险制度分成不同的模式。

（1）按照制度形式是否融合划分。

根据公职人员养老保险制度与其他群体养老保险制度是否融合的标准，

我们可以大致将国外公务员养老保险制度分为独立型和融合型两大类。

所谓独立型养老保险制度，是指公职人员养老保险制度与其他群体的养老保险制度相互独立，并存运行，也即"双轨制"。在此基础上，我们又可以依据资金筹集方式的不同，将独立型的公职人员养老保险制度进一步分为"非积累制"和"（部分）积累制"两种不同的类型。

所谓融合型养老保险制度，是指公职人员养老保险制度与其他群体的养老保险制度存在着相同或部分相同之处，二者之间相互转换的成本较低。同样，在此基础上，我们又可以依据资金筹集方式的不同，将融合型养老保险制度进一步分为"国民养老金＋特别的公职人员职业年金计划"和"国民养老金＋普通职业年金计划"两种。

根据上述标准，我们可以将部分国家和地区的公职人员养老保险制度进行如下划分，详见表4-1。

表4-1　　　　部分国家和地区的公职人员养老保险制度模式划分

类型	独立型		融合型	
	独立的非积累制	独立的积累制或部分积累制	国民养老金＋特别的公职人员职业年金计划	国民养老金＋普通职业年金计划
国家和地区	阿根廷（部分省）	韩国	澳大利亚	阿根廷（联邦和部分省）
	中国大陆	印度	奥地利	
	哥伦比亚	中国香港	加拿大	智利
	巴西	印度尼西亚	哥斯达黎加	捷克
	法国	约旦	丹麦	匈牙利
	德国	马来西亚	芬兰	波兰
	希腊	菲律宾	冰岛	乌拉圭
	爱尔兰	西班牙	意大利	
	卢森堡	新加坡	日本	
	墨西哥	泰国	荷兰	
	葡萄牙	中国台湾	挪威	
	秘鲁	美国（部分州）	瑞典	
	土耳其		瑞士	
			美国（联邦和部分州）	
			英国	

资料来源：Vinicius Carvalho Pinheiro: Pension Funds for Government Workers in OECD Countries, 2004.

（2）按照制度形式和待遇水平划分。

我们还可以同时根据制度形式和待遇水平对各国公职人员养老保险制度进行划分。具体内容详见表4-2。

表4-2　　　　　　　　OECD 国家公职人员养老保险制度安排

基本模式	代表性国家
公务员养老保险制度独立于国民养老保险制度，并且待遇水平相当	芬兰、荷兰
公务员养老保险制度与国民养老保险制度相融合，同时享有待遇优厚的职业年金	加拿大、丹麦、冰岛、爱尔兰、意大利、日本、挪威、新西兰、西班牙、瑞典、美国
公务员养老保险制度与国民养老保险制度部分融合	澳大利亚、英国
公务员养老保险制度独立于国民养老保险制度，并且享受较高待遇	奥地利、比利时、法国、德国、希腊、韩国、卢森堡、葡萄牙

资料来源：Robert Palacios and Edward Whitehouse，Civil-service Pension Schemes around the World，World Bank Social Protection Paper，No. 0602，2006.

第一类，公务员养老保险制度独立于国民养老保险制度，并且待遇水平相当，代表性国家有芬兰、荷兰两国。在芬兰，中央和地方公务员的养老保险制度都是独立的，但是其待遇水平与私营部门的待遇水平相同。在荷兰，公务员和私营部门的劳动者都加入了准强制性的职业年金计划，虽然二者的内容相同，但是在形式上仍然是独立的。

第二类，公务员养老保险制度与国民养老保险制度相融合（各国的国民养老保险制度并不相同），同时享有待遇优厚的职业年金。在 OECD 国家中，属于这一类的国家数量最多，比如加拿大、丹麦、冰岛、爱尔兰、意大利、日本、挪威、新西兰、西班牙、瑞典和美国等。

第三类，公务员养老保险制度与国民养老保险制度部分融合。代表性国家有澳大利亚和英国。这里的部分融合是指公务员仅在国民基本养老保险制度上与私人部门相同，但是在其他补充性计划上差异很大。

第四类，公务员养老保险独立于国民养老保险制度，并且享受较高待遇，也即"养老保险双轨制"。代表性国家有奥地利、比利时、法国、德国、希腊、韩国、卢森堡、葡萄牙等。

2. 国外公职人员养老保险制度的改革趋势及其改革原因

（1）国外公职人员养老保险制度的改革趋势①。

从世界历史上看，公务员、军人等公职人员是最早正式建立养老金的群体。早在17世纪，英国政府和西班牙政府就已经向该国的退役军人提供养老金，而英国议会也在1810年通过了具有里程碑性质的公务员养老金法案。在英国的公务员养老金制度确立之后，英联邦国家对其进行了借鉴和推广②。

19世纪末期以来，养老保险制度得到了各国政府的高度重视，在世界范围内获得了长足的发展。鉴于公职人员的职业特殊性和重要性，各国政府都将公职人员作为养老保险制度的优先考虑对象，建立起专门的公职人员养老保险制度，并为其提供相对优厚的养老金待遇。这表现在：公职人员的养老金多是待遇确定型的（DB），并且是以退休前的收入作为计发基础的，养老金待遇水平较高；公职人员提前退休的限制较少；公职人员在生育期间或教育期间可以享受特殊的待遇；等等。

然而，近些年来，不少国家对公职人员养老保险制度进行了改革，这些改革的趋势包括：

第一，引入积累因素，发展补充性职业年金。

在过去很长的时间里，很多OECD国家公职人员的基本养老金有着很高的替代率，补充性职业年金没有太大的发展空间。不仅如此，不少国家的法律环境和政治环境也不适宜补充性职业年金的发展。比如在法国，政府的相关法令明确禁止补充性养老计划的建立。在比利时，宪法也不允许超出法律规定的养老金的发展。

然而，随着近年来各国政府所面临的财政支出压力越来越大，以及人口老龄化所带来的人口结构转变等经济和社会因素，一些OECD国家已经建立或正在考虑建立补充性职业年金计划。从已经建立补充性职业年金的国家来看，这些职业年金大致可以分为两类：一类是"单一型"职业年金计划（single scheme）；另一类是"多元型"职业年金计划（multiple schemes）。

所谓"单一型"职业年金计划，也即公职人员与私人部门雇员的职业

---

① 这一部分主要参考了OECD：Public Sector Pensions and the Challenge of an Ageing Public Service，OECD Working Papers on Public Governance，2007。

② Robert Palacios and Edward Whitehouse，Civil-service Pension Schemes around the World，World Bank Social Protection Paper，No. 0602，2006.

年金几乎完全相同，政府作为公职人员的雇主像私人部门的雇主一样缴纳养老保险费。荷兰、丹麦、瑞士和东欧各国是实施"单一型"职业年金计划的代表，虽然各国职业年金计划的名称和具体形式不同，但它们基本都以劳工双方谈判的协议作为基础，并且利用了税收激励措施。比如荷兰的职业年金计划十分发达，其 ABP（Arbejdsmarkedets Tillaegspension）计划同时覆盖公务员、地方政府雇员、武装警察等，具有强制性。

所谓"多元型"职业年金计划，也即不同性质的公职人员建立不同的职业年金计划。中央的公职人员和地方的公职人员可以建立不同的职业年金计划（比如芬兰、瑞典、爱尔兰），公务员、教师、警察、消防员等不同行业的公职人员可以建立不同的职业年金计划（比如英格兰、威尔士）。另外，职业年金计划所提供的养老金水平也可以只是最低水平的，作为基本养老金的补充（比如英国、美国、瑞典）。最后，职业年金还可以根据不同的地理区域进行设计。

第二，改变养老金待遇的计算公式，延长缴费期限。

卢森堡、芬兰、葡萄牙、德国等欧盟国家已经决定将公职人员的缴费期限或服务年限从 30 年延长到 40 年。在延长缴费期的同时，各国还调整了公职人员养老金的计算公式，并使之与私人部门雇员的养老金公式相一致。比如奥地利等将公职人员的工资标准从"最后工资"调整为"平均工资"，甚至调整为"一生的平均工资"，这些都降低了公职人员的养老金水平。此外，各国还下调了公职人员养老金的替代率。比如德国计划将公职人员养老金的替代率从 75% 降到 2030 年的 71.5%，卢森堡计划将公职人员养老金的替代率从 83.33% 降到 72%。

第三，延长退休年龄，缩小男性和女性退休年龄的差距。

在欧盟，大多数欧盟国家都提高了退休年龄。荷兰将公职人员的退休年龄从 62 岁提高到 65 岁；奥地利将公职人员的退休年龄从 60 岁提高到 65 岁；芬兰将公职人员的退休年龄从 63 提高到 65 岁；葡萄牙将公职人员的退休年龄从 60 岁提高到 65 岁。与此同时，不少国家还缩小了男性和女性退休年龄的差距。比如意大利在 2009 年通过了有关法律，对延长公共部门女性的退休年龄进行了规定，将从 2010 年开始，从目前的 60 岁延长到 2018 年的 65 岁（平均每两年延长一岁），以达到与男性平等的退休年龄。

第四，控制提前退休，激励人们工作更长时间。

尽管各国所采取的方式不尽相同，但基本都是通过提供额外奖励的方式来实现的。在奥地利，如果公职人员的实际退休年龄超过了正常退休年龄，那么，对于超出的工作年份，政府每年在基本收入之外额外奖励2%，并以公职人员"最后收入"的90%水平封顶。在卢森堡，公职人员每"超役"工作一年，政府每年额外奖励2.3%，并以"最后收入"的110%水平封顶。在芬兰，政府对那些主动推迟退休的公职人员提供额外的养老金。在匈牙利，公职人员在正常退休年龄后每多工作30天，政府额外奖励收入的0.5%。与此同时，一些国家还规定，当人们执意要提前退休，那么他们的养老金累计率将会减少，最终的养老金水平将会降低。

第五，削减公职人员的女性遗属所获得的养老金权益。

奥地利、希腊、荷兰、西班牙、英国等降低了女性遗属所可能获得的特殊养老金权益。在德国，女性遗属的抚恤金从已故配偶退休金水平的60%下降至55%。在瑞典，女性遗属的抚恤金已经逐步取消。在荷兰，女性遗属的抚恤金已减少至配偶退休金的50%。在奥地利，如果女性遗属有其他比较充足的收入来源，那么其不能获得抚恤金。上述这些措施，除了降低政府的养老金支出水平之外，还有激励女性劳动力进入劳动力市场的目的。

（2）国外公职人员养老保险制度的改革原因。

总地来说，财政支出压力、养老金待遇的不平衡、促进劳动力的合理流动是各国公职人员养老保险制度改革的主要原因。

第一，公职人员养老保险制度所产生的财政支出压力越来越大。

近些年来，随着人口老龄化趋势的增强，很多实施养老金"双轨制"的国家为公职人员养老金的开支不断增加，公共财政不堪其负。据世界银行2006年的统计，OECD国家用于公务员养老金的支出占政府财政的比例在2.5%~7.5%之间，平均水平为5%；而在发展中国家，这一比例在2%~12%之间，平均水平为6%，明显高于OECD国家。在巴西和斯里兰卡，超过10%以上的财政用于公务员养老金支出①。

第二，养老金待遇水平的不平衡。

在很多国家，公职人员的养老金待遇水平比私人部门的雇员更为优厚，这主要体现在：首先，公职人员养老金待遇的绝对水平不仅比私人部门雇员要高，而且其调整机制也更有利；其次，公职人员进入工作岗位的年龄较私

---

① Robert Palacios and Edward Whitehouse, Civil-service Pension Schemes around the World, World Bank Social Protection Paper, No. 0602, 2006.

人部门的雇员更晚，但是退休年龄却更早，这意味着公职人员领取养老金的时间更长；再次，相比于私人部门的雇员，公职人员的工作更为稳定，工作变更少，因此，公职人员的平均缴费年限更长，其未来所可领取的养老金待遇也更高；最后，一些国家为了缩减公职人员的规模，允许部分公职人员提前退休，这也导致公职人员中领取养老金的人口比例要高于私人部门。公职人员与私人部门雇员养老金待遇的不平衡，让私人部门的雇员产生了不满情绪。

第三，促进劳动力的合理流动。

由于公职人员职业岗位的公益性和社会性，各国政府通常均希望其员工能够维持长期、稳定的工作关系，避免出现较频繁的工作变动。为此，很多国家的政府部门为公职人员设立了独立的养老金安排，并采取相应措施激励员工"服务终身"。具体而言，这些措施主要包括两种方式：一方面，设置较长的保留期（vesting period），也即，如果公职人员的服务年限没有达到最低要求，那么他们将不能获得养老金的领取权。另一方面，对提前退休的公职人员进行一定惩罚。如果公职人员选择提前退休，那么，他们的养老金权益将会受到一定的负面影响。比如在德国，公职人员的离职会导致其丧失部分的养老金权益。上述措施虽然有助于维持公职人员队伍的稳定，但也阻碍了劳动力从公共部门向私人部门的流动。

（二）典型国家公职人员的职业年金考察

对于公职人员而言，职业年金计划是由其雇主也即政府部门所提供的补充性养老保险计划，它独立于基本养老保险之外。职业年金对于公职人员养老保障的作用，类似于企业年金对于私人部门雇员养老保障的作用，它们是雇主为了吸引和留住人才、提高雇员福利待遇水平的重要手段，属于第二层次的养老保险计划，与第一层次的基本养老保险和第三层次的商业养老保险共同构成了多层次的养老保险体系。

从前面的分析我们可以看到，由于各国公职人员养老保险的制度模式并不相同，因此，作为第二层次养老保险计划的职业年金在各国的发展情形也不相同。大致而言，对于公职人员养老保险制度与其他群体养老保险制度相互独立的国家来说，其公职人员养老保障制度的层次比较单一，而职业年金的发展相对有限甚至完全缺位。比如，德国公务员的养老保险制度与其他群体的养老保险制度相互独立，政府承担着完全的筹资责任，而属于第二层次的职业年金则发展滞后。然而，对于公职人员养老保险制度与其他群体养老保险制度存在融合的国家来说，其公职人员养老保障制度往往呈现出多层次的特征，其中第一层次也即基本养老保险制度面向所有国民，而职业年金则是作为第二层次的补充性养老计划出现的，地位不可或缺，因此，这些国家公职人员的职业年金往往比较发达，职业年金的形式也十分丰富，比如，英国的公务员有着五种不同的职业年金计划，而警察、教师、消防员等群体也有着属于自己的职业年金计划。

考虑到我国机关事业单位的养老保险制度已经基本明确了"多层次化"和"去碎片化"的改革方向，那些"融合型"国家的公职人员职业年金计划对我国无疑具有借鉴意义。基于这一考虑，我们在此选择了美国、英国、澳大利亚、丹麦等典型国家作为代表，具体考察其公职人员的职业年金计划。

1. 美国联邦公职人员的职业年金

同其他普通美国国民一样，美国联邦公职人员均覆盖在"老年、遗属与伤残保险计划（OASDI）"之下，这是美国联邦公职人员养老保障制度的第一层次。在此之外，美国联邦公职人员还可以参加属于第二层次的两项职业年金计划：联邦雇员退休制度（Federal Employees Retirement System，FERS）和联邦节俭储蓄计划（Thrift Saving Plan，TSP）。这两项职业年金计划可以同时参加，二者并不相互排斥。

（1）联邦雇员退休制度（FERS）[①]。

联邦雇员退休制度（FERS）建立于 1987 年，主要面向 1983 年 12 月 31 日以后参加工作的联邦政府雇员[②]，它是联邦政府雇员的主要退休金制度，是待遇确定型计划（DB）。

第一，FERS 的缴费。FERS 的缴费由雇主和雇员共同完成。目前的总缴费率为雇员工资总额的 11.5%，其中雇员缴纳的比例很少（0.8%），而雇主的缴纳比例是最主要的（平均水平 10.7%）。

第二，FERS 的养老金待遇水平。作为一项 DB 计划，FERS 的养老金待遇水平主要取决于其工资水平和服务年限。其具体的计算公式为：养老金 =

---

① 关于 FERS 的详细资料请参见 http：//www.opm.gov/retire/pre/fers/index.asp。

② 对于 1983 年 12 月 31 日以前参加工作的雇员，他们可以自愿选择参加原有的公职人员退休制度（Civil Service Retirement System，CSRS），或者参加新的联邦雇员退休制度（FERS）。

最高三年的平均工资×1%×服务年限。雇员领取的条件为：5年服务年限，满62岁；或者20年服务年限，满60岁；或者30年服务年限，并达到最低退休年龄。对于特定推迟退休的雇员，可以获得10%的额外养老金津贴，但是提前退休的雇员，养老金将会适当扣减。

第三，FERS的待遇调整。FERS的待遇调整指数略低于物价指数。具体而言；如果物价指数上涨2%，则待遇以2%增加；如果物价指数上涨2%~3%，则待遇增加2%；如果物价指数上涨3%以上，则待遇按实际物价指数减去1%进行调整。

第四，FERS的管理。FERS由美国联邦政府的人事管理局负责管理，联邦政府各部门、各机构予以协助支持。FERS的账户基金由财政部负责管理。

第五，FERS的替代率。当雇员的服务年限达到30~40年时，其替代率通常在30%~45%之间。

（2）联邦节俭储蓄计划（TSP）[①]。

联邦节俭储蓄计划（TSP）是一个类似于美国401（k）的确定待遇型计划，其目的是要向美国联邦政府的雇员提供类似于私人部门所采用的401（k）计划的退休金福利与税收优惠，它是缴费确定型计划（DC）。

第一，TSP的缴费。

TSP的缴费由雇员和雇主共同承担，由以下三个部分组成：

雇员缴费。它包括两种方式。一是常规缴费，也即雇主从雇员的税前基本工资收入中直接扣除一定比例，进入TSP账户，这一比例由雇员自主选择和调整。二是追赶缴费（catch up），是指对于年龄超过50岁及以上的雇员，除了常规缴费之外，他们还可能获得资格进行额外缴费。这些缴费也是从税前的工资收入中直接扣除，并且是自愿的。只有那些已经按照最大比例进行常规缴费的雇员，才可能获得追赶缴费的资格。

机构自动缴费（agency automatic）。如果雇员参加了FERS，那么在雇员首次获得收入时，其雇主将按照雇员基本工资收入的1%缴存到雇员的账户，并在以后定期缴存。机构自动缴费会受到"待权期间（vesting period）"的限制，也即只有在雇员服务一定年限之后，才能获得领取的权益。一般而言，大部分参加FERS的雇员的最低服务年限是3年，少部分职位雇员的最

---

① 关于TSP的详细资料请参见 https：//www.tsp.gov/index.shtml。

低服务年限是2年。如果雇员没有完成服务年限的要求而离职，将丧失这1%的自动缴费部分及其收益。

雇主匹配缴费（agency matching contributions）。如果雇员参加了FERS，那么雇员在自己缴费的同时会获得5%的雇主匹配缴费。如果雇员的缴费比例在3%及以下，那么雇主将进行1:1的对应匹配缴费，也即雇员每缴付1美元，雇主相应缴付1美元。如果雇员的缴费在3%~5%之间，那么雇主将对该部分按照2:1的比例进行匹配缴费，也即雇员每缴付2美元，雇主相应缴付1美元。但是当雇员的缴费比例超过5%时，雇主不再进行额外的匹配缴费。

有关TSP计划中雇主为雇员的缴费比例，详见表4-3。

表4-3   TSP计划中雇主为雇员的缴费比例（仅适用于FERS雇员）

雇员缴费比例	雇主缴费比例		缴费比例总计
	自动缴费部分	匹配缴费部分	
0%	1%	0%	1%
1%	1%	1%	3%
2%	1%	2%	5%
3%	1%	3%	7%
4%	1%	3.5%	8.5%
5%	1%	4%	10%
5%以上	1%	4%	雇员的缴费比例+5%

注：雇员的缴费除了比例限制，还有金额数量限制。

第二，TSP的税收优惠。

总体而言，美国的TSP在税收上所享受的政策与401（k）相同，参加计划的雇员可以获得两项税收优惠。一是雇员的缴费部分在税前扣除。TSP计划允许雇员在缴纳联邦收入所得税之前进行缴费，最高缴费比例为工资收入的5%，这实际上降低了雇员的所得税税基，实际税收负担也因此下降。二是税收递延收益。对于雇员TSP账户所产生的投资收益，可以直到领取退休金那一天进行纳税。而等到退休之后，大多数人此时所适用的税率相对退休前要低。一般而言，雇员的TSP账户金额维持的时间越长，雇员所获得的投资收益就越多，实际享受的税收递延收益就越多。

第三，TSP 的投资。

TSP 由独立的联邦退休金节俭投资委员会（Federal Retirement Investment Board，FRTIB）负责投资事务。该委员会由 5 名成员构成。根据美国法律规定，这 5 名成员必须是具有丰富经验并受过良好训练的投资专家。他们共同决定 TSP 的投资运作以及整个监管过程的政策。该委员会是一个独立的机构，其日常运作不受联邦机构的控制，但是需要定期接受外部审计。目前，该委员会每一年的运作都受到美国劳工局下属的退休金及福利管理局（Pension and Welfare Benefits Administration，PWBA）以及独立外部机构的审计。

TSP 账户为雇员提供两种投资方式：

一是单个投资基金（individual funds）。也即雇员可以从 TSP 各个投资基金（G、F、C、S、I）中进行自主组合选择。其中，G 基金（政府证券投资基金）投资于短期美国国债，本金与利息的支付可得到美国政府的保证；F 基金（固定收入指数投资基金）投资于追踪"巴克莱资本美国综合债券指数"的债券指数基金，该投资组合包括不同产业、不同到期日、不同发行者的固定收益债券；C 基金（普通股指数投资基金），投资于追踪"标准普尔 500 指数"的股票指数基金；S 基金（小规模资本型股票指数化基金），投资于追踪"道琼斯美国总体股票市场（TSM）指数"的股票指数基金；I 基金（国际股票指数投资基金）投资于追踪"摩根斯坦利资本国际 EAFE 指数"的股票指数基金，该指数的构成企业由欧洲、澳大利亚及远东地区 22 个发达国家的大型企业构成，其目标是获取国际股票市场的投资收益。这些单个投资基金的具体信息详见表 4－4。

表 4－4　　　　　　　　　　TSP 的单个投资基金描述

	G 基金	F 基金	C 基金	S 基金	I 基金	L 基金
投资描述	政府证券（特别是专门针对 TSP 发行的）	政府债券、企业债券、抵押债券	美国大中型企业的股票	美国中小企业的股票	22 个发达国家的大型企业股票	投资于 G、F、C、S、I 基金
基金目标	保本以及利息收益	获得与"巴克莱资本美国综合债券指数"相匹配的收益	获得与"标准普尔 500 指数"相匹配的收益	获得与"道琼斯美国 TSM 指数"相匹配的收益	获得与"摩根斯坦利资本国际 EAFE 股票指数"相匹配的收益	根据不同的"投资期限"，构建由 G、F、C、S、I 基金所组成的不同投资组合

	G 基金	F 基金	C 基金	S 基金	I 基金	L 基金
风险	通胀风险	市场风险，信用风险、预付风险、通胀风险	市场风险、通胀风险	市场风险、通胀风险	市场风险、汇率风险、通胀风险	包括以上所有风险，但是通过分散化安排可以降低总风险水平
波动性	低	低—适中	适中	适中—较高，历史上高于 C 基金	适中—较高，历史上高于 C 基金	随着投资期限的降低，波动性降低
收益类别	利息	市场价格的变动；利息	市场价格的变动；红利	市场价格的变动；红利	市场价格的变动；汇率变动；红利	以上收益的综合
设立日期	1987 年 4 月 1 日	1988 年 1 月 29 日	1988 年 1 月 29 日	2001 年 5 月 1 日	2001 年 5 月 1 日	2005 年 8 月 1 日

二是生命周期基金（Life Cycle Funds，L 基金），也即 TSP 账户中的基金用于投资事先确定的资产组合，其中包括股票、债券、政府证券等。L 基金是为那些可能没有时间、经验或者兴趣来管理 TSP 退休账户的参与者提供的。L 基金包括五种，分别是"L 2050"（适合于在 2045 年及以后需要退休金的参与者）、"L 2040"（适合于在 2035～2044 年间需要退休金的参与者）、"L 2030"（适合于在 2025～2034 年间需要退休金的参与者）、"L 2020"（适合于在 2015～2024 年间需要退休金的参与者）、"L income"（适合于已经开始每月领取养老金的参与者，或者从现在至 2014 年前需要退休金的参与者）。L 基金的一个假设是参与者退休的时间越晚，那么他们对投资风险的承受能力就越强，因此该基金根据参与者的年龄阶段对其投资风格进行了调整。每一笔 L 基金均投资于五种个体投资基金。这五种个体基金的组合是由投资专家根据每类基金的"时间轴"而确定的。如果参与者的退休时间较晚，那么 L 基金的组合中将会包含较多高风险资产（比如 C，S，I 基金）；否则，就会购买风险较低的资产（比如 G、F 基金）。

表 4 - 5　　　　　　　　　　**2011 年 1 月 L 基金的资产配置情况**　　　　　　　单位：%

	L 2050	L 2040	L 2030	L 2020	L income
G	4	11	22	36	74
F	7	9	8	7	6
C	43	40	36	30	12
S	19	17	14	10	3
I	27	23	20	17	5

第四，TSP 的管理。

联邦退休节俭董事会（Federal Retirement Thrift Board）是管理 TSP 的机构，它独立于政府的其他部门。委员会的 5 名成员由总统委任，执行官由成员内部推选。联邦退休节俭董事会的记账员（record keeper）负责对所有 TSP 账户的日常维护和管理，并且协助解决 TSP 参与者所遇到的相关问题。

第五，TSP 的相关法律。

TSP 是根据美国 1986 年的联邦雇员退休制度法而设立的，并且被编入美国法典（USC）第 84 章第 5 条。根据法律，TSP 的资产是个体参与者的信托财产。TSP 作为受托机构能够获得免税的待遇。它的监管条例见于美国联邦监管法的第 6 章第 5 条。

第六，TSP 的审计。

根据法律，TSP 必须接受年度审计。参加者可以从 TSP 的网站或通过书信方式获得 TSP 最新的年度审计报告。

第七，TSP 的退休金领取方式。

TSP 的领取方式包括如下 5 种：一次性领取；每个月领取，具体金额可以自己确定；经由联邦节俭储蓄计划来购买年金商品；混合以上几种方式；将账户内的金额转移到个人退休账户（IRA）。

第八，TSP 的替代率水平。

TSP 的替代率由账户的实际余额决定。联邦退休节俭投资委员会提供了不同投资收益率、缴费年限和缴费率等参数假定下的替代率估计水平（没有考虑到物价指数的变动、工资调整、税收等因素，因此与实际水平存在一定误差），详见表 4 - 6、表 4 - 7、表 4 - 8。

表4－6 投资收益率为4％时TSP账户的替代率水平估计

缴费年限	缴费率										
	0%	1%	2%	3%	4%	5%	6%	7%	8%	9%	10%
5	0.06	0.17	0.28	0.39	0.47	0.55	0.61	0.66	0.72	0.77	0.83
10	0.12	0.37	0.61	0.86	1.04	1.23	1.35	1.47	1.60	1.72	1.84
15	0.21	0.62	1.03	1.44	1.74	2.05	2.26	2.46	2.67	2.87	3.08
20	0.31	0.92	1.53	2.14	2.60	3.06	3.37	3.67	3.98	4.28	4.59
25	0.43	1.29	2.14	3.00	3.65	4.29	4.72	5.15	5.57	6.00	6.43
30	0.58	1.74	2.89	4.05	4.92	5.79	6.37	6.95	7.53	8.10	8.68
35	0.76	2.29	3.81	5.33	6.48	7.62	8.38	9.15	9.91	10.67	11.43
40	0.99	2.96	4.93	6.90	8.38	9.86	10.84	11.83	12.82	13.80	14.79

表4－7 投资收益率为7％时TSP账户的替代率水平估计

缴费年限	缴费率										
	0%	1%	2%	3%	4%	5%	6%	7%	8%	9%	10%
5	0.06	0.18	0.30	0.42	0.51	0.60	0.66	0.72	0.78	0.84	0.90
10	0.14	0.43	0.72	1.01	1.23	1.44	1.59	1.73	1.88	2.02	2.17
15	0.26	0.79	1.32	1.85	2.25	2.65	2.91	3.17	3.44	3.70	3.97
20	0.43	1.30	2.17	3.04	3.70	4.35	4.78	5.22	5.65	6.09	6.52
25	0.68	2.03	3.38	4.73	5.75	6.76	7.44	8.11	8.79	9.47	10.14
30	1.02	3.05	5.09	7.13	8.66	10.18	11.20	12.22	13.24	14.26	15.27
35	1.50	4.51	7.52	10.52	12.78	15.03	16.54	18.04	19.54	21.05	22.55
40	2.19	6.57	10.95	15.34	18.62	21.91	24.10	26.29	28.48	30.67	32.86

表4－8 投资收益率为10％时TSP账户的替代率水平估计

缴费年限	缴费率										
	0%	1%	2%	3%	4%	5%	6%	7%	8%	9%	10%
5	0.06	0.19	0.32	0.45	0.55	0.65	0.71	0.78	0.84	0.91	0.97
10	0.17	0.51	0.86	1.20	1.45	1.71	1.88	2.05	2.22	2.40	2.57
15	0.35	1.04	1.73	2.42	2.94	3.46	3.81	4.15	4.50	4.85	5.19
20	0.63	1.90	3.17	4.44	5.39	6.34	6.98	7.61	8.24	8.88	9.51
25	1.11	3.32	5.54	7.76	9.42	11.08	12.19	13.30	14.41	15.51	16.62
30	1.89	5.66	9.44	13.22	16.05	18.88	20.77	22.66	24.54	26.43	28.32
35	3.17	9.51	15.85	22.20	26.95	31.71	34.88	38.05	41.22	44.39	47.56
40	5.28	15.85	26.41	36.97	44.90	52.82	58.10	63.38	68.66	73.95	79.23

2. 英国公职人员的职业年金①

英国公职人员的职业年金历史悠久，十分发达。不仅公务员拥有多种职业年金计划，而且军队、法官、警察、消防员、教师、国民健康服务系统人员等公职人员也都有着自己的职业年金计划。从制度框架来看，英国公职人员的养老保障包括"基本养老保险"、"职业年金"和"自愿养老保险"三个层次，而职业年金是公职人员养老保险制度与其他群体养老保险制度相互区别的重要体现。在此，我们重点分析英国公务员的职业年金。

英国公务员养老保险制度是依据 1972 年《公务员年金法》建立起来的。在 2002 年 10 月之前，英国政府的公务员参加的是"公务员养老金计划（Principal Civil Service Pension Scheme，PCSPS）"。从 2002 年 10 月 1 日起，英国政府对公职人员的职业养老金计划进行了一系列改革，这包括将此前的公务员养老金计划（PCSPS）改称为"传统计划"，并推出了"优质计划"、"传统加值计划"、"伙伴养老计划"、"Nuvos 计划"等职业养老金计划。其中，"传统计划"、"优质计划"、"传统加值计划"属于原有的养老金计划，如今已不对新进雇员开放，而"伙伴养老计划"和"Nuvos 计划"则是针对新进雇员的现行计划。下面我们将依次介绍这些计划。

（1）传统计划（Classic）。

传统计划是原来公务员退休金计划（PCSPS）的延续，其参与者是在 2002 年 10 月 1 日以前任职的英国公务员。该计划属于确定待遇模式（DB）。其缴费率、退休年龄和养老金待遇规定如下：

第一，缴费率。加入传统计划的雇员每月的缴费比例是工资的 1.5%，这部分缴费是从雇员的税前工资扣除，因此雇员可以获得税收优惠。但是，该缴费的金额是用于当雇员死亡后补偿给雇员配偶的。雇主的缴费水平并不是固定的，而是根据雇员的级别和支出情况进行一定调整，目前是在 12%~18.5%。

第二，退休年龄。传统计划的退休年龄是 60 岁，可以在 50 岁或者 55 岁以上提前退休，但是提前退休时领取的养老金将会进行相应的扣减。每提前退休一年，养老金减少 5%。如果雇员的确因健康状况不能履职，可以提前退休而不扣减养老金。

第三，养老金待遇。传统计划是以雇员最后退休前的工资水平作为基

---

① 这部分的详细资料请参见 http：//www. civilservice. gov. uk/pensions/scheme - guides。

础，雇员在退休时会领取一笔退休金与一次性付款。其中，退休金的额度按照以下公式确定：退休金＝退休前工资水平×工作年限÷80；而一次性付款的额度则为每年退休金的3倍，并且是完全免税的。

（2）优质计划（Premium）。

优质计划适用于自2002年10月至2007年7月29日期间参加工作的公务员。从2007年7月30日起，优质计划不对新公务员开放。优质计划属于确定待遇制。

第一，缴费率。在任职期间，雇主和雇员共同缴费，其中雇主缴费占总缴费的大部分，缴费水平由精算师根据支付需要决定。雇员每月缴付个人收入的3.5%。和传统计划一样，雇员的缴费金额作为费用在税前扣除，可以享受到一定的税收优惠。

第二，退休年龄。正常退休年龄是60岁。在征得雇主同意的前提下，可以在达到退休年龄后继续工作，同时领取部分或者全部养老金，但是工资至少下降20%。

第三，养老金待遇。养老金的计算以退休前最后一年的收入为基础，雇员每服务一年，每年可获得的退休金为退休前最后一年收入的1/60，可计算养老金的最长服务年限为45年。雇员可以选择年金领取方式或者一次性领取方式。如果选择一次性领取，则雇员必须放弃一定数额的养老金（每领取12英镑的一次性养老金，需要放弃1英镑的养老金），但是一次性领取是免税的。

（3）传统加值计划（Classic Plus）。

传统加值计划只适用于在2002年10月1日以前任职于英国政府部门的公务员。传统加值计划兼具传统计划和优质计划的特点，属于确定待遇制。

第一，缴费率。如果雇员选择参与传统加值计划，那么在2002年10月1日之前，其缴费率为个人收入的1.5%，但是在2002年10月1日之后，其缴费率增加到3.5%。个人的缴费是强制的，如果雇员在退休时仍然单身，可以退换部分缴费。雇主承担大部分缴费。

第二，退休年龄。正常退休年龄与传统计划和优质计划相同，均为60岁。

第三，养老金待遇。养老金的计算以雇员退休前最后一年的收入为基础，可领取的金额取决于雇员退休前的收入和服务年限。雇员可以选择年金方式领取或者一次性领取。当选择一次性领取方式时，雇员必须放弃一定数额的养老金（每领取 12 英镑的一次性养老金，需要放弃 1 英镑的养老金）。

（4）伙伴养老金计划（Partnership）。

伙伴养老金计划只适用于 2002 年 10 月 1 日以后任职的公务员，是确定缴费型计划。

第一，缴费率。伙伴养老金计划是一种雇员自愿缴费但雇主负缴费义务的养老金计划。雇主的缴费为雇员个人收入的一定比例，缴费率根据年龄变化，具体见表 4 - 9。雇员向伙伴养老金账户的缴费没有限制，但是最高可以得到税收减免的缴费为 3 600 英镑。如果雇员缴费，那么雇主将进行相应的缴费匹配，最高匹配缴费额度达 3%。

表 4 - 9　　　　　　　英国公务员伙伴养老金计划的雇主缴费率

员工年龄	缴费比率（%）	员工年龄	缴费比率（%）
21 岁以下	3	36～40 岁	10
21～25 岁	4.5	41～45 岁	11.5
26～30 岁	6.5	46 岁及以上	12.5
31～35 岁	8		

第二，投资管理。伙伴养老金计划有三个提供者（pension provider），分别是 Scottish Widows、Standard Life 和 TUC/Prudential。它们提供不同类型的投资组合供雇员选择。如果雇员没有主动选择，那么将按照默认的投资方案进行。

第三，养老金待遇。雇员养老金的规模大小取决于多个因素，包括缴费金额、投资业绩、投资期限、所选择的年金种类。雇员可以在 55～75 岁之间选择领取养老金，不一定要等到退休。雇员可以一次性领取一笔免税的养老金，额度最高为养老金总额的 25%，其余部分用来购买年金。另外，如果雇员离开公务员岗位，可以带走养老金。雇员的养老金还可以用于留给后代。

（5）Nuvos 型计划（Nuvos）。

Nuvos 型计划只适用于 2007 年 7 月 30 日之后首次任职于英国政府部门的公务员。如果劳动者在 2007 年 7 月 30 日前参加了其他公务员养老金计划，那么即使他退出原来的计划，也不能加入 Nuvos 型计划。Nuvos 型计划是以雇员退休前最后收入水平为基础的确定待遇型计划。

第一，缴费率。Nuvos 型计划由雇主和雇员共同缴费。雇员在任职期间每月的缴费比率为 3.5%，并且享有税前扣除的优惠，最高税前扣除金额为 3 600 英镑。雇主承担大部分缴费，具体缴费水平由精算师根据计划的运作成本确定。

第二，退休年龄。Nuvos 型计划的规定退休年龄为 65 岁。如果雇员提前退休，那么其养老金将会进行相应扣减。如果雇员推迟到在 65 岁以后领取养老金，那么其养老金将会有所增长。雇员最早可以领取养老金的年龄为 55 岁。

第三，养老金待遇。根据 Nuvos 型计划的规定，雇员每工作一年，每年就可以获得退休前收入的 2.3% 的养老金，但是这一累计过程存在一个上限，雇员的养老金水平不得超过退休前最高收入水平的 75%。雇员每年所领取的养老金随着零售物价价格指数进行调整。雇员可以在退休后一次性领取 25% 的免税养老金，但是每领取 12 英镑的养老金，养老金规模就会减少 1 英镑。

3. 澳大利亚公职人员的职业年金①

澳大利亚公职人员养老金计划前后经历过公民退休金计划（Common-wealth Superannuation Scheme，CSS）、公共部门退休金计划（Public Sector Superannuation，PSS）以及公共部门退休金积累计划（Public Sector Superannuation Accumulation Plan，PSSap）三种不同的计划阶段。其中，公民退休金计划（CSS）和公共部门退休金计划（PSS）已经先后于 1990 年 6 月 30 日和 2005 年 6 月 30 日停止对公职人员开放，而公共部门退休金积累计划（PSSap）则是目前澳大利亚公职人员现行的退休金计划。有关 CSS、PSS、PSSap 的最新概况，详见表 4 - 10。

表 4 - 10　　澳大利亚公职人员退休金计划 CSS、PSS、PSSap 概况

（截至 2011 年 6 月 30 日）

	CSS	PSS	PSSap
建立日期	依据 1976 年《养老金法》于 1976 年 7 月 1 日建立	依据 1990 年《养老金法》于 1990 年 7 月 1 日建立	依据 2005 年《养老金法》于 2005 年 7 月 1 日建立
计划类别	混合型	待遇确定型	缴费确定型

---

① 关于 PSSap 的详细资料请参考 http://www.pssap.gov.au/。

续表

	CSS	PSS	PSSap
是否开放	1990 年 6 月 30 日停止	2005 年 6 月 30 日停止	2005 年 7 月 1 日开放
管理资金	超过 458 700 万澳元	超过 1 249 000 万澳元	超过 276 800 万澳元
会员数量	140 025	2 402 371	109 941
雇主数量	232	232	163

注：资料截至 2011 年 6 月 30 日。

从目前来看，无论在管理资金上，还是在会员数量上，PSS 计划都是澳大利亚最大的公职人员职业年金计划，然而考虑到 PSS 计划目前已经停止开放，PSSap 必将在未来超越 PSS，成为澳大利亚最大的公职人员职业年金计划。因此，我们这里重点考察 PSSap 计划的特征。

（1）缴费。

雇主必须为雇员的账户（super account）缴费，缴费比例为雇员工资总额的 15.4%（雇主可以根据自己的意愿进行更多缴费）。雇员可以自愿选择是否缴费，但缴费有上限（见表 4 – 11）。如果雇员的工资低于一定水平，并在通过税后收入进行缴费，那么政府将进行一比一的匹配缴费，直到达到上限 1 000 澳元。需要一提的是，PSSap 还允许雇主的配偶进行缴费，即使他（她）不是 PSSap 的会员。

表 4 – 11　　　　**PSSap 计划中雇员缴费的上限（2011 ~ 2012 年度）**

缴费方式	税前收入缴费 （concessional contributions）	税后收入缴费 （non-concessional contributions）
缴费上限	每年 25 000 澳元，或者对于 50 岁以上的雇员，每年 50 000 澳元	每年 150 000 澳元，或者对于 50 岁以下的雇员，3 年不超过 450 000 澳元

（2）投资管理。

PSSap 计划为雇员提供两种投资选择方式：事先确定的投资组合（pre-mixed options）和单项投资资产选择（individual asset class options）。其中，事先确定的投资组合包括信托型（trustee）、保守型、平衡型和进取型四种类型；单项投资资产选择则包括现金资产、政府债券、国际股票、国内股票、不动产等。雇员可以根据自己的退休时间、风险偏好等对这 11 种投资工具进行任意组合和变换。

PSSap 的投资管理主要由理事会负责，该理事会由七名成员构成，其中理事会主席具有独立身份，三名成员由澳大利亚全国总工会（ACTU）提名，三名成员由雇主提名。PSSap 理事会面向市场挑选投资经理，并在投资的过程中坚持"全球视野、长期持有、分散投资、结构化"的原则。

（3）退休金领取条件。

PSSap 是一个长期的投资计划，雇员通常只有在达到了退休年龄并且永久退休之后才能够领取退休金。具体而言，雇员领取退休金时需要满足如下条件之一：

第一，达到了法定最低退休年龄（见表 4 – 12）；

第二，年满 60 岁并且不再工作；

第三，在法定最低退休年龄之后退休；

第四，因为失能获准退休并且经确认符合 PSSap 计划的失能领取资格；

第五，遭遇严重的财务困境或者政府认定的特殊情形；

第六，雇员更换工作或者账户余额低于 200 澳元；

第七，已达到法定最低退休年龄并继续工作的雇员，只能以年金方式领取；

第八，过去曾经拥有短期的居留身份，但是将永久离开澳大利亚的外国居民。

当雇员出现如下情形时，可以提前领取养老金：第一，遭遇值得同情的变故；第二，发生永久残疾；第三，死亡。

表 4 – 12　　　　PSSap 的法定退休年龄（preservation age）

出生日期	法定退休年龄
1960 年 7 月 1 日之前	55
1960 年 7 月 1 日至 1961 年 6 月 30 日	56
1961 年 7 月 1 日至 1962 年 6 月 30 日	57
1962 年 7 月 1 日至 1963 年 6 月 30 日	58
1963 年 7 月 1 日至 1964 年 6 月 30 日	59
1964 年 7 月 1 日及之后	60

（4）退休金水平。

由于 PSSap 是缴费确定型计划（DC），因此雇员的账户金额将由以下因素共同决定，详见表 4 - 13。

表 4 - 13　　　　　　　PSSap 计划账户金额的影响因素

	雇主的缴费
+	雇员的缴费
+	任何匹配缴费以及转入金额
+	投资收益
-	各种费用
-	保险费（如果存在）
-	税收
=	账户金额

4. 丹麦公职人员的职业年金[①]

丹麦的公务员养老保险制度由三个层次构成，其中第一层次是公共养老金制度（public old-age pension），给付对象为 65 岁以上的国民，属于待遇确定型计划（DB）；第二层次是公职人员职业年金，它又包含 DB 性质的公务员退休金制度（civil service pension scheme）以及 DC 性质的 ATP（Arbejdsmarkedets Tillaegspension）计划；第三层次则是个人自愿储蓄计划。我们这里主要分析丹麦的公务员退休金制度和 ATP 计划的基本特征。

（1）公务员退休金制度。

第一，缴费。丹麦的公务员退休金是一个待遇确定型计划（DB），它由雇主也即政府缴费，缴费比例为雇员工资的 20.3%（2005 年），而雇员不需要缴费。

第二，退休年龄。雇员的法定退休年龄为 65 岁，强制退休年龄为 70 岁，但雇员可以提前至 60 岁退休。

第三，退休金给付方式。主要以年金的形式给付，限制一次性领取。

第四，退休金计算方式。

年金的计算。第 1～16 年，每年给付 1.75%；第 17～32 年，每年给付

---

① 这部分内容参考了台湾政治大学王丽玲教授的研究报告《先进国家公务人员退抚制度之研究》（2009 年）。

1.5%；第33~37年，每年付给1%，最高退休金可达雇员工资的57%。

死亡抚恤金的计算。若公务员去世，则在世的配偶可领取退休金总额的71%作为补偿。另外，对于退休的公务员或已逝的公务员，其未满21岁的子女可领取给付金直至年满21岁，孤儿则享有2倍的给付金。

（2）ATP计划。

ATP计划从1964年开始正式实施，它是丹麦政府明令规定需要强制加入的补充性职业年金。ATP计划面向所有特定年龄阶段的雇员，公职人员也包括在内。

第一，缴费。ATP计划的缴费由雇主和雇员共同完成。其中，雇主缴费的额度是雇员缴费额度的两倍。比如，如果雇员参加一份全职工作（每月至少工作117小时），那么他每月将缴纳90丹麦克朗，而雇主每月缴纳180丹麦克朗，每月共计缴费270丹麦克朗。

第二，退休金水平。ATP计划的账户金额主要取决于雇主和雇员的缴费金额以及投资运作的收益等因素，因此雇员的账户金额是不确定的。如果雇员每年的税前养老金额度低于2 550丹麦克朗，那么雇员可在达到法定年龄后一次性领取。

第三，退休金领取时间。详见表4-14。

表4-14   ATP退休金的领取时间

出生日期	ATP退休金的领取时间
1958年12月31日及以前	65
1959年1月1日至1959年6月30日	65.5
1959年7月1日至1959年12月31日	66
1960年1月1日至1960年6月30日	66.5
1960年7月1日至1962年12月31日	67+（视平均余命调整）

第四，退休金领取方式。可以选择年金方式领取或者一次性领取，但无论哪一种方式，都要扣除一定比例的税收成本。

第五，死亡抚恤金。当雇员死亡之后，ATP将会向雇员的配偶以及未成年孩子一次性支付死亡抚恤金（必须扣除40%的遗产税）。

（三）国外公职人员职业年金发展的经验总结

1. 基本养老保险的"融合"促进了公职人员职业年金的发展

从各国的经验来看，公职人员职业年金比较发达的国家，基本上都是公职人员的养老保险制度与其他群体的养老保险制度存在着融合的国家。需要注意的是，这里的"融合"并非指公职人员与其他群体在整个养老保险制度上的完全统一，而是指在第一层次养老保险制度也即基本养老保险制度上的完全统一。而在第二层次养老保险制度上，公职人员的职业年金计划往往会体现出政府的雇主责任和职业的特殊性，注重保障的福利性，并与私人部门的职业年金计划保持一定的差异。比如，美国联邦政府雇员除了参与具有国民年金性质的"老年、遗属、残疾保险计划（OASDI）"之外，还可同时分别参与具有 DB 性质的"联邦雇员退休制度（FERS）"和具有 DC 性质的"联邦节俭储蓄计划（TSP）"两项职业年金计划。不仅如此，在"联邦雇员退休制度（FERS）"中，政府负绝大部分缴费责任，而联邦雇员的缴费责任非常低。显然，相比于私人部门雇员的职业年金，美国联邦雇员的职业年金计划在待遇上更为优厚。事实上，在当前各国养老保险制度朝着"多层次化"趋势发展的背景下，适度维持公职人员职业年金的特殊性，不仅有助于政府增强自身对人才的吸引力，也有助于公职人员提高自身的养老保障水平。

2. 从现收现付制向基金积累制转变

由于公职人员职业雇佣关系的特殊性，各国政府通常都对公职人员提供比较优厚的养老保障，而资金来源主要通过现收现付制来实现的。然而，在人口老龄化的背景下，政府所面临的财政支付压力越来越大，这使得现有的养老保险制度难以维持。因此，一些国家在公职人员职业年金计划中开始引入基金积累的因素，强调个人的缴费责任，将权利和义务结合起来。比如，澳大利亚在 2005 年所推出的公共部门退休金积累计划（PSSap）就明确引入积累因素，这与此前的现收现付制计划有着明显的不同。

在基金积累制下，公职人员的账户价值与投资业绩之间有着密切的联系，选择优秀的投资管理人和制定合理的投资策略从而保证资金的保值增值变得异常重要。因此，这些引入积累制的职业年金都将投资管理作为一项战略工作，努力在投资管理人中形成竞争机制，并注意加强对参与者的投资知识教育。

总体而言，目前各国公职人员职业年金中实行现收现付制的仍然占多数，而实行基金积累制的占少数。

3. 从待遇确定型向缴费确定型计划转变

与"现收现付制向基金积累制转变"这一趋势相伴随的是，一些国家公职人员职业年金也在从待遇确定型向缴费确定型计划转变。在待遇确定型计划下，公职人员退休后的养老金待遇主要受工作年限、工资水平等因素的影响，与个人的缴费多少没有必然联系，公职人员甚至不需要有任何缴费。尽管待遇确定型计划操作起来比较方便，然而，随着政府财政所带来的压力的不断增加，部分国家开始在公职人员职业年金中引入缴费确定型计划，逐步转变此前过多依赖政府的责任分担机制，增加公职人员个人缴费的责任。缴费确定型计划的引入和增加，使得公职人员个人缴费的行为与退休后的养老金待遇之间产生了关联，这对增强公职人员养老风险意识、激励公职人员积极缴费进而减轻政府财政负担起到了积极的作用。比如，美国的联邦节俭储蓄计划（TSP）和澳大利亚的公共部门退休金积累计划（PSSap）都是典型的缴费确定型职业年金，而在它们出台之前，美国联邦的公职人员和澳大利亚公职人员的职业年金主要是待遇确定型的。

4. 强调职业年金的法制建设

养老保险制度是一项法制化很强的事业，法制建设的完善与否，直接决定了养老保险制度的运行成效。职业年金作为公职人员养老保险制度的组成部分，同样离不开法制建设的基础作用。从国际经验来看，各国在职业年金计划正式建立之前，往往都会出台相应的法律法规作为实施依据和行动指南。比如，美国的联邦雇员退休制度（FERS）和联邦节俭储蓄计划（TSP）的出台是以美国《社会保障法》的修订作为前提的。澳大利亚的公民退休金计划（CSS）、公共部门退休金计划（PSS）和公共部门退休金积累计划（PSSap）的建立都是以该国《养老金法》的相应修订作为依据的。丹麦的ATP计划更是由政府出台专门的法律强制推行。总之，各国公职人员职业年金的发展过程，同时也是职业年金法制建设的建立和完善过程。

需要补充的是，考虑到公职人员（特别是公务员）的职业特殊性，不少国家在公职人员职业年金法制建设的过程中注意将其与其他国民区分开来。

5. 坚持"增量改革、平稳过渡"的发展思路

所谓"增量"，是相对于"存量"而言的。我们这里所指的"存量"是指已经建立和运行的职业年金计划。因此，所谓"增量改革、平稳过渡"，是指各国在公职人员职业年金制度改革的过程中，基本遵循"渐进式改革"的原则，避免因为"休克式改革"而造成社会震动，从而实现新旧制度的平稳过渡。比如，在1987年1月1日前，美国公职人员参加的职业年金是公职人员退休制度（CSRS），而自1987年1月1日开始，美国政府推出了针对联邦政府公职人员的联邦雇员退休制度（FERS），为了保证两项制度的顺利过渡，美国政府规定所有于1983年12月31日以后参加工作的"新雇员"均自动包括在新制度内，其余未包括进来的"老雇员"则可自由选择是否参与。联邦政府提供转换权给原本在公职人员退休制度下的员工，让他们可以从公职人员退休制度转化到联邦雇员退休制度。再比如，在2002年10月1日之前，英国公务员仅能参加"传统计划（Classic）"这一职业年金，然而，从2002年10月1日之后，新参加工作的公务员就不能加入该计划，而是必须参加"优质计划（Premium）"、"伙伴养老金计划（Partnership）"等其他职业年金。

三、我国机关事业单位职业年金的制度设计与配套改革

在本章第一部分我们已经提出，我国机关事业单位养老保险制度的改革目标，是建立起类似于企业职工养老保险的多层次养老保险体系。其中，第一层次是基本养老保险制度，第二层次是职业年金，第三层次是商业性养老保障。要保证这一制度体系顺利建立，就必须加快推进公职人员职业年金建设，因为它不仅是破解当前机关事业单位"福利刚性"难题的重要突破口，也是实现我国机关事业单位养老保险制度长期可持续发展的制度创新。在这一部分，我们将首先探讨我国职业年金的制度设计，然后对我国公职人员职业年金所需要的配套改革进行讨论。

（一）我国机关事业单位职业年金的制度设计

在广泛借鉴国外公职人员职业年金发展经验的基础上，我们对我国机关事业单位职业年金的制度设计提出如下方案：

1. 实施对象与制度转轨

为了保证职业年金的顺利实施和新老养老保险制度的顺利过渡，我国应坚持"新人新办法、老人老办法"的"增量改革"原则。也即，我国的职业年金计划应针对最新参加工作的"新人"；对于方案实施前已经退休的"老人"，则应继续适用原有退休制度；对于方案实施时尚未退休的在职"中人"，则应赋予他们在新旧两种制度进行选择的权利。

根据我国养老保险制度的改革经验，"中人"的认同是新旧制度顺利转

轨的关键。因此，我们需要依据在职的公职人员的服务年限和工资水平，将其转换为一定数量的个人账户余额，尽可能地保证他们的利益不受损害，从而实现新旧制度的顺利对接。

2. 计划类型

从职业年金发展的国际经验来看，待遇确定型计划（DB）与缴费确定型计划（DC）二者各有优劣。具体而言，待遇确定型计划（DB）能够实现预先确定的替代率水平，但是却不利于劳动力的流动，并且可能加大政府财政负担，而缴费确定型计划（DC）的养老金权益透明，便于携带，但是却不能保证替代率水平。因此，尽管当前各国公职人员职业年金正从待遇确定型计划（DB）向缴费确定型计划（DC）转变，但是很少有国家的公职人员完全采取缴费确定型计划（DC）。基于此，我们认为我国的职业年金不应是单一的待遇确定型计划（DB）或者缴费确定型计划（DC），而是可以设计成二者的混合类型，也即混合型计划。混合型计划兼具 DB 和 DC 的优点，不仅能够确保公职人员获得预先设定的待遇水平，而且能够使养老金权益透明化，并激励雇员积极缴费。

3. 筹资缴费

强调公职人员的缴费责任，强化养老金与个人缴费之间的联系，这些国际经验同样是我国公职人员职业年金发展中所应该坚持的原则。筹资缴费主要涉及两个问题：缴费基数和缴费比例。

就缴费基数而言，我们可以考虑采用公职人员的月平均工资作为缴费基数，由公职人员所在单位每月从工资中扣除。

就缴费比例而言，它主要取决于我们对职业年金所设定的目标替代率。一般而言，职业年金的目标替代率设定越高，公职人员所缴纳的保险费水平就越高。至于具体的缴费标准，需要我们在确定目标替代率、缴费年限、投资收益率（利率）这些参数之后依据精算原则进行测算。

另外，考虑到我国机关事业单位不仅有中央和地方的行政级别之分，而且还存在着不同行业的性质之分（比如公务员、教师、医生、军队等），因此，我们职业年金的缴费水平不应"一刀切"，而是应该允许不同级别、不同行业职业年金的缴费水平存在一定差异。

4. 治理结构

从世界范围来看，英、美等不少国家公职人员的职业年金基本采取了信托型的管理模式，将职业年金委托给外部治理机构（各类金融机构），使其按照委托人的意愿进行管理和运用。我国的企业年金也采取了信托型的管理模式。实践表明，信托型管理模式有助于确保职业年金财产的法律独立性，充分发挥投资机构的专业优势，降低各种运营成本。基于以上考虑，我国公职人员职业年金也可以考虑采用信托型的管理模式。在这一模式中，居于核心地位的机构是公职人员职业年金理事会。职业年金理事会由来自多方面的代表组成，主要负责职业年金的投资管理、账户记录、转换接续、养老金发放等事务。职业年金理事会的运作要受到监管机构的监督（可在人力资源和社会保障部下设职业年金监管部门），并定期接受独立审计机构的审计。

5. 税收优惠

为了激励公职人员积极缴纳养老保险费，减轻政府财政负担，我国可以考虑采用税收优惠的激励手段。职业年金的税收激励主要运用在两方面：一是允许公职人员的缴费在税前进行列支，降低他们实际承担的所得税费用；二是对公职人员的缴费、投资等环节给予免税处理，只对养老金领取环节纳税，也即允许税收递延。另外，为了避免税收优惠所带来的负面激励，我们应该对税收优惠的金额及比例的上限进行规定。

6. 投资运作

为了保证公职人员职业年金的保值增值，我国应该对职业年金的投资运作出台专门的管理办法，进行严格的监督管理。一方面，我们应该对职业年金的投资运作流程、风险管控、投资对象和投资比例、信息披露等重要内容进行明确的规定，从而确保资金的安全；另一方面，还应该不断拓宽投资渠道，包括为职业年金发行专门的金融产品，从而实现职业年金资产的保值增值。

7. 待遇调整

由于职业年金的待遇与缴费水平、投资收益等存在直接关联，有着明显的基金积累性质，职业年金的待遇调整应以物价水平（如居民消费价格指数）作为参照标准，而不能简单地根据工资增长进行调整，否则容易导致职业年金计划的财务失衡。另外，公职人员职业年金的待遇调整方式应该与我国企业年金的待遇调整方式相协调，避免成为拉大群体间养老金待遇的新源头。

8. 转移接续

养老金的转移接续主要是指公职人员在不同地区调动时以及公职人员的职业身份发生变动时的养老保险制度转换。从理论上说，在我国公职人员多层次的养老保险体系确立之后，公职人员与企业职工在第一层次即基本养老保险层次上将实现完全对接，那么一旦公职人员发生地区调动或者职业身份变动时，其养老金的转移接续将集中体现在第二层次即职业年金个人账户的转移上，这将大大降低养老金转移接续的成本，有利于促进劳动力的合理流动。

9. 领取方式

职业年金的养老金可以采取两种领取方式：一次性领取和年金式领取。考虑到过于普遍的一次性领取现象不利于维持公职人员退休后的稳定生活，因此管理机构应该采取适当措施限制过多的一次性领取情形出现，比如可以考虑在公职人员一次性领取养老金时对养老金进行一定的扣减作为惩罚，提高一次性领取的成本，从而鼓励采取年金式领取的方式。

（二）机关事业单位职业年金发展所需的配套改革

机关事业单位职业年金的发展是一项系统工程，它需要多种相关制度的协调配合。但从目前的情况来看，由于我国在事业单位体制、公务员人事制度、公务员工资福利制度等方面的改革相对滞后，制约了我国机关事业单位职业年金的发展。

1. 机关事业单位职业年金发展所面临的外部障碍

第一，事业单位体制改革进展迟缓。事业单位体制改革和养老保险制度改革之间存在着密切的联系。一方面，事业单位体制改革本身要求养老保险制度的改革；另一方面，如果不对养老保险制度进行改革，事业单位体制改革也很难顺利推进。具体到公职人员职业年金的发展而言，如果不加快事业单位在人事管理、收入分配、机构编制、财税政策等方面的体制改革，那么公职人员职业年金的推进必将受到制约。

2008 年 3 月，国务院关于《事业单位工作人员养老保险制度改革试点方案》的通知提出，为提高事业单位人员退休后的生活水平，增强事业单位人才竞争能力，在参加基本养老保险的基础上，事业单位建立工作人员职业年金制度，同时明确山西、上海、浙江、广东、重庆为首批 5 个试点省市。但是，由于事业单位体制改革尚无突破，事业单位养老保险制度改革试点工作也停滞不前。

第二，公务员人事制度改革滞后。公务员人事制度改革是公务员养老保险制度改革的重要保障。目前我国公务员的人事制度带有浓厚的计划经济色彩，存在着机构臃肿、人员流动不畅、选拔机制不合理、退出机制不完善等诸多问题。这些问题制约着我国公务员养老保险制度的改革进程。

第三，公务员工资福利制度有待完善。尽管公务员的工资福利与养老保险都是公务员薪酬的组成部分，但是工资福利的合理与否直接影响着养老保险制度的建立。具体而言，养老保险作为一种延迟的劳动报酬，它通常是以工资作为基础的，二者之间存在着正向关联，而这种关系有助于激励公职人员认真工作，并积极参加养老保险。然而，从当前我国的情况来看，公务员的工资收入普遍偏低，但福利收入却很高，也即存在着工资与福利倒挂以及"多补贴、滥福利"现象，不能有效地激励公务员参加养老保险制度。

2. 配套改革

要加快我国机关事业单位职业年金的发展进程，我们就必须正视并克服这些障碍，为职业年金的发展创造良好外部条件。

第一，推进事业单位分类制改革。从最新进展来看，2011年我国颁布的《关于分类推进事业单位改革的指导意见》已经明确了事业单位体制改革的基本方向，那就是：按照政事分开、事企分开和管办分离的要求，以促进公益事业发展为目的，按照社会功能将现有事业单位划分为承担行政职能、从事生产经营活动和从事公益服务三个类别，并在此基础上对其进行多方面改革和创新，不断满足人民群众和经济社会发展对公益服务的需求。根据该《意见》，在2011～2015年，我国要在清理规范基础上完成事业单位分类，为实现改革的总体目标奠定坚实基础；到2020年，我国要建立起功能明确、治理完善、运行高效、监管有力的管理体制和运行机制，形成基本服务优先、供给水平适度、布局结构合理、服务公平公正的中国特色公益服务体系。

第二，深化公务员人事制度改革。这主要包括：一是要推进公务员分类管理模式，将传统的公务员"大一统"管理模式划分成综合管理类、行政执法类、专业技术类等不同管理模式，在此基础上实施合同聘任制，实行公开招聘、竞聘上岗、按岗聘用、合同管理；二是要建立和完善科学的绩效评估体系，通过评估主体、评估方法、评估内容等方面的创新，使考核评估体系真实地反映出公务员的能力和业绩，从而让成绩突出、德才兼备的公务员能够脱颖而出；三是要健全公务员退出机制，通过完善退休机制、规范辞职和辞退机制，使公务员能进能出，有进有出。

第三，加强公务员工资福利制度改革。这主要包括：一是要根据经济和社会发展情况，及时、合理地调整公务员的基本工资水平，并建立制度化的工资增长机制，使其与经济和社会发展相适应；二是要在提高公务员基本工资的同时，严格控制津贴、补贴在公务员薪酬中所占的比重，严禁财政预算外的不合理收入、隐性收入，逐步消除隐性福利，实现福利的货币化；三是要加强公务员工资福利的监督管理，提高公务员工资福利管理的法制化水平。

■ 结　语

本章对我国机关事业单位职业年金的构建问题进行了探讨。近年来的实践已经表明，我国机关事业单位的现行养老保险制度已经暴露出诸多弊端，与其他群体的养老保险制度不相适应，而要克服这些弊端、实现机关事业单位养老保险制度的可持续发展，我们就必须对其进行"结构性改革"。在这一改革过程中，职业年金有助于克服我国机关事业单位员工群体的"福利刚性"难题，实现帕累托改进。

从国际范围来看，受到人口老龄化、财政负担趋升、养老金待遇不平衡等因素的影响，各国政府对公职人员养老保险制度进行了诸多改革，其中的一个改革趋势就是建立与发展公职人员职业年金。通过考察美国、英国、澳大利亚、丹麦等职业年金计划比较发达的国家的经验，我们发现其中存在着一些共同特征，包括从现收现付制向基金积累制转变、从待遇确定型向缴费确定型计划转变、强调职业年金的法制建设、坚持"增量改革、平稳过渡"的发展思路等。

在借鉴国际经验的基础上，本章从实施对象、计划类型、缴费筹资、治理结构、税收优惠等多个方面对我国机关事业单位职业年金的制度设计提出了实施方案，并探讨了我国机关事业单位职业年金发展所需的配套制度改革，包括事业单位分类制改革、公务员人事制度改革以及公务员工资福利制度改革等。

本章参考文献：

1. 陈宗利：《机关事业单位养老保险制度探析》，载《经济师》2006 年第 8 期。

2. 葛延风等：《中国机关事业单位养老金制度改革研究——一种方案设计》，外文出版社 2003 年版。

3. 龙玉其：《公务员养老保险制度国际比较研究》，社会科学文献出版社 2012 年版。

4. 卢驰文：《机关事业单位养老保险改革的制约因素与策略选择》，载《理论探索》2011 年第 5 期。

5. 王丽玲：《先进国家公务人员退抚制度之研究》，台湾政治大学研究报告，2009 年。

6. 王晓军、乔杨：《我国企业与机关事业单位职工养老待遇差距分析》，载《统计研究》2007 年第 5 期。

7. 郑秉文：《"碎片化"或"大一统"——英、法、美社保模式的比较》，载《中国社会科学院报》2009 年 4 月 30 日第 7 版。

8. 郑秉文：《事业单位养老金改革路在何方》，载《河北经贸大学学报》2009 年第 5 期。

9. 郑秉文、孙守纪、齐传君：《公务员参加养老保险统一改革的思路——"混合型"统账结合制度下的测算》，载《公共管理学报》2009 年第 1 期。

10. 郑功成主编：《中国社会保障改革与发展战略（养老保险卷）》，人民出版社 2011 年版。

11. Carvalho Pinheiro, V., 2004, "Pension Funds for Government Workers in OECD Countries", OECD Working Paper.

12. Mitchell, O. S. and G. Anderson, 2009, The Future of Public Employee Retirement Systems, Oxford University Press.

13. OECD, 2007, "Public Sector Pensions and the Challenge of an Ageing Public Service", OECD Working Papers on Public Governance.

14. Palacios, R. and E. Whitehouse, 2006, "Civil-service Pension Schemes around the World", World Bank Social Protection Paper, No. 0602.

15. Ponds, E., C. Severinson and J. Yermo, 2011, "Funding in Public Sector Pension Plans: International Evidence", OECD Working Papers on Finance, Insurance and Private Pensions, No. 8, OECD Publishing.

第五章

年金市场Ⅲ：商业年金的模式与变革

引 言

随着 30 多年来我国经济的快速增长，我国的商业年金市场也取得了长足的进步。作为养老保障体系的重要支柱，商业养老年金保险与基本养老保险及企业年金一同承担起了为居民养老提供基本收入来源的任务。我国的养老体系与国际上通行的"三支柱"体系基本类似，其中社会基本养老保险均由政府的社会保障部门专门管理。除此之外，还包括由企业为雇员提供的企业年金和由个人自愿购买的商业年金。然而，我国的情况略有不同，在2000 年之前，中国并没有一个实际意义上的"企业年金"，只是由商业保险公司销售的团体养老保险和政府部门主管的企业补充养老保险。在 2000 年，国务院颁布了《关于完善城镇社会保障体系试点方案的通知》，正式将之前的"补充养老保险"改名为"企业年金"，并维持原有的团体养老保险。4 年之后，劳动和社会保障部颁布了《企业年金试行办法》并与银监会、证监会和保监会一同颁布了《企业年金基金管理试行办法》，要求将之前社会保障部门所管理的企业年金转交由专业的养老金公司、信托公司、投资基金等金融机构进行商业化的运作。由此，我国的"企业年金"正式被独立出来，形成我国养老保障体系的"第二支柱"。在前面的章节，我们已经着重讨论了我国企业年金的发展历史、现状以及展望。本章所指的商业年金，包括商业团体养老保险和商业个人年金两类产品。我们将主要分析其历史发展和现状，并结合国际经验来讨论我国商业养老年金目前面临的困境和未来发展方向。

一、中国商业年金的历史与现状

（一）商业年金的概念界定

目前，国际上并没有专门对商业年金的定义。商业年金通常包括两大类，一类是商业养老保险（由保险公司经营，分为：个人商业养老保险、团体商业养老保险）；另一类是个人养老计划（不局限于保险公司，可由相关金融机构经营）。

目前，在中国，商业年金模式主要是商业养老保险，即包括：个人商业养老保险、团体商业养老保险。商业养老保险从形式上看是寿险产品的一种特殊形式，一般是由投保人先进行一次性或是多次的缴费，再从合约约定时间开始，持续、定期领取养老金的寿险产品。其主要目的是在对投保人的资产进行保值增值的基础上，为其提供稳定的现金流。由于此类产品通常是为投保人在退休养老时提供收入，因此，在我国通常被称为养老年金保险。在国外，一般称为"Life Annuity"。

商业年金的分类方式有很多种，按照年金的缴费方式可分为趸缴年金和期缴年金；按照年金的支付可分为固定金额年金和变额年金；按照年金的给付开始时间可分为即期年金和延期年金；按照投保人的人数可分为单个体年金和多个体年金；按照销售方式可分为团体商业养老保险和个人商业养老保险。

国际上比较通行的第三支柱中所指的商业年金一般是指个人在工作期间以养老为目的进行储蓄和投资并在退休后将累积所得年金化领取。欧美一些国家的做法通常是为个人建立个人养老计划，由个人在工作期间进行缴费，退休后再从养老计划中提取作为养老收入。由于这些国家的个人养老计划一般会在领取养老金时对个人进行征税，所以为了降低税收支出，个人通常会在退休后将养老计划中的累积金额购买商业年金。除此之外，保险公司也销售自愿性的商业养老年金。

由于我国尚没有建立起个人养老计划，因此，我国"第三支柱"商业年金目前所采取的主要形式是由保险公司经营的商业养老保险，其中包括个人商业养老保险和团体商业养老保险。这与国际上通行的第三支柱略有不同，我国的商业年金除了面向个人的养老保险之外，还包括了由企业购买的团体养老保险①。本部分主要对团体商业养老保险和个人商业养老保险进行讨论和分析。

（二）团体商业养老保险的历史和现状

1. 发展历程

我国的团体商业养老保险历史并不长，是从经营企业补充性养老保险的业务开始发展起来的，最早的一份团体商业养老保险业务可以追溯到 20 世纪 80 年代。当时，由中国人民保险公司上海分公司在 1982 年开始销售"城镇集体企业职工法定养老金保险"。1984 年，中央财经领导小组正式作出决定，集体所有制职工养老保险由中国人民保险公司统一进行经营。随后的几年间，各个省市政府纷纷出台了相应的集体职工养老保险的暂行规定或实施办法。最初的团体养老保险市场比较混乱，主要是因为各地区各部门出于自身利益而争抢职工养老保险的办理权，使得商业养老保险公司和一些政府部门各自为政，产生了政策性经营和商业化经营不分的局面。

此后，中国人民保险公司先后推出了城市统筹养老保险、"三资"企业职工统筹养老保险、全民固定工统筹养老保险等险种。2000 年，国务院颁布了《关于完善城镇社会保障体系试点方案的通知》，将"补充养老保险"改名为"企业年金"，4 年之后，劳动和社会保障部颁布了《企业年金试行办法》，将企业年金和团体养老正式区别开来。21 世纪初始，由于中国资本市场的发展加速，一些个人投资连结型保险开始热销，市场上也相应地出现了附加投资增值的团体养老保险产品，例如，2001 年 3 月，平安保险公司推出了团体退休金投资连结保险产品；中国人寿保险公司也推出了"国寿团体年金保险"（分红型）；中国太平洋保险公司开发了团体万能寿险产品②。由于此类具有投资性质的团体养老保险为投保人的保单提供了潜在的升值空间，投保人的预期收益相比传统团体年金保险要高。这种团体年金保险产品一经推出便引起了多方的兴趣和关注。这段时间所发行的团体年金保

---

① 在国际上，团体养老保险一般属于第二支柱的范畴。

② 孙祁祥、郑伟等著：《中国社会保障制度研究——社会保险改革与商业保险发展》，中国金融出版社 2005 年版，第 180 页。

险大多采用独立账户进行管理，并按照某保障型的年收益率来为独立账户设立一个保底的收益水平，当实际收益率超过保底年收益率时，保险公司会按照比例将收益计入个人的独立账户。而且，团体年金保险通常会因为较低的管理成本而收取低于个人年金保险的保费，这使得团体年金保险为投保人提供了较好的安全性和保值增值性。2003 年之后，企业年金的地位逐渐确立，商业化进程加速，各家商业保险公司均在原有的团体年金基础之上适应于企业年金的规范进行调整，并逐渐向企业年金倾斜。

2. 基本现状

目前我国的团体养老保险的发展正处于一个十分艰难的时期。由于我国团体养老保险的主要业务形态仍然是为企业提供除企业年金之外的补充养老保险，其主要的销售对象也一直定位为城镇企事业单位。这局限了团体养老保险的市场，使得团体养老保险产品需要和企业年金开展竞争。随着我国企业年金的不断发展，企业年金与团体养老保险两种模式之间的区别已经越来越小。由于职工和企业在购买企业年金时享有部分的税收优惠政策，这使得一些大型国有企业更愿意用企业年金的形式来替代团体养老保险。近些年，企业年金对团体养老保险的挤出作用日益显现，这造成了团体商业养老保险的业务规模有逐年下滑的趋势。根据统计，截至 2009 年底，团体养老保险业务的总规模为 270 亿元，规模不及 2003 年的水平。不仅总体规模发展停滞，团体养老保险在寿险公司中的占比也越来越小。以平安集团为例，在其开设专业养老保险公司之前，团险业务部门一直隶属于平安人寿。然而，其团险业务（含团体健康险和团体养老保险）占人身保险保费总收入的比重逐年下降，从 1996 年的 87% 下降至 2005 年的 20.44%。因此，包括平安集团在内的一些寿险集团也逐渐将自己的团体年金保险业务从寿险公司转移到专业养老保险公司，希望能够利用团体养老保险和企业年金在业务与渠道上类似的特点，降低成本。尽管如此，团体养老保险的市场正在不断萎缩，逐渐丧失优势。

（三）个人商业养老保险的历史和现状

1. 发展历程

个人商业养老保险，是一种由个人或家庭自愿购买的商业保险，在国内有时也被称为"商业养老年金"或"个人养老保险计划"。它是社会养老体系中的重要组成部分，在多支柱养老体系中扮演着"第三支柱"的角色。

尤其是当老龄化问题加剧时，个人需要为自己退休后的收入承担更多的责任，这使得个人年金保险从 20 世纪 70 年代开始在欧美国家获得了很大的成功。我国的个人商业养老保险发展相对滞后，最早的个人商业养老保险可以追溯至 1982 年。1982 年 8 月，中国人民保险公司上海分公司在上海集体企业职工中开展了个人养老保险业务，当年承保人数为 3 156 人，保险金额 158 万元，保费为 11 万元[①]。此后的十几年直至 2000 年，我国的个人商业养老保险被逐步确认为职工养老保障的重要组成部分。然而，尽管养老年金的保费一直在快速增长的过程中，但占人身保险公司的保费收入比例相当低，还处于初步探索阶段。2001～2007 年我国个人商业养老保险的年保费收入和当年的寿险原保费收入比较结果如表 5－1 所示。

表 5－1　　　　2001～2007 年我国个人商业养老保险市场年保费收入

年　　度	2001	2002	2003	2004	2005	2006	2007
个人商业养老保险保费[a]（亿元）	163	147	170	182.4	182.65	237	339
人身保险原保费[b]（亿元）	1 288	2 074	2 669	2 851	3 247	3 593	4 463
个人养老金保费占寿险保费比重（%）	12.66	7.09	6.37	6.40	5.63	6.60	7.60

注：a. 2001～2005 年资料来源：中国保监会，《2005 年中国人身保险发展报告》；2006～2007年资料来源：《2007 亚太地区养老金报告》。

b. 寿险原保费数据由中国保监会网站整理而得。

从个人商业养老保险占寿险总保费的比重变化趋势看，个人商业养老保险市场最近几年处于上升势头；但从绝对份额来看，还只占寿险总保费的一小部分，不足 10%。从这个角度来看，我国个人商业养老保险市场的发展还处于起步阶段。

1991 年，国务院颁布了《关于企业职工养老保险制度改革的决定》，明确了"随着经济的发展，逐步建立起基本养老保险与企业补充养老保险和职工个人储蓄性养老保险相结合的制度"。在养老制度的改革中，首次提到将个人商业养老保险作为职工养老保障的补充。1997 年，国务院颁布了

---

① 中国保险学会编：《中国保险史》，中国金融出版社 1998 年版。

《关于建立统一的企业职工基本养老保险制度的决定》，进一步明确："为使离退休人员的生活随着经济与社会发展不断得到改善，体现按劳分配原则和地区发展水平及企业经济效益的差异，各地区和有关部门要在国家政策指导下大力发展企业补充养老保险，同时发挥商业保险的补充作用"，再一次强调了商业养老保险对养老保障的补充作用。

2000 年之后，个人商业养老保险进入了加速发展的阶段，2001 年以来，个人商业养老保险的保费年平均增长速度达到 15%，已经超过了同期 GDP 的增长速度。2004 年 11 月，根据"入世"的承诺，保险业开始对外资全面开放，不仅开放了所有的业务范围，还允许外资人身保险公司提供健康险、团体险和养老金/年金业务。这为中资人身保险公司开展养老年金保险业务带来了冲击和竞争。同年，平安和太平作为首批养老保险公司宣告成立，随后几年，中国人寿、泰康、长江养老保险公司也相继成立，到目前为止，我国有五家养老保险公司。这些专业养老保险公司和外资保险公司的出现也加速了个人商业养老保险的发展。尤其是在 2007 年之后，各个养老保险公司加大了在养老保险市场中扩张的速度。3 月，平安养老保险公司先后获准在 10 个省市设立分公司，开始在全国扩展营业网点。同年，太平养老保险公司提高自己的注册资本达到 5 亿元。在此期间，国家从政策上也给予了极大的支持，国务院在 2006 年颁布了《关于保险业改革发展的若干意见》，要求保险业要加快改革发展，并提出要大力发展个人商业养老保险业务，为个人商业养老保险的发展提供了政策依托。同时，中国的资本市场投资前景向好，不少人身保险公司和专业养老金公司都在原有的固定利率养老产品基础上进行了修改和调整，加入了分红或万能险的投资功能，将固定利率转变为浮动利率来吸引更多的投资者。从 2008 年开始，由于资本市场的回落，一些个人商业养老保险的销售受到了影响，我国的商业养老年金市场进入一个调整期，增速有所放缓。尽管增速下降，但商业养老保险在保险体系和社会保障体系中的地位被确定。

2. 基本现状及特点

经过近三十年的发展，我国的商业养老保险已经有了很大幅度的提升。相应的政策法规也逐步健全。目前中国主要的保险公司都推出了个人养老年金保险的业务。表 5 - 2 是目前个人商业养老保险市场上几家主要中资和外资保险公司的养老年金保险产品列表。

表 5 - 2　　　　　　　　个人商业养老保险市场部分产品列表

公司	产品	投保选择				
		投保年龄	缴费期间	养老金领取年龄	养老金给付方式	养老金给付期间
中国人寿	国寿福禄满堂养老年金保险（分红型）	30 天 至 64 周岁	趸缴、5 年、10 年、20 年	50、55、60、65 周岁	固定金额或年增5%	20 年 或 至 85 周岁
	国寿鸿寿年金保险（分红型）	16 至 60 周岁	趸缴、10 年、20 年	55、60 周岁	固定金额	至 80 周岁
	国寿个人养老年金保险（分红型）	18 至 64 周岁	趸缴、5 年、10 年、20 年	50、55、60、65 周岁	固定金额或一次性领取	10 年 保底终身
	国寿鸿禧年金保险（分红型）	18 至 58 周岁	趸缴、5 年、10 年、20 年	55、60 周岁	固定金额	至 70 周岁
	国寿松鹤颐年年金保险（分红型）	28 天 至 65 周岁	5 年、10 年、20 年	50、55、60、65、70 周岁	固定金额	终身
中国平安	平安一生无忧年金保险（分红型）	0 至 60 周岁	3 年、10 年	即期	固定金额	终身
	平安金色年华年金保险（分红型）	28 天 至 55 周岁	5 年	第 5 个保单年	固定金额	25 年
	平安钟爱一生养老年金保险（分红型）	0 至 55 周岁	10、15、20 年交、交至领取日	50、55、60、65 周岁	固定金额	20 年 保证至 100 周岁
中国太保	鸿发年年全能定投理财计划	30 天 至 60 周岁	3、5、10、20 年缴	即期	固定金额	终身
	鸿利年年年金保险（分红型）	18 至 60 周岁	3、5、10、20 年缴	55、60 周岁	固定金额	至 80 周岁
	鸿瑞年年年金保险（分红型）	18 至 60 周岁	趸缴、3、5、10、20 年缴	40、45、50、55、60、65 周岁	固定金额或约定递增	至 100 周岁
	转换年金保险（分红型）	0 至 75 周岁	趸缴	3 个月后	固定金额	至 85 周岁或 100 周岁
	长寿年年年金保险	0 至 60 周岁	趸缴、10、20 年缴	40、45、50、60 周岁	固定金额	10 年 保底终身

续表

公司	产品	投保选择				
		投保年龄	缴费期间	养老金领取年龄	养老金给付方式	养老金给付期间
泰康人寿	财富人生终身年金保险（分红型）				固定金额	20 年保底终身
	乐享新生活养老年金保险（分红型）	18 至 60 周岁	趸缴、3、5、10 年缴	65、70 周岁	固定金额	终身
新华人寿	荣享人生养老年金保险（分红型）	30 天至 55 周岁	5、10、15、20 年缴	60 周岁	基本保额的 12%	至 88 周岁
友邦	金世无忧年金保险（分红型）	18 周岁至年金给付前一年		50、55、60、65 周岁	年增 5%	10 年或 20 年
中意人寿	友邦金福年金保险（分红型）	18 周岁至年金给付前一年		50、55、60、65 周岁	固定金额	10 年或 20 年
	年年中意年金保险（分红型）	30 天起根据缴费期间而定	趸缴、3、10、20 年缴	即期	固定金额	至 80 周岁
中英人寿	乐享年年年金保险（分红型）	30 天至 64 周岁	趸缴、3、5、10、15、20 年缴	55、60、65 周岁	年增 3%	至 105 周岁
	福瑞来年年金保险（分红型）	30 天至 64 周岁			固定金额	20 年保底至 99 周岁
	真心相伴年金保险（分红型）	30 天至 59 周岁		45、50、55、60 周岁	固定金额	至 88 周岁
	随心所享年金保险（分红型）	30 天至 59 周岁	趸缴、3、5、10、20 年缴	45、50、55、60 周岁	固定金额	20 年保底终身
光大永明	优享人生年金保险（分红型）	30 天至 60 周岁	5、10、15、20 年缴	50、55、60、65 周岁	年增 3%	至 85 周岁
	福运百年养老年金保险（分红型）	30 天至 64 周岁	趸缴、3、5、10、20、30 年缴或至领取前一年	50、55、60、65 周岁	年增 5%	20 年保底终身
	光大永明安享天年年金保险A（分红型）	18 至 59 周岁	趸缴、5、10、20 年缴	60 周岁	固定金额	至 70 周岁

从表 5-2 中，我们大体可以归纳出我国个人商业养老保险市场的产品有以下特点：第一，同时提供包括养老金、身故保险金和满期金等多种保障或给付。例如，投保者可以在退休后（一般为 55 岁或 60 岁）每年给付一定数额养老金，身故时给付身故保险金（金额一般远远不如普通终身寿险），到达一定高龄（一般为 80 岁或 88 岁）给付祝寿金或满期金。第二，附加一定的投资功能，大多数产品设计成分红险，让年金领取人参与公司利润的分享。分红部分的收益通常为浮动收益，分红额度无法预知，而且没有固定收益保障。第三，根据保单的实例演示可以看出，一份养老保险保单的缴费和给付数额大致为：缴费期为 10 年的保单，如果退休后每年领取额超过 10 000 元，之前每年缴费约 10 000 元，满期金一般为 10 万~20 万元。作为长期投资产品，收益率比较低。而且，在许多年金产品的演示案例中都预设被保险人的年收入为 15 万~20 万元或以上，产品面向对象为高收入人群。第四，大多数保单的给付保持不变极少数产品的年金给付随时间递增。如果年金的给付一直保持不变，会使得投保人面临较大的通货膨胀风险，降低投保人的实际投资收益率。这样的特点使得商业个人年金保险的产品缺乏吸引力：对于高收入的人群，他们有能力将自己的资金投资到具有更高收益的金融产品以获取较高的收益；对于中低收入的人群，缴费水平又相对比较高。这种特点使得商业个人年金的市场一直无法打开，尽管年保费一直保持递增的状态，但所占市场份额较小。

（四）商业年金发展面临的主要问题

1. 需求和供给均动力不足

从个人角度来看，居民参保意识和意愿均不强。意识不强是因为居民已经习惯于靠政府、靠企业、靠家庭进行养老。居民个人投资方式或者是购买股票基金等短期高风险投资产品，或者是存入银行、购买国债进行长期低收益的投资，没有购买年金保险进行长期投资的意识。意愿不强是因为居民购买商业养老保险时需采用税后收入，这与投资股票和银行储蓄没有区别。而商业养老保险受到保监会规定的寿险预定利率限制，其产品收益率相对金融市场上的其他产品收益率较低，相对流动性又比较差，这使得许多人不愿意购买商业养老保险。

从保险公司的角度来看，个人商业养老保险产品的主要销售渠道是通过保险代理。虽然部分商业养老保险的险种允许一次性趸缴，但大多数的养老保险产品都以期缴的形式进行销售。相比一些两全保险产品，代理人在初年所获得的佣金较少。因此，代理人在销售过程中会倾向于销售代理佣金较高的产品，而并不会去主动销售养老保险产品。这造成保险公司的产品开发部门在开发商业养老保险产品上的动力不足。

2. 市场竞争压力巨大

首先，团体险面临来自企业年金的竞争。我国的团体商业养老保险最初的设计是解决企业职工养老收入问题，是对社会基本养老保险的补充，起到了养老体系中第二支柱的作用。但随着社会保障制度的改革，企业年金担负起了为企业职工提供补充型养老保险的职责，无论是从销售渠道上，还是管理模式上，都与团体商业养老保险十分类似。由于企业在建立企业年金时可以享有一些政策上的税收优惠，许多企业更倾向于建立企业年金，这对团体商业养老保险的销售产生很大的竞争压力。

其次，个人养老保险面临来自金融市场中其他金融产品的竞争压力，市场空间狭小。由于没有任何税收优惠政策，我国的个人养老保险一直在与股票、基金和债券等其他金融产品同台竞争。然而，目前个人养老保险市场中以分红型产品为主，投资者的收益主要来自公司每年的红利发放，而未来的养老给付部分则大多为固定金额，没有考虑到物价水平的变化和利率波动。在保单签发时，未来的给付回报看上去有吸引力，但其金额在数十年之后却无法起到保障作用。考虑到折现因素，个人年金产品的收入水平会大打折扣。这使得个人养老年金作为长期投资的产品，不仅流动性不足，而且与同类金融理财产品相比收益率相对偏低。我国居民对金融产品的认识和理解逐渐加深，对金融产品的流动性和回报要求也越来越高，个人年金产品较低的投资收益已经成为阻碍其发展的重要因素，大大压缩了个人养老保险的市场空间。

3. 个人养老保险的产品结构单一，流动性较差

从产品角度来看，目前我国的商业个人养老年金产品品种过于单一。虽然基本每家保险公司都会提供商业年金产品，而且很多公司还推出若干种不同的产品，但是，产品形式都大同小异。虽然包括传统型、分红型、万能型和投连型等类型，但在实际销售中，大多数是分红型定额年金，某些公司甚至只销售分红险的定额年金。这些产品的保费缴纳和给付的方式类似，产品同质化现象十分严重。许多公司的产品不仅在保障范围、责任费率方面相同，甚至连名称都十分类似。投保人看似选择很多，但在实际购买中的差别并不大，无法根据自身需求选择不同风险程度的保险产品。

同时，许多个人养老保险产品的缴费期过短，还有一些产品为趸缴保费。这需要投保人在短期内投入大量现金流，金额少则数万元，高则数十万元，一般的工薪阶层难以承受，而且严重地影响了产品的流动性。这种短缴费期的产品虽然为保险公司的管理和运营带来了方便，降低了退保风险，但同时也降低了该产品对投保人的吸引力，限制了养老年金产品的推广。

■ 二、制约商业年金发展的原因

在一个完善的养老体系中，商业养老年金保险兼具寿险保障功能和养老规划功能，可以为社会基本养老和企业年金提供有效的补充，在整个养老体系中扮演一个举足轻重的角色。自 20 世纪 70 年代开始，西方一些国家开始进入老龄化社会，原有政府主导的社会养老体系出现危机，于是，各国纷纷对其养老体制进行改革，调整政府、企业和个人三者之间的关系，通过市场来调节政府的不足和失灵。在这个调整过程中，商业养老年金在其中起了很重要的作用。它不仅可以缓解政府提供基本养老保险的财政压力，还可以帮助企业年金提供发起和运营的全程服务。在个人储蓄方面，商业养老年金更是可以发挥其作用，为居民提供更多的保障产品和更高的保障，加强并完善整个社会保障体系。从其他国家的发展经验中可以看出，商业养老年金对整个养老保障体系起到了重要作用，与基本养老保险和企业年金具有同等重要的地位。

然而，在我国现阶段的养老体系中，商业养老年金还无法发挥它应有的作用，其所处的地位也远远无法与基本养老保险和企业年金相提并论，还不能成为真正的"第三支柱"。借鉴国际经验，目前制约我国商业年金发展的因素很多，主要有三个方面：一是缺乏有力的顶层设计。目前我国商业年金的发展主要依赖保险公司的推动。反观其他国家，通常是建立一个个人养老计划来鼓励居民为养老进行储蓄和投资，同时利用一个协调的养老保障体系并依靠整个金融系统来发展商业年金。二是缺乏政策支持，主要是税收制度。税收优惠政策在很多国家的商业养老年金中发挥着重要作用，尤其是对中高收入水平的居民具有很大的吸引力。我国目前这方面的政策支持还是个空缺。三是保险公司的经营创新不足。保险公司所推行的商业养老年金产品的种类比较单一且收益率较低，不仅很难为具有不同风险偏好的投保人提供产品，而且无法与市场上类似的金融产品竞争。这几个因素共同影响着商业养老年金，忽略任何一个因素都会制约商业养老年金的发展。

（一）缺乏有力的顶层设计

我国的养老体系过去一直处于传统体制下国家大包大揽的状态，并没有考虑企业和个人的责任。而在养老体系的改革过程中，虽然意识到未来养老责任需要在国家、企业和个人之间进行分担，但现实中，因为是从企业职工基本养老保险制度的改革入手，并逐步扩展到企业年金，对个人商业养老保险一直没有给予充分的重视，没有能够真正作为一个支柱来进行发展，这造成我国的养老体系在顶层设计上高度偏重第一支柱，对市场培育的动力不足。其结果不言而喻，商业年金制度模式方面，超越部门利益进行主动设计的成分不足，基本是"被动适应"市场现实要求，导致结构比较单一，只通过保险公司来进行，没有实现多元主体竞争发展格局，覆盖人群少，远远不能起到真正的老年保障的作用。

对于养老保障制度的顶层设计而言，需要考虑我国总体养老政策的战略性、一致性和前瞻性。所谓战略性，是要将我国的养老保障制度建设放在经济社会发展大环境下来考虑，不能将养老保障制度独立出来，要配合整个经济社会的发展战略和发展格局。比如，养老保障制度应该顺应经济发展，不能和全国的经济发展总战略相违背。一致性是要保持退休前和退休后的收入水平一致，不能仅仅为了提高退休之后的收入水平而影响当前的福利水平，或是为提高未来福利造成当前劳动力市场的扭曲。前瞻性是指需要适当结合短期目标与中长期目标，要考虑到不同时期养老制度中的财务可持续性，要防止为了解决短期的问题而饮鸩止渴，影响整个养老制度在未来中长期的可持续性。

结合世界银行的"多支柱"养老保障体系，我国目前的养老保障制度设计情况可以分为"三支柱"或是"五支柱"。第一支柱是由个人和企业一起缴费，政府负责运营的基本养老保险；第二支柱是由个人和企业一起缴费，企业负责委托基金公司管理的企业年金；第三支柱是个人自愿购买的商业养老保险。如果分得再细一些，可以分出"零支柱"，是由国家财政转移支付的养老补贴，以及"第四支柱"，即家庭子女赡养和其他经营性财政收入。然而，这个体系中失衡现象严重，居民过度依赖第一支柱和第四支柱，第二支柱和第三支柱基本没有发挥作用。

而第三支柱的建立正是推动商业年金发展的关键所在。许多发达国家之所以能够迅速地推广并发展商业年金，都获利于其养老制度的顶层设计。以美国为例，美国的养老保障制度较好地实现了政府保障、雇主保障和个人保障的有机结合。美国在建立养老保障制度时就确定了三个支柱的行为主体分别是政府、雇主和个人，而且明确了第一支柱的社会保障计划的基本职能仅仅是确保大多数老年人的基本生活。如果希望在退休后获得更高的收入水平，必须依靠雇主和个人的进一步努力。这种结构均衡的多层次养老体系，不仅使美国居民获得了适度的福利，也避免了因为过分慷慨的退休福利而降低了在职人员的福利水平，保持了退休前和退休后的一致性。

（二）缺乏政策支持

制约我国商业年金发展的政策因素有很多，如税收政策、产品审批政策、定价政策等。其中，税收政策是对商业养老年金保险发展影响最大的政策之一。由于我国目前并没有专门针对商业年金的税收优惠政策，这对居民购买和保险公司销售都产生了一定的影响，也是制约商业年金发展的一个重要因素。除税收政策之外，其他一些有关产品审批和产品定价的政策也不够健全，这也影响到公司在设计和销售商业年金产品时的理念和策略。

1. 税收优惠政策的缺失限制了居民对商业养老年金的购买意愿

与国外一些发达的保险市场不同，我国的商业年金市场尚处于起步阶段，无论是从社会关注度还是从实际销售的市场份额上来说都还远远不足，仍然需要外部税收政策的支持。因此，在目前的情况下，税收政策依然是商业养老年金市场未来发展所需面临的主要问题。毋庸置疑，一个切实有效的税收优惠政策可以更好地激励个人参与到商业年金市场中，也可以给养老保险公司更多的动力来考虑商业养老保险的创新和销售等问题。一个可以良好运转的商业养老年金保险体系，可以为居民在未来的养老提供更加充足的收入来源，也可以缓解政府在养老保障中的财政压力。

然而，我国目前个人在购买商业养老年金产品的缴费环节并没有相应的税收优惠政策。居民个人在购买商业养老年金时，需要用自己税后的收入购买，这与直接到银行储蓄或是投资其他金融产品来为养老投资并没有任何区别，限制了居民对商业养老年金的购买意愿。

2. 人身保险预定利率影响商业年金的竞争力

保监会在 2010 年 7 月 9 日公布的《关于人身保险预定利率有关事项的

通知（征求意见稿）》中虽然放开了传统人身保险的预定利率，但是仍然规定了"分红保险的预定利率、万能保险的最低保证利率不得高于年复利2.5%"，而我国目前销售的商业年金中的大部分产品均为分红型产品，较低的预定利率会限制保险产品的价格，造成保费价格过高，收益率下降，从而影响商业年金产品的销售。较低的预定利率使得商业年金产品在金融市场中无法与其他理财产品一争高下，目前银行的一年期定期存款利率为3.5%，远远高于预定利率。在各类银行理财产品中，超过4%年化收益率的产品比比皆是，2012年8月发行的5年期国债的票面利率达到了5.32%。如此大的利率差距，必会损失潜在投资者的注意力。

（三）保险公司经营创新不足

在推动商业年金的发展过程中，保险公司自身也存在着经营创新性不足问题，这里面的原因有很多，既有主观原因，也有客观原因。主要是因为保险公司在发展上过度强调规模，经营上过于重视销售，产品创新过于注重形式。

1. 发展思路过度强调规模

国内多数保险公司目前的发展思路都在强调规模。造成这一问题的主要原因是我国保险市场的寡头垄断型市场结构。尽管随着我国保险市场的发展，市场竞争越来越激烈，但相比欧美一些成熟市场，我国市场的竞争还不够充分，几大保险公司的市场份额遥遥领先，这种寡头垄断的市场结构减弱了市场中产品创新的动力。几大保险公司并不需要产品创新就能维持自己龙头的地位，而一些中小型的保险公司则是需要拼抢市场份额，并无暇顾及创新。我国的保险市场虽然发展势头迅猛，但毕竟发展时间过短，无论从保险深度和保险密度上都还处于初期阶段，在这个阶段，各个公司的发展重点都是在规模上，往往忽视未来的发展，自然会造成产品创新的严重不足。

2. 经营模式过于重视销售

目前国内保险公司的经营模式大多比较粗放，不重视细节，相比产品更加注重销售，首要目标就是提高销售。这使得在经营商业年金产品时不敢进行突破，缺乏创新。在产品设计上，我国目前销售较多的还是固定金额的年金产品，这类产品的技术难度较低，比较易于模仿和复制。即使保险公司愿意对自己销售的产品进行创新，新产品很容易被效仿，创新优势得不到保护，这会打击保险公司对产品创新的积极性，保险公司与其开发产品进行创新，不如通过加强销售人员的实力来提高规模和效益。另外，产品设计的创新需要产品研发部门保持高度的整体协调性。由于忽视产品创新，使得许多公司中涉及产品开发的部门分散在不同职能部门当中，相互之间缺乏有效的协调和良好的沟通，加上开发部门大多与销售脱节，导致开发的产品不符合市场需求。

3. 产品创新过于注重形式

商业养老年金保险产品是由居民个人自愿地从保险公司购买的产品，因此，保险公司在产品设计创新时也需要考虑投保人的实际需求，而不能仅仅是单一地看重形式的变化。例如，目前市场上很多年金产品的设计仍旧侧重于死亡给付，在未来年金现金流的给付上金额不高，通过附加满期保险金来吸引投保人，并冠以"祝寿金"的名义。这种产品很难突出"年金"的特点，而且并没有考虑投保人的购买目的。投保人在购买养老年金时更需要一系列长期稳定并且能保持一定购买力的给付，而非在死亡时一次性给付大量金额。

同样的问题还出现在变额年金的产品设计上。变额年金已经不能称为是创新的产品，但对于我国的投资者而言还属于新鲜事物。然而在我国发行的几款"创新"的变额年金对投资者并没有产生预计的吸引力。在缴费方式上，几款变额年金还采用趸缴的方式，这没能解决原有个人养老年金产品起点过高的弊端；在给付方式上，除了附加满期收益外，只是支付给投资者个人账户中的累积价值，并没有体现年金产品的特点。

这种"创新"只是在形式上发生了改变，并没有改变原有产品的本质，不利于我国年金市场的长期发展。

三、"个人养老计划"发展的国际经验及启示

从美国、加拿大、澳大利亚和欧洲等发达国家的经验来看，随着老龄化进程的加剧，各国原有的养老体系产生了诸多问题。政府很难靠自身的力量来解决所有人退休之后的收入。因此，很多国家在面临老龄化时都不约而同地对养老体系进行了改革，将政府原有的负担分出一部分给企业和个人。在养老体系改革的过程中，许多国家都为个人建立了不同形式的个人养老计划，鼓励个人在工作期间对个人养老计划进行储蓄，退休后再通过个人养老账户年金化为个人养老提供稳定的收入来源。个人养老计划的出现对商业养

老年金产品产生了更大的需求，使得各国商业养老年金保险也得到了快速的发展。例如，在 2011 年，美国的个人退休账户中有 36% 的人持有不同形式的商业年金，总金额达到了 3 590 亿美元，占 IRA 总资产的 7.37%[①]。这其中的原因包括：第一，年金保险在这些国家的养老保险体系中占据举足轻重的地位，这是促进年金产品，尤其是个人年金产品发展的重要前提条件。由于在这些国家老龄化的比例越来越高，高龄化的程度也逐渐加深，原有的由政府主导的第一支柱出现困难，国民为了提高自己在退休后的收入水平而个人购买年金保险产品。第二，政策扶持。许多国家从政策上采用税收优惠政策来鼓励居民购买个人年金保险产品，这推动了各国个人年金市场的发展。从各国的实际经验来看，除了为投保人提供税收优惠以提高购买力以外，对经营个人养老年金保险产品的保险公司和其他金融机构也提供部分税收优惠，尤其是针对投资收益的税收优惠，可以提高金融机构的积极性，提高年金保险产品在金融市场上与其他同类产品相比的竞争力与供给效率。第三，年金产品可以满足不同层次投资者的需求。相比市场中其他金融产品，商业年金产品属于中长期的投资产品，不仅投资收益率具有较高的竞争力，而且能为投资者提供较为稳定的现金流。这对一些稳健性的长期投资者而言具有较大的吸引力。由于大部分国家都是通过建立个人养老计划来推行商业养老年金的，本部分将主要对几个典型国家的个人养老计划进行讨论，并分析其对我国商业年金发展的启示。

（一）　国际个人养老计划的主要模式

1. 美国个人退休账户（Individual Retirement Account，IRA）

美国的养老体系基本与世界银行的"三支柱"体系相吻合。政府为居民提供基本的第一支柱保障——社会保障（Social Security）；大部分的雇主可以为其雇员提供补充型的第二支柱，也就是我们经常提到的"401K 计划"，可以为职工提供退休之后的额外收入。在这两个计划之外，美国养老体系的"第三支柱"即个人退休账户（Individual Retirement Account，IRA）也相当成功，已经成为居民在退休后的主要收入来源。

美国个人退休账户是由个人自愿投资的退休账户，自 1974 年美国总统福特签署《雇员退休收入保障法》（Employee Retirement Income Security Act，

---

① 资料来源：www. ici. org。

ERISA）以来，个人退休账户就成为美国居民的一个重要的储蓄工具。美国的个人退休账户在设计上具有两重意义：一是鼓励没有被雇主的养老金计划覆盖的职工通过保险公司和其他金融机构建立税收递延的退休账户；二是允许已经退休或是更换工作的职工将之前雇主养老金计划中已经累积的金额转移至个人退休账户从而继续享受税收递延的优惠并继续进行累积。在正常情况下，个人退休账户中的资金只有在居民退休后才能够使用。如果有一些紧急情况，居民也可以从个人退休账户中贷款或是提前支取。

美国个人退休账户自 1974 年设立以来，至今已经将近 40 年，无论是从资金量，还是从拥有账户的数量上，都在美国养老金市场中占据重要的位置。截至 2011 年底①，美国大约有 4 610 万个家庭持有个人退休账户，约占美国家庭总数的 38.8%；个人退休账户的总资产达到 4.71 万亿美元，占美国养老金总资产的 29.88%②。虽然美国最初在建立个人退休账户制度时，是为一些无法享受雇主提供的企业年金的人员提供退休保障，但现在已经逐渐被社会公众接受，个人退休账户已经覆盖美国不同年龄、收入和教育背景的人群，在社会不同层面都享有许多拥趸。回顾近 40 年美国个人退休账户的发展历程，美国国会相继发布了很多法案来对其进行监督、管理和推动。现在，个人退休账户已经成为美国养老金体系中不可或缺的一大支柱，不仅降低了职工退休后收入不足的风险，也减轻了美国政府的财政负担。同时，个人退休账户总投资额的增加也有力地推动了美国资本市场的发展，提升了美国的经济实力。

在个人退休账户的发展过程中，其运作管理模式和投资方式有很多值得我国借鉴的地方，其中有三个方面是值得我们特别关注的。

首先，是个人退休账户所面对的人群。我国的企业年金覆盖面目前仍然较低，很多职工因为企业不参加企业年金而被"第二支柱"拒之门外。许多人的首要退休收入来自社会基本养老保险，这给整个养老体系带来了很大的压力。我国目前的这种情况与美国在 20 世纪 70 年代的情形十分相似。当时的美国对企业开设 401（k）计划的要求比较高，使得很多企业尤其是一些中小型企业不愿意或是无法为职工提供企业年金。而美国政府通过实施个人账户制度，使得更多的居民享有加入退休计划的资格，不仅为居民提供了

---

① 资料来源：www.ici.org。
② 美国 2011 年底养老金总资产为 17.565 万亿美元。资料来源：www.ici.org。

一个以提高退休后收入为目的的投资渠道，也侧面缓解了政府基本养老保险的财政压力。

其次，是税收政策的激励效用。对于负责对个人退休账户进行管理和投资的保险公司及金融机构而言，正常运营个人退休账户并从中获取较高收益的一个必要条件就是较高的参与人数和累积资金量。参与人数的增加可以降低金融机构的平均管理成本，降低损耗，提高利润。累积资金量的增加可以使资金周转更加灵活，投资方式更加丰富。为解决这一问题，提高个人退休账户制度对中小企业和个人的吸引力，美国国会在20世纪80年代先后通过简化职工养老法案和简化监管办法等方式来鼓励中小型企业为职工建立退休账户。不仅如此，税收优惠政策的提出、缴费限额的增加和制度流程的简化都对增加个人退休账户的投资人数、提高投资金额起到了重要的作用。

再次，是负责个人退休账户的金融机构和投资渠道的选择。我国的商业养老年金目前主要还是由保险公司和专业养老金公司在负责销售和管理。然而，在美国只要是认证的金融机构均可以负责承销个人退休账户。这不仅给了投资者更多的投资选择，同时也扩展了个人退休账户的覆盖面。在投资渠道上，美国的个人退休账户也在40年间发生了很多变化。最初，个人退休账户中的大部分资金被用于购买银行的定期储蓄型产品，收益率比较低。在20世纪80年代初期，有超过70%的个人退休账户资金被投资到低风险、低收益率的产品，只有不足10%的比例被用于投资共同基金。这使得个人退休账户的投资期望收益率相对较低，市场竞争力不足。随着美国资本市场的发展，金融产品的创新，人们的投资理念慢慢地发生了改变，一些投资风险被人们逐渐接受，高风险高回报的概念开始被人们认可。美国国会也通过相应法案来放宽个人退休账户的可投资范围。这使得个人退休账户的可投资产品极大丰富，账户中投资风险类证券的比例也大幅度提高。2010年，美国个人退休账户中证券投资的比例已经超过80%，其中有超过40%的证券投资为共同基金投资。多元化的投资选择和多样化的投资渠道使得美国的个人退休账户大受欢迎。

2. 加拿大注册退休储蓄金计划（Registered Retirement Saving Plan，**RRSP**）

与美国的情况类似，加拿大也建立了自己的"三支柱"养老体系。对于大多数加拿大公民和加拿大的永久居民来说，注册退休储蓄金计划（RRSP）是他们退休计划中必不可少的部分。在政府提供的基本养老保险和企业提供的企业年金的基础之上，加拿大政府在 1957 年推出了注册退休储蓄计划，主要目标是鼓励加拿大的中高收入人群在工作期间累积足够多的资产，以便退休后能够维持或是接近退休前的生活水平。

按照官方的分类，加拿大的第一支柱主要为老年保障计划（Old Age Security，OAS），是一项联邦政府层面的计划，来源为政府预算，并不需要雇员缴费，属于福利计划，主要目标是社会财富的再分配，降低老年的贫困化。第二支柱为强制性的养老金计划，称为加拿大/魁北克养老金计划①（Canada/Quebec Pension Plan），由雇员和雇主共同进行缴费。前两个支柱均为公共养老金计划。按照工资中位数计算，加拿大公共养老金计划可以为居民在退休后提供约 48.5% 的替代率②。加拿大养老金体系的第三支柱包括雇主发起的企业年金计划（RPPs）和个人储蓄养老计划（RRSPs），这两种计划均享受政府提供的税收优惠政策，并且优惠的额度逐年放大，受到了很多中高收入人群的青睐。目前 RRSP 已经成为了加拿大居民金融资产的主要组成部分，远远高于共同基金、银行存款等其他类型的金融资产。2009 年，加拿大 RRSP 总缴费约为 330 亿加元，其中超过 53% 的缴费额来自年收入超过 80 000 加元的居民③。2008 年，加拿大私人养老年金的花费占 GDP 的 2.4%，相比 2001 年的 2.1% 上涨比例为 1/7。

3. 澳大利亚的商业养老保险

长期以来，澳大利亚的养老金制度一直采用英国模式的福利型制度，由政府为所有符合条件的澳大利亚居民提供养老金。然而，因为人口老龄化问题的加剧，政府很难继续承受原有的养老金制度。为了避免降低居民的原有的养老金标准，澳大利亚政府在 1986 年采用了新的养老保险制度。经过 20 多年的努力，新的养老保险制度已经初步建立，并运转良好，其三支柱的体制成为世界上运作最为成功的模式之一，具有很多值得我国借鉴的地方。在澳大利亚改革后的养老保险制度中，第一支柱仍然由政府提供养老金，这和原有制度相同；第二支柱由企业的雇主缴费建立养老金，被称为超级年金（Superannuation），这部分与我国目前的企业年金的不同之处在于，它是强制性的，除少数雇主之外，其他雇主必须为雇员提供；第三支柱为自愿性的

---

① 加拿大除魁北克省之外的永久居民采用加拿大养老金计划，魁北克省的永久居民采用魁北克养老金计划。

② 资料来源：Pension at a Glance 2011：Retirement-Income Systems in OECD and G20 Countries.

③ 资料来源：《加拿大统计年鉴 2011》（Canada Year Book 2011）。

职工缴费计划，它是在超级年金的强制缴费之外雇员的自愿缴费，或者是面向没有资格加入超级年金计划的居民。澳大利亚的养老金资产在2007年就已经突破了1万亿澳元，截至2010年9月，资金总额超过1.3万亿澳元，成为世界上第四大养老金市场。澳大利亚的私人商业养老金在2009年的支出占澳大利亚总GDP的4.6%，占比仅次于冰岛（6.3%）和瑞士（5.5%）①，在商业养老金发展中的成功经验十分值得我们学习和参考。

与美国、加拿大以及其他一些国家类似，澳大利亚的职工自愿性缴费部分也享受税收优惠等激励政策。澳大利亚的整个养老金体系属于基金运作型，个人有权利选择基金来管理自己缴纳的养老金，并选择基金投资的品种。大多数基金公司都会提供数十种投资组合供个人选择，这些组合基本上可以涵盖所有市场上的投资产品，包括澳大利亚和国际市场上的股票、房地产、贵金属、不同类型的债券等。澳大利亚市场上并没有一个统一的机构来管理每年的养老金缴费，而是通过成千上万的参与养老金投资的基金来进行管理，这些具有缴费和投资多样化的养老保障基金从根本上完善了多层次养老模式并提高了抗风险能力。这些基金基本可以分为以下几类：公司基金，主要是由各个公司为自己的员工设立，占据养老金市场的主要地位；行业基金，由不同行业自行建立，比如大学员工、医疗机构，其中也包括公共服务行业基金，是主要针对政府公务员和其他公共服务行业；零售年金，是一种对几乎所有人公开发行的基金，主要成员为自雇者和对超级年金计划进行补充的个人，个人可以通过保险公司的代理或是理财顾问等中介来购买零售基金；小型基金，主要是指参与人数较少的基金，目前增长趋势很猛，其中比较重要的组成部分是自助养老基金（Self Managed Super Fund，SMSF）。

特别需要指出的是，澳大利亚对这些养老基金采取了严格的审计和监管。一个良好运转的养老基金体系，除了要为其投资者提供较高收益之外，还需要维持良好的信誉。澳大利亚严格的监管使得大多数人都放心地将钱交给养老金公司去投资，因为他们相信养老金公司的行为受到了严格的法律规制，并且他们需要维持自身的声誉来应付激烈的市场竞争。澳大利亚通过三个监管机构——澳大利亚审慎监管局（Australian Prudential Regulation Authority，APRA）、澳大利亚税务局（Australian Taxation Office）及澳大利亚证券和投资委员会（Australian Securities and Investments Commission）对养老

---

①　OECD Factbook 2011－2012.

基金进行监管。审慎监管局主要负责对养老信托基金、金融机构和信托人的监管，根据其对法定运作标准的执行来确保该基金具有可持续的运营能力；证券和投资委员会负责监督投资活动，要求负责进行基金投资的基金管理人提供可靠稳定的收益；税务局则负责税法的正确实施，并负责对雇主进行审计。监管机构之间通常保持密切的联系，以使得法规可以得到顺利执行，同时也降低了政策实施的成本。

（二）国际个人养老计划的相关激励政策

1. 通过面向个人的税收激励政策增加投资者的缴费

毫无疑问，对个人免税或延迟缴税的税收激励政策是世界各国在推行个人养老计划的过程中，普遍采用的激励政策之一，也是最为有效的一种。比较常见的税收激励政策是在个人养老计划的缴费阶段和累积阶段实施免税，当个人在退休后领取养老金时再进行征税，即为 EET（Exempt，Exempt，Tax）的税收制度。采用税收优惠有利于吸引更多的投资者加入个人养老计划，可以较快扩大个人养老计划的覆盖面。

以加拿大的 RRSP 计划为例，根据 EET 的标准，在缴费期间和累积期间均是免税的，只有当居民在退休后开始领取养老金时才会根据领取的额度以及当年其总应税收入来计税。居民可以利用 RRSP 的缴费来降低自己当年的应税收入，并在退休后总收入较低时提取以减少缴税额度。以加拿大缴税率较低的阿尔伯塔省为例[①]，该省居民年收入在低于 6 465 加元时不必缴税，在 6 466~29 180 加元的范围内的缴税率约为 26%（包括联邦税和阿尔伯塔省税），年收入在 29 181~59 180 加元的范围内的缴税率约为 40%，超过 59 181 加元的部分则需要缴纳 46% 左右的税。也就是说，如果居民的年收入超过 40 000 加元，他在 RRSP 中的每缴费 1 加元可以为他节约 0.4 加元的税。因此，这种延期缴税的制度对居民有很大的吸引力。当然，为了避免富人利用 RRSP 计划进行避税，加拿大采用了与世界其他国家相似的方式，即设定个人养老计划的缴费金额上限。2011 年，加拿大的 RRSP 缴费金额上限为其年收入的 18% 和该年度最大缴费上限两者之间的最小值[②]，也就是说对于所有 2011 年收入小于 124 722 元的加拿大居民而言，他们年收入的

---

① 本例中采用 2011 税收年度数据。
② 2011 税收年的缴费上限为 22 450 加元。

18%可以通过购买 RRSP 计划而延迟缴税。这大大提升了个人养老账户计划对居民的吸引力。

面向个人的税收激励政策在美国同样影响着居民对 IRA 的投资热情。1982~1986 年，美国曾经一度将 IRA 的年度缴费限额提升，对某些低收入者甚至可以 100%缴费。此外，还提出了允许所有年龄低于 70.5 岁的纳税人建立税延个人养老计划的"普遍式"IRA。这些政策的出台使得传统型的 IRA 的年缴费额度飙升，从 1981 年的总缴费 34 亿美元飙升到 1982 年的 283 亿美元，增长 8 倍之多。在 1982~1986 年这 5 年的平均缴费额达到 344 亿美元。而当 1986 年美国废除了 IRA 的"全覆盖"规定之后，税收激励政策幅度降低，相应的 IRA 缴费额也从 1986 年的 378 亿美元骤降至 141 亿美元[①]。税收激励政策对个人养老计划缴费的效果可见一斑。

2. 面向保险公司的税收激励政策降低保险公司成本

除对个人进行税收递延的政策之外，许多国家通过面向企业的税收减免政策来提高保险公司和养老基金公司提供个人养老计划的动力。根据普华永道在 2007 年的报告统计，全球大部分国家采取免征保费税的方式，在一定程度上给保险公司和养老基金公司提供税收优惠政策。对于除保费税之外的其他税收，有些国家还会针对养老年金保险提供特别的减免优惠，例如，美国为鼓励小型保险公司的发展，对于资产小于 5 亿美元的小型寿险公司给予税收优惠；澳大利亚也专门对养老年金保险实施较低的税率。在减免保险公司的税收后，保险公司在经营个人养老计划和商业养老年金时的成本降低，利润提高，主动性自然也有所提高。

3. 面对企业的激励政策

由于中小企业通常会因为运营成本较高、财力薄弱、职工流动较频繁等问题而放弃为职工建立企业年金制度。因此，为了解决这些企业职工的养老收入问题，同时也为了提高个人养老计划的覆盖人数，许多国家会将覆盖的标准适当放宽，对一些中小型企业也实施类似的个人养老计划。例如，美国国会在 1978 年提出一种简化的个人退休账户，有利于中小企业在不建立企业年金的情况下，为职工建立个人退休账户。1996 年，美国国会又相继通过储蓄激励匹配法案（Savings Incentive Match Plans for Employees，SIMPLE）和利润分享计划（Profit Sharing Plans），有效地解决了中小企业的问题。

---

① 资料来源：www. ici. org。

SIMPLE IRAs 计划不仅为雇员加入了保护条款，要求雇主的缴费在没有任何附加条件的情况下立即属于雇员所有，而且为雇主降低了运营成本，取消了年度非歧视审查，并降低了雇主的最高缴费限额。该计划为雇员和雇主双方都提供优惠政策，大幅增加了美国的个人养老计划的参与者数量。除了 SIMPLE IRAs 之外，美国还为一些自雇的企业开设了 SEP IRAs 和 SAR-SEP IRAs 等不同类型的个人退休账户。截至 2010 年底，已经有 940 万户家庭拥有面对企业开设的个人退休账户[1]，占美国总 IRA 账户数的 8.0%[2]。

（三） 国际经验对我国的启示

从其他国家和地区在个人养老计划的发展历史中，我们可以看出，建立个人养老计划要注意四个要点。第一，完善相关法律法规和制度规定；第二，具有吸引力的税收优惠；第三，提高计划中资金的自由度和流动性；第四，通过丰富的投资渠道来稳定并提高收益水平。

1. 完善相关法律法规和制度规定

个人养老计划的制订过程和最终实施并不仅仅是简单的养老问题，会涉及许多部门和许多人的利益关系，因此，一个成功养老计划首先要完善其制度设计和相应的法律法规，要协调好不同部门之间的关系，要严格监管制度和措施。例如，澳大利亚的养老基金会交由三个监管机构一同管理，其中税务局主要负责税法的正确实施，其他两个部门则分别负责养老基金的监督管理和投资，分工明确。

由于很多国家的个人养老计划都涉及税收政策，因此对税收的监管力度在个人养老计划的设计过程中尤为重要，需要制定相应的反避税措施，对偷税漏税的个人和企业制定严厉的惩罚措施，以避免产生税收漏洞。例如，美国政府对居民向个人退休账户中缴费做了严格的规定，缴费超出限额的部分会被追究并罚款，先缴费再退出以获利的行为也被严格禁止。除非有正当理由，否则个人在退休之前如果需要从账户中提款也需要缴纳个人所得税和罚款。

我国目前尚未建立个人养老计划，商业年金的缴费和领取也不涉及所得税的递延和缴纳，因此，相关的法律法规并不完善，一些细节也模糊不清。

---

① 包括 SEP IRAs，SAR-SEP IRAs 和 SIMPLE IRAs。

② 资料来源：www.ici.org。

如果要制定个人养老计划，首先需要对一些细节进行完善，并制定相应的法律。无论是缴费阶段、投资阶段，还是最后领取养老金的阶段，都需要相应的制度和严格的监管政策，做到有法可依。

2. 具有吸引力的税收优惠

从世界各国的经验来看，毫无疑问，税收优惠政策对个人养老计划的建立有着很重要的意义，对投资者具有很大的吸引力。国外商业养老保险持续发展的推动力很大程度上来自企业和个人的避税需求。美国在1982年推出"全覆盖"的个人退休账户后缴费额度激增就是最好的说明。

美国的个人退休账户计划、加拿大的注册退休储蓄金计划、澳大利亚的自愿性职工缴费等，这些国家在设立养老体系的第三支柱时都不约而同地选择了税收优惠政策。目前，世界许多国家对于个人投保储蓄型养老年金的保费支出，都允许从其个人的应纳税收入中扣除。举例来说，美国个人退休账户制度之所以在美国取得成功，并成为美国养老体系的重要支柱，与其计划在税收政策上的优惠是息息相关的。首先，雇员个人（包括企业职工和自我雇佣者）可以将每个月的部分工资收入向个人储蓄账户进行储蓄，政府则规定在某一个额度内的缴费金额将不计入当月的应纳税收入。其次，个人退休账户投资所获得的收益在退休前不领取的前提下也不会被计入应纳税收入。最后，当雇员退休后需要从个人账户中领取养老金时，才会根据其每年领取的金额进行征税。由于个人所得税采用的都是超额累进制，收入金额越多，所需缴税的比例越高。这种延期缴税的方式可以使个人在工作期间收入较高的时候避免较高的缴税比例，而在退休后整体收入较低时，按照较低的缴税比例进行缴纳。这样不仅可以为个人带来较高的实际利益，而且也提高了个人向个人退休账户中储蓄的动力。

在国外，个人所得税按照阶梯模式收取，收入越高则缴税比率越高，因此，个人养老计划通常会成为居民的合理避税途径。因为个人养老计划大多采用EET模式，在缴费阶段和投资累计阶段均免税，对个人投资很有吸引力。因此，在我国财政收支允许的情况下，加大税收优惠力度，会更好地完成个人养老计划的建立和推广。目前国外一些发达国家对于个人养老计划的缴费额度上限规定不一，例如，加拿大为18%左右，美国则是规定49岁以下人群的缴费上限为5 000美元，50岁及以上的缴费上限为6 000美元。如果参考现行企业年金的情况，我国享受税收优惠的比例仅为5%，潜在空间比较大，可以适当提高享受税收优惠的占比。

3. 较好的资金流动性

由于个人养老计划是长期投资，个人在投资时通常会考虑资金自由度的问题，很多人会因为担心出现大额支出而选择流动性比较好的银行存款或是股票基金，例如，购房、医疗支出等。为了解决资金流动性的问题，各国的个人养老计划通常也会允许提前支取。比如，加拿大的 RRSP 计划在正常情况下只有当账户拥有人退休之后才可以从中支取，并且每次支取都要纳入当年个人的应税收入中，并进行缴税。然而，当居民在需要一些重要开支或是紧急支出时也是可以动用 RRSP 计划中的累积资金。例如，个人在需要购房时（要求是第一次购房），可以在一定限额内从 RRSP 中进行借款，并需要在未来的一段时间内将这笔钱还到 RRSP 中。这样，可以利用免税的 RRSP 来降低个人在购房时的贷款额，从而减轻以后的房贷还款压力。再如，个人或配偶需要读书，RRSP 计划也可以通过借款来提供学费。虽然 RRSP 的借款部分需要在未来一段时间内还入 RRSP，但由于这部分金额是免税的，再考虑到利率的折现因素，很多人都会采取借款的方式。由于允许借款，这使得居民不必担心存款的流动性，反而可以享受到免税的优惠，有效地激励了居民的 RRSP 投资热情。

4. 丰富的投资渠道和较高的收益水平

从全球各国的个人养老计划的成功经验来看，除去税收优惠政策刺激之外，相对丰富的投资渠道和较好的收益水平也是相当重要的因素。

以加拿大为例，目前加拿大 RRSPs 的主要运作模式包括信托型、保险契约型和政府联合基金等形式，主要是以信托型计划为主，覆盖超过 2/3 的投保人，所占资产也比较多。RRSPs 的类型分为基本 RRSP、团体 RRSP。可选择的投资品种包括：加拿大金融机构的活期存款、加拿大储蓄债券、加拿大政府债券、保证投资证书、加拿大房屋抵押贷款、企业股票、共同基金、某些人寿年金和寿险保单等。投资者还可以在一定限额内选择国外投资，并选择在不同的金融公司、不同国家金融产品之间进行调整分配。由于可投资的种类比较多，可以满足不同风险偏好的投资者，也可以提供比较有吸引力的投资产品。RRSP 通常会以信托的形式进行管理，一般投资于一些特定的投资产品，例如政府债券和共同基金等，由投资公司制定投资产品，投资者可以根据自身的风险承受能力来进行选择。由于管理费用比较低，比较适合刚刚进入 RRSP 计划的个人，在累积资产较少时进行投资。团体 RRSP 则通常由雇主、工会或专业协会组织发起，由金融机构、投资管理公司、保险公司或经纪人公司代表该团体进行管理。一般来讲，团体 RRSP 计划中可选择的投资产品比较有限。但是，团体 RRSP 通常会包含一些由雇主提供的额外福利，例如较高的缴费匹配等。除这两种之外，个人也可以自己管理 RRSP，个人先建立 RRSP 的信托，并在此信托下进行投资。自行管理的 RRSP 通常比较适合资本累积比较多的个人，需要较多的时间、精力和投资水平，当然相应的投资选择也会比较多，收益也比较高。如果细分，加拿大的 RRSP 计划还有很多特殊的计划，各有优缺点，投资者可以根据自身的情况、风险承受能力和资金量在不同时期选择不同的计划，具有足够的灵活性。

除加拿大之外，美国、澳大利亚和其他一些国家的个人养老计划也有类似的特点。不难看出，灵活的投资渠道和完善的运营模式不仅可以为投资者提供个性化的投资选择，也可以根据个人的实际情况设计相应的投资策略以提高收益率。毕竟随着金融市场的发展，个人在进行理财时可选择的种类越来越多，投资者在选择时的最终衡量标准还是收益水平。只有提供具有较高收益率的产品才能吸引更大的资金，这样才能发挥个人养老计划长期投资并且可持续支付的特点，从而达到整个系统的良性循环。美国的个人退休账户在早期也曾经因为收益率偏低而受到影响。在 20 世纪 80 年代初期，美国资本市场上可投资的金融产品并不多，加之存款利率较高，人们更加倾向于投资风险较小的产品，因此，当时个人退休账户并不十分受欢迎。随着全球进入低利率时代，个人退休账户投资渠道丰富、收益水平高的特点便开始展现。许多美国人更愿意将钱存入个人退休账户，购买共同基金或是其他金融产品。基金公司也通常会为投资者建立不同风险程度的投资组合或由基金供投资者根据自己的风险承受能力和投资需求进行选择。

四、我国商业年金的未来发展方向及改革建议

(一) 探索建立个人养老计划的现实性与可行性

从现实的角度来看，我国面临巨大的老龄化压力，社会基本养老保险只能为居民提供 40% ~ 50% 的替代率，大力开展商业养老年金或是建立个人养老账户可以有效地缓解这一问题。目前，我国很多居民都是靠银行储蓄和

购买国债来为自己进行长期投资，收益水平相对较低，很难满足未来的养老需求。而建立个人养老账户之后，基金将由专业的基金管理人员进行投资，可以提高收益，提升居民退休后的收入水平。另外，目前很多中小型企业因为各种原因无法为雇员提供企业年金，而个人养老账户可以简单方便地为这些中小企业的雇员建立相应的退休账户，并有雇员和雇主共同进行缴费，以此提高雇员的养老金。许多国家的个人养老计划都支持类似的缴费方式。例如，美国的 SIMPLE IRA（Savings Incentive Match Plan for Employee）计划就是专门为不足 100 人的中小企业而设立的个人养老计划，在美国的发展也十分迅速。结合中国的情况，一些中小型民营企业由于规模过小，通常不会选择成本较高的企业年金，这使得大批的职工只有社会基本养老保险。我们完全可以借鉴美国个人退休账户的相关经验，简化流程、运作和监管程序，降低雇主的运营成本，并参考我国企业年金的缴费方式，从中小企业开始，逐步覆盖到各类公司和个人，为更多的企业和职工建立个人养老账户。

从可行性的角度分析，我国建立个人养老账户需要考虑两个问题：一是缴费问题。根据国际经验来看，个人养老账户的缴费通常为税前列支。这需要人力资源和社会保障部与税务部门等多方面进行协调，并建立相应的管理体系。如果上海的税收递延型养老保险可以启动试点，其经验将对建立个人养老账户起到很大的帮助。二是管理问题。一旦建立了个人养老账户，这笔基金究竟应该交由谁去管理。在国外，个人养老账户的管理模式与基金公司很类似，只要符合相应的标准均可以参与管理。结合我国目前的情况，专业养老金公司和基金管理公司都可以负责个人养老账户的基金管理。首先，我国目前的专业养老金公司和一些基金管理公司在基金管理的规范已经达到了一定的标准。人力资源与社会保障部于 2011 年修订了《企业年金基金管理办法》。基金管理公司更是早已市场化，在操作上一直严格按照《证券投资基金管理办法》运行。两者都有相应的基金管理办法来约束。其次，从运营模式上，两者各有千秋。专业养老金公司在进行企业年金的管理过程中已经积攒了一些经验，更加擅长管理运行长期资本；而且专业养老金公司通常附属于某大型保险集团公司，资本更加雄厚，风险承受能力也更强。而基金管理公司的业绩则更加平稳和透明，对基金管理的经验也更加丰富。

如果能将国际经验与我国的实际情况结合，建立适合我国国情的个人养老账户，将对完善我国养老体系具有重要的现实意义。

（二）推动税收方面的激励政策

在我国目前的养老体系制度中，并没有针对个人的税收优惠政策。根据其他国家的经验，"先免后征"的税收递延制度都收到了不错的效果。同时，实施延迟减税的优惠政策可以推动商业养老年金市场，并缓解社会基本养老保险的巨大压力。虽然税收延迟可能会牺牲部分当前的财政收入，但是，商业养老保险替代率的提高可以缓解基本养老保险的压力，从而改变个人过分依赖政府进行养老的现象，有助于形成政府、企业和个人在整个社会养老体系中的平衡关系。

上海市金融服务办公室主任方星海在2012年6月底的陆家嘴金融论坛上表示："（税延型养老保险）现在推出的条件已经基本具备了，我相信近期应该可以推出。"他进一步称，"现在据我了解，大概1个月可以买1 000块钱的税延养老保险金额的保险。"[①] 这无疑对我国商业年金的未来发展是一个好消息。如果上海市的递延型养老保险产品得以试点，税收优惠政策的出台一定会对我国未来商业养老年金市场的发展产生助推作用。

当然，在推行税收递延的优惠政策时还需要注意几个问题。首先，要利用未来在上海试点的经验，进一步扩大个人商业养老保险税收优惠的试点，并逐步做到以点带面。其次，需要建立与第一、第二支柱有效衔接的统一的养老保障税收体系。作为我国养老体系的一部分，商业年金的税收激励政策不能单独剥离开来，需要将其和基本养老保险、企业年金放在一处，从一个整体的角度去考虑问题。最后，要做好顶层设计，通过建立个人账户达到对税收的监督和管理作用。

（三）丰富商业年金产品种类，提供不同风险等级的产品

单纯靠政策推动商业养老年金并不能获得长期持续的发展。保险公司或其他金融机构需要进一步提高供给能力和效率，改变目前产品种类单一、回报水平不足的局面。无论是从产品的创新，还是从产品的收益，保险公司还都需要加强。只有更丰富的产品种类，更高的收益水平，才能提高商业养老产品的竞争力，并吸引不同层次的消费者。同时，随着产品投资渠道的拓宽，保险公司需要提高自身的风险管理能力和资产管理能力，以提高商业养

---

① http://finance.people.com.cn/insurance/n/2012/0705/c59941 - 18447251.html.

老年金的市场竞争力。

在我国的养老年金市场上，不同公司的产品条款和给付责任大同小异。这些责任类型单一的产品无法满足不同消费层次的消费者。保险公司及其他提供养老年金的金融机构需要在产品创新上更加努力，为不同风险偏好的消费提供适合的保险产品。这方面可以学习世界成熟保险市场中的成功经验。例如：美国许多商业保险公司会专门为个人退休账户提供年金产品，被称为IRA 适格年金（IRA Qualified Annuities），投资者可以用自己的个人退休账户中的资金来购买这种养老年金产品。这个类型的年金产品通常收益水平和风险水平均在银行存款和共同基金两者之间，而且带有一些保障收益的条款，可以较好地防止个人在金融市场不稳定时遭受损失。

在丰富产品种类这条路上，我国已经有了一个不错的开始。保监会在2011 年 5 月发布了《关于开展变额年金保险试点的通知》和《变额年金保险管理暂行办法》，开始了变额年金的试点。变额年金近些年来发展迅速，在许多国家的人身保险市场中受到了投保人的青睐。截至 2012 年第一季度，美国该季度的变额年金产品销售保费为 362 亿美元，累计总资产余额大约为1.61 万亿美元[①]。变额年金的收益水平尽管无法和一些金融理财产品相比，但它可以为投资者提供收益保障，为投资者提供更为稳定的收入水平，这对一些长期投资者的吸引力很大。更重要的是，由于变额年金附加的最低保障种类有很多，保险公司通常会提供一种或几种最低保障。同时，变额年金可以为不同风险偏好的投资者建立独有的个人账户，并提供不同的投资渠道。

（四）中国商业年金未来展望

近十几年来，我国的养老保障制度一直以第一支柱基本养老保险为主，第二支柱企业年金为辅。由于政策、产品等种种原因使得中国目前的商业养老年金发展并不充分。在我国目前的养老体系中，社会基本养老保险的平均替代率在40% ~50% 之间，在全世界处于中等水平。2011 年底，建立企业年金的企业仅为4.5 万家，覆盖人数 1 577 万人[②]。相比世界发达国家，这个数字还相去甚远。而商业养老年金的比例更是无法与世界各国相提并论。而且，随着老龄化问题的加剧，我国现阶段的养老制度的不足开始逐步显

---

① 资料来源：The Insured Retirement Institute. www. irionline. org.
② 资料来源：《2011 年度人力资源和社会保障事业发展统计公报》。

现。首先，由于人口红利的逐年下降，社会基本养老保险的运行已经出现一些问题。个人账户的缺口问题一直存在，至今尚没有一个完美的弥补方案。其次，企业年金市场的扩面趋势相对稳定，其覆盖人数在短期内很难快速提升。最后，商业养老年金在没有税收优惠的支持下几乎原地踏步。这些问题和不足造成了我国养老制度的极度不均衡。而在世界银行推行的养老体系中，只有三个支柱均衡发展，养老体系才算完整，保障作用才得以发挥。保监会也多次提出在"建立多层次养老保障体系的过程中，应该研究如何加大对第二、第三支柱养老保险政策的支持力度"。因此，随着社会保障体系的改革和调整，政府、企业和居民等多方面都需要商业养老年金发挥其第三支柱作用，这正是商业养老年金发展的大好时机。

在中国的现阶段，商业养老年金发展的条件已经基本成熟，人身保险的预定利率正在逐步放开，变额年金产品已经开始试水，税收优惠政策也即将试点。国内学者普遍在发展个人养老保险以解决中国老龄化问题上已经基本达成共识，尽管中国的贫富不均现象较为严重，但这种差异化的发展也导致了差异化的需求，在部分发达地区，对个人养老保险的需求已经开始出现，但保险公司尚未提供多样化的产品给消费者，因此商业养老年金市场有巨大的发掘潜力，这种潜力无疑成为中国最主要的优势。

随着中国经济的市场化日趋深入，可以预见的是，政府在国民经济和社会发展中的干预作用会逐步减少。与此同时，由政府所主导的公共服务和社会保障措施也会逐渐将重点移至最基本的保障层面，而个人在其中的参与度将不断上升。从世界各国的发展经验来看，政府和企业的福利费用已经由各占1/3的局面变为只占小部分，而个人部分则呈逐年上升的趋势。随着居民的生活水平日益提高，个人也不会满足于政府和企业提供的基本保障，因此从长期来看，商业养老年金会在养老体系中扮演重要角色已经成为必然之势。发展商业养老年金，不论是自身条件还是外在的要求，都已经成为中国解决老龄化问题的不可回避的选择。因此，商业养老年金在中国未来的发展前景十分广阔，但发展商业养老年金还需要谋定而后动，如何发展才是问题的关键。

结　语

我国的商业年金市场从20世纪80年代发展至今，已经到了一个突破关键点。从市场外部看，我国老龄化问题加剧，第一支柱基本养老保险的财政压力不断加大，急需其他支柱的辅助。越来越多的人开始意识到自己的养老问题不能完全靠政府和家庭，需要通过其他途径来提高养老收入。从市场内部看，诸如预定利率放开、变额年金试点等商业年金的利好政策不断出台，上海的税收递延型养老保险试点也即将实施。这正是商业年金加速发展的绝好时机。

当然，商业年金市场的繁荣发展并不是短时间内就能做到的，外部和内部的有利条件仅能起到辅助作用。我国商业年金市场想要真正健康有序地发展首先需要建立更加系统的框架，以战略性、一致性和前瞻性的眼光做好顶层设计；其次需要保险公司和其他金融公司以更加积极的态度和创新的思维来推动商业年金的发展，提高经营效率；最后，需要通过不同方式改变个人对养老和保险的传统观点，提高个人的养老意识和风险意识。

只有政府、企业和个人都扮演好自身在市场中的角色，才能共同把握好这个关键时刻，推动我国商业年金市场更加健康平稳的发展。

本章参考文献：

1. 陈文辉主编：《2005 中国人身保险发展报告》，中国财政经济出版社 2006 年版。

2. 德盛安联资产管理公司：《2007 亚太地区养老金报告》。

3. 韩猛、王晓军：《我国年金产品的效用比较》，载《保险研究》2010 第 4 期。

4. 刘万：《账户年金化与商业年金保险的发展》，载《经济评论》2009 年第 1 期。

5. 陆卫平：《析企业年金与基本养老保险、商业年金保险产品的区别》，载《上海保险》2006 年第 8 期。

6. 彭浩然、申曙光：《强制性个人账户养老金计发办法改革对替代率影响的实证研究》，载《当代财经》2007 年第 3 期。

7. 孙丽娟：《国外个人年金保险的发展经验及启示——基于解决人口老龄化问题的视角》，载《江西财经大学学报》2008 年第 5 期。

8. 孙祁祥主编：《中国保险业发展报告 2012》，北京大学出版社 2012 年版。

9. 孙祁祥、郑伟等著：《中国社会保障制度研究——社会保险改革与商业保险发展》，中国金融出版社 2005 年版。

10. 郑秉文主编：《2011 中国养老金发展报告》，经济管理出版社 2011 年版。

11. 郑秉文访谈：《中国养老制度需顶层设计 退休年龄必须延迟》，载《东方早报》2012 年 3 月 15 日。

12. 中国保险学会：《中国保险史》，中国金融出版社 1998 年版。

13. 朱俊生、庹国柱：《国外个人年金保险的发展变化及其启示》，载《中国金融》 2007 年第 12 期。

14. Canada Year Book 2011（加拿大统计年鉴 2011）。

15. OECD（2011）：Pensions at a Glance 2011：Retirement Income Systems in OECD and G20 Countries.

16. OECD, OECD Factbook 2011 - 2012.

17. The Insured Retirement Institute, IRI Factbook 2011.

18. The Investment Company Institute, The Role of IRAs in U. S. Households' Saving for Retirement, 2010.

第六章

年金市场发展的
国际经验借鉴

引　言

国际上，年金市场一般是指私营部门管理运营的养老金计划而形成的年金产品运营市场。私营养老金与公共养老金即国家管理的社会公共养老金计划相对应，通常包括雇主发起设立的企业年金计划（有时也称为职业养老金，包括强制型和自愿型两类）、公共部门雇员养老金计划、个人退休金计划以及养老储蓄产品等。

自 20 世纪末期以来，伴随人口老龄化和经济全球化的冲击，传统的国家公共养老保障计划面临着巨大的财政支付压力。越来越多的国家开始将目光转向私营养老金市场，通过养老金制度结构调整和各种政策手段，促进企业年金和个人养老金计划的发展，以缓解政府的养老责任。在这种情况下，全球年金市场得到了快速发展，养老金资产规模逐步扩大，年金产品类型不断丰富，市场分工日益深化。探究发达国家的发展经验，可以看出年金市场的发育成熟既取决于一个国家的经济社会环境和制度路径，也与该国所采取的年金市场调控政策高度相关，这些都可为中国新兴的年金市场发展提供宝贵的经验借鉴。

一、全球年金市场发展概况

（一）年金市场在多支柱养老保障体系中的地位

社会养老保障是一个多支柱体系，在发达国家，私营化运作的企业年金和个人养老金计划通常处于第二支柱或第三支柱的地位。有些国家和地区的私营养老金计划是强制性的，如部分拉美和东欧地区国家的个人账户养老金计划、部分北欧国家（如丹麦和芬兰）的职业养老金计划（occupational pension plan）、澳大利亚的超级年金以及中国香港地区的强积金计划等。在这些国家和地区，私营养老金在退休收入保障中起到了主要的支柱作用；世界上大部分国家的私营养老金属于自愿性计划，最为典型的是美国和英国，其私营年金市场高度发达。

以下从基金规模、覆盖面和替代率三个维度来说明发达国家私营养老金市场的发展情况。

1. 养老基金市场规模

根据 OECD 的统计，2010 年末，全球养老基金市值为 19.3 万亿美元，其中 96%（18.6 万亿美元）的资产分布在 OECD 国家，4%（仅 7 000 亿美元）分布在非 OECD 国家。从表 6 – 1 中可以看出，全球养老基金高度集中于发达国家，除欧美国家之外，拉丁美洲国家的养老基金规模要远高于亚洲国家。在 OECD 国家中，从各国养老基金所占市场份额看，前 6 位的国家分别为：美国、英国、日本、挪威、澳大利亚和加拿大，这 6 个国家的养老基金规模合计达到了 OECD 国家总量的 90%，而仅美国一国的市场份额就占据了 OECD 国家的半壁江山，达到了 55%（见图 6 – 1）。

表 6 – 1　　　　　　　　1997 ~ 2010 年末全球养老基金资产规模　　　　　单位：亿美元

地区	2007 年	2008 年	2009 年	2010 年	2007 ~ 2010 年平均增长速度
OECD 国家	18 960	15 571	17 266	18 590	− 0.7%
非 OECD 国家	636	451	487	748	5.6%
G20 国家	14 541	11 474	13 025	14 680	0.3%
欧洲区国家	1 769	1 677	1 746	1 807	0.7%
金砖五国	444	259	316	398	− 3.6%
拉丁美洲	19 766	16 201	17 909	21 811	− 0.4%
亚洲	1 322	1 318	1 605	1 686	8.5%
全球	19 596	16 022	17 754	19 339	− 0.4%

资料来源：OECD Global Pension Statistics，http：//www. oecd. org/daf/financialmarketsinsuranceandpensions/privatepensions/pensionmarketsinfocus. htm.

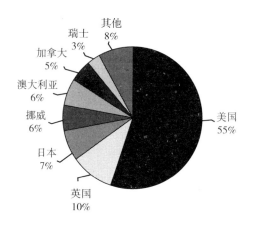

图 6 - 1   2010 年 OECD 国家养老金资产地域分布

资料来源：OECD Global Pension Statistics，http：//www.oecd.org/daf/financialmarketsinsurance-andpensions/privatepensions/pensionmarketsinfocus.htm.

图 6 - 2 说明了 2011 年 OECD 各国养老基金占 GDP 比重的排序情况，养老基金占 GDP 比重最高的 3 个国家分别为荷兰、冰岛和瑞士，该数字均超过了 100%；其次为澳大利亚、英国、芬兰、美国、加拿大和智利，这 6 国都超过了 50%；最低的国家为法国、希腊等欧洲大陆国家。出现这一现象的原因在于：北欧国家有着非常发达的职业年金计划，有些国家的职业养老金是准强制性的，覆盖到各个行业，因此，养老基金非常发达。此外，在具有盎格鲁—撒克逊传统的英、美国家，自愿性的私营养老金市场规模也相当可观；而在欧洲大陆国家，由于作为第一支柱的现收现付公共养老金替代率非常高，私营养老基金市场则发展滞后，积累性养老基金资产规模很小。

2. 私营养老金计划覆盖面

表 6 - 2 采用私营养老金计划参保人口占劳动人口的比重指标，来衡量 OECD 国家私营养老金的覆盖面情况。可以看出，OECD 国家私营养老金计划的覆盖面存在较大差距，一般来说，实行强制性或准强制性养老金计划的国家覆盖面较高，例如，北欧国家有着准强制性行业性养老金计划，覆盖面较高；而单纯实行自愿性养老金计划的国家覆盖面较低一些，通常低于 50%，但美国和英国的私营养老金覆盖面都达到了 40% 以上。

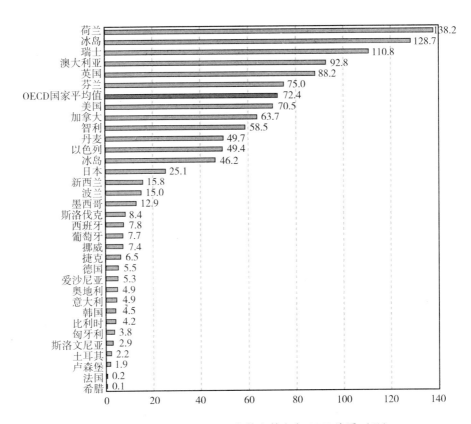

图 6 - 2　2011 年 OECD 国家养老基金占 GDP 比重（%）

资料来源：http：//stats. oecd. org/Index. aspx？ DatasetCode = PNNI_NEW.

表 6 - 2　　　　2010 年 OECD 国家私营养老金计划覆盖面

（参保人口占 15 ~ 64 岁中的劳动人口比重%）　　　　　　　　单位：%

国家	强制型/ 准强制型	自愿型		
		企业年金	个人养老金	合　计
澳大利亚	68. 5	—	19. 9	19. 9
奥地利	—	12. 3	25. 7	—
比利时	—	42. 3	—	—
加拿大	—	33. 5	33. 1	—
智利	73. 7	—	—	—
捷克共和国	—	—	61. 2	61. 2
丹麦	83. 8	—	23. 6	23. 6
爱沙尼亚	67. 1	—	—	—

续表

国家	强制型/准强制型	自愿型		
		企业年金	个人养老金	合　计
芬兰	75.5	7.4	21.3	28.8
法国	—	17.3	5.3	—
德国	—	22.5	36.9	47.1
希腊	—	0.3	—	—
匈牙利	45.4	—	18.9	18.9
冰岛	85.5	—	42.0	42.0
爱尔兰	—	31.0	12.0	41.3
以色列	75.9	—	—	—
意大利	—	7.6	6.2	13.3
日本	—	—	—	—
韩国	—	14.6	36.5	—
卢森堡	—	3.3	—	—
墨西哥	57.7	1.6	—	1.6
荷兰	88.0	—	28.3	28.3
新西兰	—	8.2	55.5	—
挪威	65.8	—	22.0	—
波兰	54.8	1.3	—	—
葡萄牙	—	3.1	5.6	—
斯洛伐克	—	—	43.9	43.9
斯洛文尼亚	—	—	—	38.3
西班牙	—	3.3	15.7	18.6
瑞典	90	—	27.6	27.6
瑞士	70.1	—	—	—
土耳其	0.9	0.2	4.2	—
英国	—	30.0	11.1	43.3
美国	—	41.6	22.0	47.1

资料来源：OECD，Global Pension Statistics，Estimates and OECD Calculations Using Survey Data. http://dx.doi.org/10.1787/888932599044。

3. 私营养老金计划替代率

表6－3说明了OECD国家养老金体系整体替代率的基本情况。总体来

看，OECD 国家的公共养老金平均替代率水平并不高，平均替代率为社会平均工资的 42.2% 左右，但不同国家的养老金替代率水平存在较大差距，北欧和南欧国家的养老金替代率水平普遍较高，最高的希腊高达 95.7%。如果加上强制性私营养老金计划，各国的平均替代率则达到了 57.3%。一般来说，公共养老金发达的国家，自愿性私营养老金计划的发展空间则受到限制，在退休保障收入中所起的作用较弱；而公共养老金替代率较低的国家，则往往具有较为发达的私营养老金计划，用以弥补公共养老金计划替代率的不足。例如，在英国、美国和爱尔兰等国家，虽然公共养老金的平均替代率不足 40%，但加上自愿性养老金计划后，整体养老金替代率仍达到了 70% 左右，高于 OECD 国家 64.4% 的平均水平。

表 6-3　　　　　　　**2011 年 OECD 国家养老金计划替代率**　　　　　单位：%

国家	强制型公共养老金	强制型私营养老金	自愿 DC 型企业年金	强制型养老金合计	全部养老金合计
澳大利亚	11.8	35.4		47.3	
奥地利	76.6			76.6	
比利时	42.0		15.6	42.0	57.6
加拿大	38.9		30.8	38.9	69.7
智利	3.2	41.7		44.9	
捷克	50.2		11.3	50.2	61.5
丹麦	28.9	50.7		79.7	
爱沙尼亚	25.5	22.5		48.0	
芬兰	57.8			57.8	
法国	49.1			49.1	
德国	42.0		16.9	42.0	59.0
希腊	95.7			95.7	
匈牙利	44.4	31.4		75.8	
冰岛	15.0	81.9		96.9	
爱尔兰	29.0		37.6	29.0	66.5
以色列	19.4	50.2		69.6	
意大利	64.5			64.5	
日本	34.5			34.5	
韩国	42.1			42.1	

国家	强制型公共养老金	强制型私营养老金	自愿DC型企业年金	强制型养老金合计	全部养老金合计
卢森堡	87.4			87.4	
墨西哥	4.0	26.9		30.9	
荷兰	29.2	58.9		88.1	
新西兰	38.7		14.6	38.7	53.4
挪威	46.1	7.0	12.0	53.1	65.0
波兰	28.7	30.2		59.0	
葡萄牙	53.9			53.9	
斯洛伐克	26.0	31.6		57.5	
斯洛文尼亚	62.4			62.4	
西班牙	81.2			81.2	
瑞典	35.8	22.7		58.4	
瑞士	34.5	23.4		57.9	
土耳其	64.5			64.5	
英国	31.9		36.7	31.9	68.6
美国	39.4		38.8	39.4	78.2
OECD34国平均	42.2			57.3	64.4

资料来源：OECD（2011），"Pensions at a Glance 2011：Retirement-income systems in OECD and G20 countries"，OECD，Paris.

（二）年金市场发展模式划分

1. 福利体制的三分法与年金市场发展模式

一个国家年金市场的发展模式与该国福利体制的根源息息相关。著名学者艾斯平－安德森运用"非商品化"工具对福利国家进行分类。"非商品化"的概念与"商品化"或"市场化"相对应，一个国家福利体制的"非商品化"程度越高，说明其福利计划的再分配功能越强，对于弱势群体的保护程度越高，对于市场的依赖越低。按照这种划分法，福利国家体制分为三种类型（见表6－4）[①]：

---

① 关于福利国家体制的划分参见：［丹麦］艾斯平－安德森著，郑秉文译：《福利资本主义的三个世界》，法律出版社2003年版。

表6-4　　　　　　　　　　　福利国家体制的三分法

	保守合作主义型	自由主义型	社会民主主义型
地理位置	欧洲大陆	盎格鲁—撒克逊	斯堪的纳维亚
思想与历史渊源	俾斯麦	贝弗里奇	贝弗里奇
社会目标	工人的收入扶持政策	贫困与失业的救助	所有人平等与公平的再分配
给付的基本原则	缴费型的原则	选择型的原则	普享型的原则
给付的技术原则	社会保险型的原则	目标定位型的原则	再分配型的原则
给付结构	部分给付型（缴费关联与收入关联的）	家计调查型	统一费率
可及性的方式	社会地位与工作环境	需求与贫困程度	公民地位与居住资格
融资机制	就业关联型的缴费	税收	税收
管理与控制决策	社会伙伴合作制	中央政府控制	国家与地方政府控制

资料来源：郑秉文，《"福利模式"比较研究与福利改革实证分析——从政治经济学的角度》，http://www.dajunzk.com/fulimoshi.htm.

第一种类型是"自由主义"福利体制。在这种福利体制中，居支配地位的是经济调查和家计调查式的社会救助计划，辅以少量的"普救式"转移支付或作用有限的社会保险计划。在这种模式下，社会保障的主体依赖于市场，福利给付的对象主要是那些收入较低、依靠国家救助的工人阶层；该模式的典型代表是美国、英国、加拿大和澳大利亚等，主要是具有盎格鲁—撒克逊传统的英语国家。

第二种类型为"保守主义"福利体制。该制度类型的特点是社会保障的资格以工作业绩为基础，即以参与劳动市场和社保缴费记录为前提条件，带有保险的精算性质；这类制度最初发生在德国并得到长期发展，而后扩展到整个欧洲大陆，目前奥地利、法国、德国和意大利等许多国家都属于这种体制。

第三种类型是"社会民主主义"福利模式。它缘于贝弗里奇的普遍公民权原则，资格的确认几乎与个人需求程度或工作表现无关，而主要取决于公民资格或长期居住资格。这种福利体制也被称为"人民福利模式"，其非商品化程度最强，给付最慷慨；与上述两种制度相比，属于这种类型制度的国家数量较少，只存在于斯堪的纳维亚几个国家之中，人们常常将之作为福利资本主义的"福利橱窗"。

与上述福利体制的三分法相对应，福利国家的养老金市场也呈现出明显的分化特征。从表 6 - 1、表 6 - 2 和表 6 - 3 中可以明显看出，在具有英语传统的自由主义模式国家中，私营养老金在基金资产、覆盖面和替代率等指标上都要高于欧洲大陆保守主义福利体制国家；而在采用社会民主主义福利体制的北欧国家，虽然社会福利的慷慨程度最高，但由于具有准强制性的职业养老金计划，私营养老金市场也非常发达。

2. 公共、私营年金混合发展的四种模式

在多支柱的养老体系中，如何处理好公共养老计划（国家强制性的社会基本养老计划）与私营年金计划之间的关系，实现最优化的社会养老制度结构，是各个国家面临的一个重要课题。从总的发展趋势看，私营年金在社会养老制度中的地位越来越重要，引入市场化的养老保障机制是各国改革的一个重要方向。养老金经济学家马丁·瑞恩（Martin Rein）和约翰·特纳（John Turner）对各国公共、私营养老计划混合发展的历史路径行了分析，总结出四种私营养老计划发展的主导模式。[①]这四种模式分别为：税收激励的自发型方式（Voluntary with tax incentives）、协议退出（Contracting out）方式、劳动契约型方式（Labor contracting）和政府强制型方式（Mandatory）。上述四种模式划分的依据有两个维度：其一是私营计划的法律强制性，即是强制性参加的还是自愿性的；其二是私营计划与社会保障计划之间的关系，即私营计划是在社保计划的基础上"添加"（adding on）一个支柱，还是在社会保障计划中"划出"（carving out）一个私营计划；在后一种情况下，二者间是一种替代关系，通常通过消减社保计划缴费，来为私营计划发展腾出空间。这两个维度的因素结合在一起，产生了四种模式的私营养老金发展模式，其基本特点见表 6 - 5。应该说，上述四种模式的划分并不是截然分开的，一个国家的私营年金发展通常会采取混合策略，例如许多采用强制型计划的国家，也往往采取税收优惠方式来激励私营养老金的发展。

（1）政府强制型。

强制型是由政府强制雇主建立私营养老金计划的方式，强制型年金计划在整个养老体系中所起的作用比较大，它可以部分或完全替代国家养老计划所承担的养老责任。

---

① Martin Rein and John Turner："How Societies Mix Public and Private Spheres in Their Pension Systems", in Martin Rein and Winfried Schmahl：*Rethinking the Welfare State：the Political Economy of Pension Reform*, USA, 2003。

表 6 - 5　　　　　　　　私营年金计划发展的四种模式特征比较

发展路径	强制型与否	私营计划的建立方式 （与公共计划的关系）	发起人	代表国家
1. 政府强制型	强制型	新增加（add on） 或替代关系（carve-out）	雇主和个人	澳大利亚、 瑞典
2. 税收激励的自发型	自愿型	新增加（add on）	雇主、工会和 个人	美国、加拿大
3. 协议退出型	自愿型	替代关系（carve out）	雇主和个人	英国、日本
4. 劳动契约型	准强制型	新增加（add on）	雇主和工会 组织	丹麦、荷兰、 瑞士

资料来源：Martin Rein and John Turner："How Societies Mix Public and Private Spheres in Their Pension Systems"，in Martin Rein and Winfried Schmahl：*Rethinking the Welfare State*：*the Political Economy of Pension Reform*，USA，2003。

　　实行强制性年金的国家的一个典型代表是澳大利亚。澳大利亚养老计划的第一支柱为国家养老计划，它覆盖到全体国民，但保障水平非常低。职业养老计划在澳大利亚已有 100 多年的历史，1992 年以前职业年金属于自愿性质，当时只有 40% 的雇员参加；20 世纪 80 年代和 90 年代，工会联盟在推进职业年金发展中起到了巨大作用。1992 年，迫于工会联盟委员会提出将职业年金计划扩展到所有就业人员的政治压力，澳大利亚政府实施了超级年金制度，要求雇主必须为雇员提供最低标准的年金缴费，2002 年，缴费标准上升到工资的 9%。一定范围内的缴费是免税的，并且这个限额随雇员年龄的增加而递增。如果雇主没有为雇员缴费，则按标准缴费数额给予一定税收处罚。从近 10 多年的实际发展情况看，由于税收政策的经济激励作用，并且在工会联盟以及保险业的大力推动下，澳大利亚超级年金计划获得了快速发展，绝大部分企业已加入超级年金计划，目前覆盖面已扩大到 80% 以上。

　　此外，以智利为代表的拉美国家和部分中东欧国家，也可被看作国家强制型私营养老金发展模式，这些国家社会保障改革中引入了私营化的个人账户养老金计划，通过法律强制实施，养老金覆盖面扩展到了大部分就业人口。

　　（2）税收激励的自发型。

　　"自发型"一词的含义为养老计划的发起完全由雇主决定，法律或工会组织没有强制，雇主根据劳动力市场的竞争条件，决定是否建立年金计划，以吸引雇员。在这种方式下，政府促进年金计划发展的工具为税收激励。从政府的角度讲，税收减免是出于维护社会公共养老责任的目的，税收减免是政府的一项间接财政损失，为此，政府具有一定的监管责任，否则它就会成为企业避税的一种工具。从企业的立场看，企业需要在建立年金计划的成本和税收优惠收益之间做出权衡，税收的优惠性越强，企业和雇员得到的实惠越大，积极性越高。

市场自发型年金市场的典型代表是美国，从美国企业年金发展的几个历史阶段中，可以看出其市场发育过程中的阶段性特征。

第一阶段为福利资本主义时代。始于20世纪20年代，当时美国还没有建立正式的国家社会保障计划，企业年金计划的建立大都出于一些大公司招聘人才的需要以及对于雇员的"恩给"观念的影响。20世纪20年代，美国的企业年金计划覆盖率仅为5%左右，并且在雇员职业流动时的便携性差，年金受益资格缺乏相应的保护规则。随着20世纪30年代美国经济的萧条，一些大公司（如铁路运输公司）的私营养老基金破产，政府迫于社会各方面的政治压力，介入对私营养老计划的干预，并承担了相应的养老金破产债务。这说明在私营养老计划发展初期，政府决不能袖手旁观，置之不理。

第二阶段为国家社会保障计划建立时期。自1935年开始，美国开始逐步建立国家社会保障计划。国家养老计划建立的部分原因源于私营养老计划的失败，在私营养老计划发展比较弱的情况下，国家养老计划建立的基本原则是，提供服务于社会公民的基础养老金，它是全体覆盖的、缴费型的、具有再分配功能、支持低工资收入雇员的国家基本养老计划。而私营计划处于基本养老计划的辅助地位。

第三阶段为20世纪40年代养老金资本主义的上升期。在1935~1950年期间，美国私营养老计划在非农产业部门的覆盖率从6%上升到20%。40年代公共社保计划缓慢的发展为私营职业养老计划的发展带来了机遇。首先，较低的公共养老保障计划并没有被看作是一项负担，而是扶持低收入阶层的一个社会合作机制，对于高收入阶层，私营养老计划的建立可以满足他们的需求；其次，来自于工会组织的保护工人劳资利益的集体协商和谈判制度，在推进私营养老计划发展方面起到了一定作用；20世纪40年代综合税率的提高，使得企业年金计划的延迟纳税政策对于雇主建立年金计划越来越有吸引力。

第四阶段为公共养老计划扩张的黄金期。1950 年后，美国公共养老保障发展进入一个黄金时代，这一时期，美国基本社会保障计划覆盖到了几乎所有就业群体（除教会和政府职员之外），参保率超过了 95%，与之相并行的是企业年金计划在覆盖面、待遇给付与监管制度等方面也得到了快速发展。1974 年《雇员收入保障法》的实施和 20 世纪 80 年代养老金税收优惠的出台，都在很大程度上促进了私营养老金市场的兴起。

第五阶段为由私营养老计划向个人退休储蓄账户过渡的时期。从 20 世纪 80 年代后，私营养老计划发展经历了巨大的变化，私营养老金收入在整个社会养老支出中的比例快速上升，计划发起方式日趋多样，模式由 DB 型向 DC 型及混合型转变。其中一个重要特点是个人退休账户的兴起，在养老计划中，个人进行缴费和投资决策的趋势越来越强。

（3）协议退出型。

协议退出的方式是指个人或雇主可以在强制性的公共养老计划中获取全部性或部分性的缴费豁免，用于建立私营养老金计划。在此交换过程中，私营、公共养老计划是一种替代关系，即社保缴费可以从公共养老计划向私营养老计划转移，通常对此有一个基本的限定条件，即私营养老计划要达到最低的建立标准和替代率要求，国家可以给予协议退出计划一定的税收激励政策。此外，企业或个人建立的私营养老计划在经营不善时，个人可以选择返回到公共养老计划中去。

该种模式的典型代表国家为英国。现代福利国家的思想起源于英国的贝弗里奇计划，在 20 世纪 80 年代以前，英国有关养老金的一系列社会政策都体现了一个基本的理念，即国家在保障老年人生存福利方面承担主要责任，因而，老年人福利和政府在保障老年人生活方面的开支不断上升。但自 20 世纪 80 年代开始，受自由主义模式经济改革理念的支配，英国开始尝试进行养老金制度的大幅度改革，通过发展职业和个人养老金计划，把国家承担的养老责任向私人部门转移，取得了明显的成效。其中通过协议退出公共养老金、发展私营养老计划的做法，颇具特色。

英国的国家养老金体制采取二层次结构。第一支柱结构为统一缴费率的国家基本养老金（State Basic Pension）；第二支柱结构是由国家提供的与收入相关联的养老金计划（State Earning Related Pension Scheme，SERPS）。"协议退出"指的是，个人或雇主从 SERPS 养老金计划中退出，加入到雇主发起的企业年金计划或商业机构设立的个人养老金计划中去。

为了降低国家养老计划的财政负担，从 20 世纪 80 年代中期，英国政府开始有意识地采取一系列政策改革养老金制度。首先是降低国家公共养老金的待遇水平，1986 年的社保法修改了国家收入关联计划的养老金计算公式，减少遗属养老金，目的是让该计划与"职业养老金计划"和"个人养老金计划"相比失去吸引力，从而达到减少政府养老负担的目的。其次是改革企业年金计划，允许雇主机构设立 DC 型养老计划，政府为鼓励职业养老金计划从国家体制中退出，对 1986 年以后"协议退出"国家收入关联计划的职业养老金计划给予 5.8% 的国民保险缴费（National Insurance Contributions，NICs）折扣；再者就是引入个人养老金计划，个人养老金计划由保险公司和其他金融中介机构负责，雇员可以比较各家金融机构提供的个人养老金计划，选择最适合自己的产品。为鼓励雇员参加新推出的个人养老金计划，政府除了从国民保险费中拿出 5.8 个百分点（个人缴费率的 2%，雇主缴费率的 3.8%）退回到个人养老金账户外，还给予 2% 的额外奖励。[①]

英国自 20 世纪 80 年代以来的市场化养老金改革政策是比较成功的，由于诸多的税收优惠条件和政府鼓励措施，目前已有一半以上的雇员退出国家收入关联养老计划，加入职业养老计划或个人养老计划。目前英国国家承担的公共养老金支出仅占 GDP 的 4% 左右，是 OECD 国家最低的国家之一，从发展趋势看，由于私营养老计划的快速发展，分散了养老责任，这个比例将呈总体下降趋势。

（4）劳动契约型。

劳动契约型职业养老计划是指劳动力市场各方代表之间通过协商或谈判而建立的养老金计划。私营部门养老金计划的发起人通常为行业协会、职业联盟或单个企业，计划的发起和设立有统一的规则框架。实行这种方式的国家大部分是欧洲大陆"保守主义"福利体制的国家，这些国家的养老保险计划与职业和工作身份相关联，具有较强的"合作主义"历史传统，工会或行业组织十分发达，工人的养老金权益通过国家、工会或行业联盟以及企业之间的集体协调得以维护。

---

① 郑秉文、胡云超：《英国养老制度改革"市场化"取向的经验与教训》，载《辽宁大学学报》2003 年第 4 期，第 93～101 页。

这种类型的职业养老计划发展水平在欧洲大陆呈现出较大的差异性。德国私营部门的职业养老计划水平相对较低，法国、挪威和部分北欧国家私营部门职业养老计划非常发达，这与各个国家的经济、政治、历史传统相关。丹麦建立了全国强制性的职业养老基金计划，称为 ATP 补充劳动力市场计划，企业雇主和雇员都要加入这个计划；荷兰的私营养老金市场上有 90 多个覆盖整个行业的私营养老计划，其中很多是强制性的。

（三）年金市场的监管体制分析

本部分介绍发达国家年金市场的监管体制。对年金市场的监管涉及政府社会保障、税收、财务和保险等不同部门的职责。根据监管机构间的职责分工，OECD 国家的企业年金监管可划分为三种模式。

第一种是"一体化"监管模式：即由一个机构负责监管整个金融部门（包括银行、证券公司、保险公司和养老基金），其特征是对不同金融行业实行混合监管。从 20 世纪 80 年代开始，部分 OECD 国家开始改革旧的金融体制，对金融监管机构进行整合，建立统一标准的金融监管当局（建立时间分别为：挪威 1986 年、加拿大 1987 年、丹麦 1988 年、瑞典 1991 年）。在此过程中，养老金监管被纳入统一的监管框架内。

第二种是"部分一体化"监管模式：即由一个机构同时负责保险资金和养老基金的监管。采用"部分一体化"监管模式的国家有：芬兰、卢森堡、新西兰、葡萄牙、西班牙和土耳其。这些国家成立一个专门机构同时负责保险公司和养老基金的监管，该机构一般隶属于财政部、劳动部或者其他某部委的某个司，与其他金融监管工作相分离。

第三种是"专业化"监管模式：即一个或多个监管机构专门从事养老基金监管。这种监管模式的特征是对不同的金融行业分开监管，通常对企业年金和个人养老金储蓄设立特定的监管部门。采用这种模式的 OECD 国家有爱尔兰、日本、意大利、墨西哥、瑞典、瑞士、英国和美国等。此外，在引入私营养老金体系的拉美国家，通常也设立了单一目的专业养老基金监管机构，对养老金运营公司进行"审慎"式监管。

表 6 - 6 提供了部分 OECD 国家私营养老金监管机构的设置情况。从中可以看出：第一，采用"专业化"模式的国家，大多设有专门的企业年金监管机构，承担主要的监管职能，并有多个其他监管部门予以配合；第二，采用"部分一体化"模式的国家，大多是由保险业监管机构同时监管企业

年金，同时也涉及其他政府监管部门的职责；第三，采用"一体化"模式的国家，大多是由金融监管局来监管企业年金，这些国家的监管部门设置相对单一。

表6-6 部分OECD国家私营养老金的监管部门设置

国家	被监管的私营养老金计划	私营养老金监管机构	主要监管机构
	采用"专业化"监管模式的国家		
爱尔兰	企业年金计划 自愿性个人养老金计划	养老金监管委员会（PB） 税务委员会（RC） 中央银行（CB） 企业、贸易与就业部（DETE）	养老金监管委员会监管企业年金计划 企业、贸易与就业部监管个人储蓄计划
意大利	企业年金计划 自愿性个人养老金计划	养老基金监管委员会（COVIP） 股票市场和证券管理委员会（CONSOB） 意大利银行 私营保险监管（ISVAP）	养老基金监管委员会监管企业年金计划和自愿性个人储蓄计划
日本	企业年金计划 自愿性个人养老金计划	厚生劳动省（MHLW）/年金局 金融服务局（FSA）	厚生劳动省下属的年金局监管企业年金计划
墨西哥	强制性和自愿性个人养老金计划	财政部（MF） 国家退休储蓄监管委员会（CONSAR） 墨西哥社会保障局（IMSS）	国家退休储蓄监管委员会监管强制性个人养老金计划 财政部监管自愿性个人养老金计划
瑞典	准强制性企业年金计划 自愿性个人养老金计划	金融监管委员会（FI） 地方管理委员会	金融监管委员会监管互助会 地方管理委员会监管养老基金
英国	强制性和自愿性企业年金计划和个人养老金计划	养老金监管局（TPR） 金融服务局（FSA） 国家税务局（IR）	养老金监管局

续表

国家	被监管的私营养老金计划	私营养老金监管机构	主要监管机构
采用"部分一体化"监管模式的国家			
新西兰	企业年金计划 自愿性个人养老金计划	保险与退休金精算局（ISU） 经济发展部	保险与退休金精算局
葡萄牙	企业年金计划 自愿性个人养老金计划	葡萄牙保险局（ISP）	葡萄牙保险局
西班牙	企业年金计划 自愿性个人养老金计划	保险和私营养老金计划总理事会（DGSFP）	保险和私营储蓄计划总理事会
土耳其	企业年金计划 自愿性个人养老金计划	财政部（MF） 国库秘书处（UT） 资本市场委员会（CMB）	国库秘书处和资本市场委员会共同监管养老基金
采用"一体化"监管模式的国家			
澳大利亚	强制性和自愿性的企业年金计划、个人养老金计划	澳大利亚审慎监管局（APRA） 澳大利亚证券投资委员会（ASIC） 澳大利亚税务部（ATO）	澳大利亚审慎管理局监管所有退休金基金
加拿大	自愿性企业年金计划	金融机构监督办（OSFI） 加拿大关税与税收局（CCRA） 地方养老金监管局	金融机构监督办监管联邦养老金计划 地方养老金监管局监管养老金计划
丹麦	强制性企业年金计划 自愿性个人养老金计划	金融监管局（FSA）	金融监管局
德国	企业年金计划 自愿性个人养老金计划	金融监管局（BAFin）	金融监管局
匈牙利	强制性和自愿性企业年金计划、个人养老金计划	财政部（MF） 匈牙利金融监管局（HFSA） 税务局（TA）	匈牙利金融监管局
冰岛	强制性企业年金计划 自愿性个人养老金计划	财政部（MF） 金融市场管理局（FME） 国内税务理事会（IRD）	金融市场管理局
挪威	企业年金计划和自愿性个人养老金计划（如果雇主建立了企业年金计划，则雇员必须参加）	金融监管局（Kredittilsynet） 财政部	金融监管署

续表

国家	被监管的私营养老金计划	私营养老金监管机构	主要监管机构
	采用"一体化"监管模式的国家		
捷克共和国	自愿性养老金计划	捷克中央银行（CNB）	捷克中央银行
荷兰	自愿性企业年金计划（某些行业的年金计划是强制性的）和自愿性个人养老金计划	荷兰中央银行（DNB）	荷兰中央银行
波兰	强制性个人养老金计划，自愿性企业年金和个人养老金	波兰金融监管局（PFSA）	波兰金融监管局

资料来源：OECD，《养老基金监管：组织与方法》，中国养老金网译，中国发展出版社 2004 年版；European Central Bank："Recent Developments in Supervisory Structure in EU and Acceding Countries"，October 2006。

企业年金的监管涉及政府多部门之间的协调合作，承担主要监管职能的机构需要与其他政府部门或行业机构建立起协调合作机制。在 OECD 国家中，不管是采用何种监管模式的国家，大都建立起了部门之间的相互配合和信息共享机制，主要的手段包括：

第一，用立法明确监管部门间的职责分工，避免重复监管。

第二，建立监督部门间的合作协议。包括达成明确、正式的协调与合作协议；建立合作论坛或委员会；签订合作备忘录。

第三，加强监管部门间的交流。包括部门间的联席会议、定期会晤、交换意见等措施。

第四，信息共享机制。包括信息公开、强制性的信息披露程序、信息共享协议等举措。

第五，在企业年金监管部门董事会中选用来自其他部门的成员代表。

二、典型国家年金市场的案例分析

本部分按照前面四种年金市场发展模式的划分，选取美国、智利、丹麦和日本四个国家为典型案例，分析这些国家年金市场的发展经验。美国是自发型年金市场的代表，企业年金和个人年金计划非常发达；智利是进行强制性私有化个人账户养老金计划改革的典型案例，在过去 30 多年中取得了明显成效；丹麦的 ATP 劳动力市场职业养老金计划是一种准强制型的行业性养老金计划，覆盖面非常高，近年来投资业绩突出；日本传统上有着较为发达企业年金市场，近年来引入 DC 型的年金计划，并采用"协议退出"方式促进企业年金发展。

（一）美国年金市场

1. 三支柱框架

美国养老金体系俗称"三条腿走路"，是一个完备的多层次的养老保障体系（见表 6-7）。第一支柱为国家主办的社会保障计划（OASDI）；第二支柱为雇主发起设立的企业年金计划（还包括其他非营利性组织，如教育、医疗机构养老金以及州、地方政府养老金）；第三支柱为个人储蓄养老金。

表 6-7　　　　　　　　　　　　　美国养老金多支柱体系

	计划类型	覆盖面	待遇特点
社会保障	OASDI（老年、遗属、伤残）计划	强制性，全部覆盖 92% 的劳动人口	DB，替代率为平均工资的 40%
雇主发起年金（企业年金）	延迟补偿，税优政策，包括 401（k），403（b），现金余额计划等	自愿发起，私营化运作，覆盖 49% 的劳动人口	DB，DC 以及混合型计划
个人养老金储蓄	IRA（个人退休账户），个人养老保险等	自愿性储蓄	一次性领取，年金

资料来源：作者根据相关资料绘制。

随着人口老龄化趋势的加快，美国社会保障计划面临越来越大的财务压力。自 2011 年开始，美国"婴儿潮"[①]（Baby Boomer）一代开始进入退休高潮，由此带来社会保障信托基金的支付危机。如图 6-3 所示，2011 年末，美国联邦社保信托基金的余额为 2.7 万亿美元，根据美国社会保障总署的精算报告，在今后 75 年内，由于 OASDI 计划当期收不抵支，到 2032 年该项基金资产将消耗殆尽，此后积累债务水平逐年上升，到 2086 年净债务

---

① "婴儿潮"一代是指在美国 1946～1964 年这个生育高峰期间出生的婴儿，大约总量为 7 600 万，在今后 20 年期间，他们将进入退休高峰期。

现值积累为 8.6 万亿美元。①

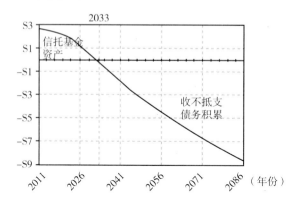

图 6 - 3　美国联邦社会保障信托基金资产的预测变化趋势

资料来源：美国社会保障总署网站：http：//www.ssa.gov/oact/tr/2012/II_D_project.html#119028。

随着经济社会和人口老龄化形势的变化，在美国，雇员退休金收入的来源将日趋分散化，个人在养老保险方面的责任日趋加强。根据美国雇员收入研究所的预测（见图 6 - 4），到 2030 年，估计联邦社保计划和传统 DB 型年金为雇员提供的收入占整个退休金的比重将下降到 24% 左右，而个人账户的退休金资产和工资性收入将上升到 76%，这意味着"个人养老责任时代的到来"。

2. 年金市场结构

（1）年金市场总体规模。

在美国多支柱体系中，年金市场资产指的是由第二支柱企业年金和第三支柱个人养老金组成的退休金资产。图 6 - 5 说明了自 1990 年以来美国退休金资产的增长趋势，在过去 13 中，养老金资产增长了 4·倍之多，由 1990 年的 2.3 万亿美元增加到 2012 年的 12.3 万亿美元，其中 DC 型企业年金资产和个人账户养老金的上升趋势非常明显。

（2）由 DB 型向 DC 型转变的趋势。

从融资和给付方式上来看，企业年金计划可分为两大类，即 DB 型计划与 DC 型计划。DB 型计划是一种非政府强制性的计划，没有全国统一的待遇标准，也没有法定的最高限额。计划不为参与者设立个人账户，只是建立一个总的共同账户。20 世纪 70 年代以前，美国 DB 型计划的资金

---

① http：//www.ssa.gov/oact/tr/2012/II_D_project.html#119028。

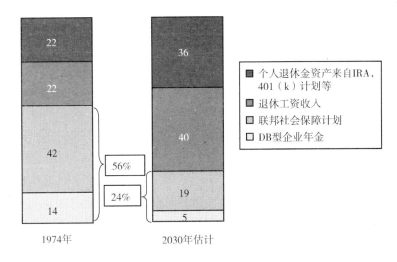

图6-4　美国退休金收入来源的预测变化趋势

资料来源：美国雇员福利研究所，http：//www.ebri.org/。

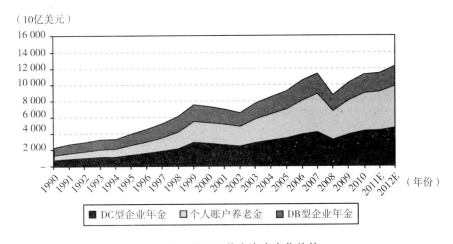

图6-5　美国退休金资产变化趋势

资料来源：美国雇员福利研究所，http：//www.ebri.org/。

筹集模式为现收现付制，多数企业采取的是雇主单方注资方式。但由于缺乏担保，资金来源和雇员利益无法保证。1974年出台的《雇员退休收入保障法》（ERISA）（以下简称《保障法》）明确规定，实施DB型计划的雇主必须改为实行基金积累制。在DB计划下，投资和死亡风险由发起计划的雇主承担，雇主负责补足资金短缺并且支付年金直到退休者死亡为止。如果雇主破产并且计划资产不足以支付待遇，养老金待遇担保公司（PBGC）将接管计划并每年支付养老金待遇，但待遇不超过一定限额。

DC型计划要求雇主与雇员双方共同为计划供款，每一位计划参与者都设有独立的个人账户。雇主利用延迟纳税等税收优惠政策向雇员提供退休金给付。雇主一般会建立个人账户管理机构，协助雇员进行投资选择。投向共同基金是DC型计划养老金投资最主要的方式。个人账户的最终积累额以及投资收益决定了雇员最后的退休给付。DC型企业年金计划主要有四大类，分别是：现金购买计划、利润分享计划、401（k）计划和雇员持股计划。其中占主导地位的是401（k）计划。在DC计划下，单个雇员承担其账户的投资风险，但是这类计划在退休福利归属权的设计和退休福利可携带性方面具有很大优势，所以自20世纪80年代以来，以个人账户为基础的DC型计划迅速发展。

图6-6说明了过去30年间，美国年金市场由DB向DC转变的明显变化趋势。从参保者数量的变化趋势上可以看出，在1989年之前，DB型计划占据绝对市场份额，但之后DC型计划的份额不断扩大，而DB型计划的数量则逐年下降。到2009年DC型计划参保者的份额为69%，而DB型仅为7%左右。

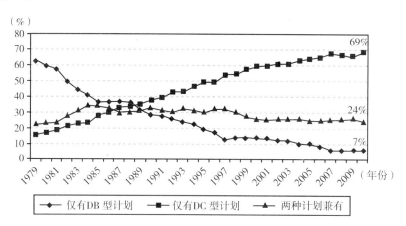

图6-6　DB型计划向DC型计划转变的发展趋势

（各类计划参保人数占总人数的比重）

资料来源：U. S. Department of Labor Form 5500 Summaries 1979－1998，Pension Benefit Guaranty Corporation，Current Population Survey 1999－2011，EBRI estimates 1999－2010.

在美国企业年金市场的DC型计划中，401（k）计划的规模最大，目前该计划占据了DC型市场养老金资产总量的近90%。从图6－7中可看出，在几类退休金资产中，401（k）计划资产的增长尤为明显。

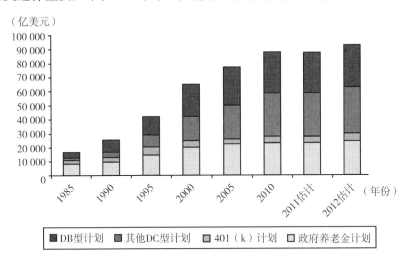

图6－7　美国各类企业年金资产的变化趋势

资料来源：美国劳工部（2010），http：//www.dol.gov/。

3. 监管体制

美国政府机构对美国企业年金的监管法律基础来源于两部重要的联邦法规，即《税收法》（The Internal Revenue Code）和《雇员退休收入保障法》（ERISA），以下简称《保障法》。美国联邦政府中有三个部门负责监管养老金计划：美国劳工部主要负责确保企业年金计划对《保障法》的遵守和执行；美国财政部及其下属国家税务局主要负责认定有关企业年金计划的税收优惠资格，保证企业年金计划对税收优惠法律法规的遵守和执行；养老金待遇担保公司在对 DB 型企业年金计划偿付能力提供担保的同时也对计划的合规经营进行监管。

（1）劳工部。

美国政府中负责对《保障法》进行监督执行的部门是美国劳工部，而具体负责的部门是劳工部下设的雇员福利保障局。具体地说，美国劳工部部长办公室下设一位副部长，他由总统任命并听候总统指令，任期通常限于一届总统政府。向副部长直接报告的有 17 个管理局，其中就有雇员福利保障局。劳工部的监管活动主要包括对企业养老金计划进行审查和调查，对违规操作的行为和任何违法的事件通过法律诉讼进行解决或采取有关惩罚和更正措施。《保障法》就劳工部可以进行的执法行动做了以下规定。

第一，对那些管理企业年金计划和基金的个人和机构（主要是企业年金计划的受托人、账户管理人、受托管理人、托管人和行政管理人）的行为是否完全按照《保障法》中规定的所谓"受托人"的职责标准行事①，是否按照"谨慎人"的行为标准行事进行监督。

第二，监督和保证资助企业年金计划的企业是否将计划的资产置于一个独立于企业或其他当事人资产的信托之中。

第三，监管任何企业年金计划的受托人在履行其职责所采取的行动时是否只以计划成员的利益为出发点，不为自己和任何其他与计划利益相关的当事人谋利。

第四，监督和管理法律要求的向联邦政府有关部门和计划参与雇员进行信息披露和报告的执行情况，协助政府对企业年金计划的运行进行监管，防止对企业年金资金的滥用，从而保证计划参与雇员的权益。

第五，执行《保障法》的有关法律上诉和法律补救的有关规定，包括实施《保障法》赋予劳工部对计划进行调查、并对任何违规操作的计划受托人或资助计划的企业进行法律上诉的权力。

（2）财政部和税务局。

美国的财政部和其所属的税务局是美国政府对企业年金计划的税收政策实施监管的主要部门。其中，财政部的作用主要是对有关企业年金计划的税收和管理的政策方面进行规划。税务局的作用则是根据美国《税收法》和财政部就企业年金所制订的税收政策进行具体的实施和监督。财政部制定有关企业年金税务方面政策的主要机构是其总律师办公室下属的企业年金主管律师办公室。

税务局则是对美国企业年金税务管理方面的政策实施控制和监督的部门。企业年金计划的监管归于税务局下的免税组织及政府机构司管理。免税组织及政府机构司下又专门设有"企业年金计划处"。企业年金计划处又下设三个科：企业年金计划检查科、企业年金守法指导科和企业年金公众教育科。

（3）养老金待遇担保公司。

美国早期的企业年金计划是以 DB 型计划为主，1974 年《保障法》颁布之前，企业年金计划几乎没有任何法律上的保护。1963 年所发生的"司

---

① 《保障法》中对私有企业养老金计划管理的各当事人提出统一的"受托人"标准，这其中包括对企业年金计划资产的投资进行多元化操作，以最大限度地降低亏损的风险。

图特贝克"汽车制造公司倒闭的事件，使美国的社会和政府认识到 DB 型企业年金计划缺乏保障的危害性。1974 年《保障法》的颁布促成了养老金待遇担保公司的建立。养老金待遇担保公司的建立主要为达到两个目的：一是为参加 DB 型企业年金计划的雇员和受益人的退休待遇提供最基本保障；二是在 DB 型计划终止时，如果计划无力支付所应提供的养老金福利，养老金待遇担保公司可介入其中，为参加计划的雇员和受益人提供计划管理和福利支付的服务。养老金待遇担保公司隶属于劳工部，主要负责对已中止运行的 DB 型企业年金计划进行监管和提供担保，特别是对那些濒临破产或已破产的雇主所资助的 DB 型年金计划得以继续运行提供保证。作为一家准政府机构，还可以享有很多政府机构所具有的权利，比如执法权、稽查权和向美国财政部借款的权力。

4. 年金市场的变革趋势

2008 年以来的金融危机对美国年金市场产生了重大影响，私营养老金市场主要面临以下几方面问题：第一，在参保方面，养老金计划的覆盖面仍然不足，企业年金计划大约覆盖一半左右的工人，许多中小企业参保存在困难；第二，在投资积累阶段，金融危机期间的市场下跌给养老金投资带来巨大损失，过于复杂的投资产品设计使雇员面临选择难题；第三，在待遇领取阶段，面临的一个主要问题是雇员的储蓄水平较低，积累性养老金资产购买年金的比率较低，造成工人的退休准备不足。针对上述问题，近几年来，美国养老金监管部门主要出台以下政策措施，提高私营养老金计划的保障性。

（1）实行"自动加入（Automatic Enrollment）"养老金计划。

自 1998 年开始，美国财政部和税务局陆续出台了一些政策，逐步引入"自动加入"的 401（k）计划。自动加入的概念为：在注册养老金计划时，在雇员没有选择退出的情况下，雇主可进入程序，为雇员自动建立养老金计划，在这种情况下，雇主要为雇员确定"缺省性"（default）的缴费率和投资计划。2006 年《养老金保护法》（Pension Protection Act）的出台使"自动加入"推广起来。在该项立法之前，雇主在采取"自动加入"计划措施时，要承担雇员的投资损失。该项立法推出了"安全港"（safe harbor）投资措施，许可雇主为雇员设立"合格性的缺省投资选择计划"（Qualified Default Investment Alternative，QDIA），即雇员在没有选择投资产品的情况下，由雇主为其设定"缺省性的选择"，在这种情况下，雇主免于承担相应的投资损失。一般来说，缺省性的投资产品包括生命周期基金、平衡基金以及管理性账户等。

"自动注册"计划受到雇主和雇员的欢迎，如图 6 - 8 所示，自 2005 年以来，"自动注册"养老金计划参与率呈逐步上升趋势，到 2010 年已达到全部养老金计划参保者数量的 42% 左右。为扩大中小企业的参保覆盖面，奥巴马政府近两年进一步提出了实行"自动注册"个人退休账户计划（Automatic IRA）的提案，即针对那些没有加入企业年金计划的中小企业雇员，建立自动加入的退休金账户计划。目前这一提案正在美国国会的讨论之中。

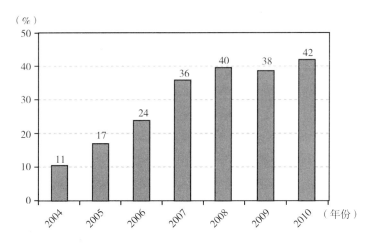

图 6 - 8 自动注册养老金计划参与率

（占全部养老金计划数量的比例）

资料来源：Plan Sponsor Council of America. 2005 - 2011. "PSCA's Annual Survey of Profit Sharing and 401（k）Plans." Chicago, IL.

（2）优化投资组合设计。

在 DC 型养老金计划下，投资决策由雇员个人做出选择，并承担相应的投资风险。金融危机期间，美国私营养老金资产缩水约 20%，许多退休老年人口承受巨大损失。同时，传统的养老金产品组合计划过于复杂，从行为经济学上分析，参保人由于金融知识缺乏、非理性因素、个人惰性等原因很难做出适宜的投资决策。在这种情况下，美国年金市场上推出了一些新的投资产品计划，其目的在于规避风险，降低成本，并简化投资程序，为参保人提供更符合自身特点、简单方便的投资服务。这些产品主要有以下几类：

第一，生命周期基金（Lifecycle Fund），也称为"年龄基准基金"（Age

Based Fund），是指根据参保人所处的不同年龄阶段，设计不同风险组合的投资基金。一般而言，年轻投资者高风险投资组合的比例较高，而接近退休的老年工人则以固定收益类投资组合为主。在很多情况下，生命周期基金可设计"缺省投资组合"，即在投资人没有做出主动选择的情况下，由投资管理人为其制定符合其年龄段特征的"缺省投资选项"。

第二，时间目标基金（Target Date Fund）。该基金是一系列投资产品（包括股票、债券等）的自动设计组合，目标在于按照投资人提出的时点需要（比如退休或待遇领取时的特定年龄），设计出相应的养老金投资组合策略。通常，该基金并不提供投资回报的承诺保障，但通过收入目标基金（Outcome-Oriented Fund），为投资者提供方便的多重退休金资产储蓄策略。该基金与生命周期基金相类似，在投资者职业生涯内，随着年龄的增长，投资风险组合会有一个"平滑"过渡。

第三，平衡基金（Balance Fund），也称为混合基金（Hybrid Fund），是指一系列由股票、债券和短期流动性资产组成的投资基金。通常，该基金采取被动投资策略，不会主动按照市场变化做出调整，而是追求指数化投资，这是其与生命周期基金和时间基准基金不同的特点。

（3）促进养老金资产购买退休年金产品。

在 DB 型养老金计划下，雇员退休后通常每年都会获得有保障的退休金收入。而在 DC 型计划下，养老金资产的积累和支付风险由雇员承担，在退休金待遇的领取形式上，参保人一般会选择一次性或分阶段领取，购买年金保险产品的比例较低。根据美国国内的调查数据，1997 年 401（k）计划中，雇员退休时购买年金保险的比例为 27%，而到 2010 年，该数字则进一步下降到 19%。①养老金市场年金保险转化率不高的原因是多方面的，涉及年金产品市场的信息不对称、长寿风险以及产品成本定价过高等多方面因素。

为推动养老金计划的年金化产品普及率，2012 年 2 月美国财政部提出一份关于养老金资产购买"长寿年金"（Longevity Annuity）的提案，在该提案下，雇员可在 65 岁退休时，将 401（k）计划中的一部分退休金储蓄提取出来，购买长寿年金保险，等雇员在 80 岁左右时领取固定化的年金收入。根据目前的退休金领取规定，受益人必须在 70.5 岁之前从个人账户中提取

①　Olivia S. Mitchell（1997），"New Trends in US Pensions"，Alicia H. Munnell（2012），401（k）Plans in 2010：an Updated from the SCF，Center for Retirement Research at Boston College.

出最低限额量以上的退休金，"长寿年金"的提案为受益人的高龄风险提供了一个保障措施。

（二）智利私营养老金体系

1. 智利私营养老金改革的过程

在20世纪70年代之前，智利传统的养老保障体系为现收现付公共养老金计划，面临许多问题。1973年智利皮诺切特军政府上台后，在经济和社会领域积极推行自由市场化政策，一批具有自由主义思想的"芝加哥学派"经济学家提出了一系列经济社会私有化改革方案，养老金制度改革是其中的一个重要方面。1980年11月4日，在军政府的强力推动下，智利通过养老金制度改革法案，引入了完全私有化运营的个人账户养老金体制。其特点是：第一，为每个雇员建立养老金个人账户，缴费为雇员工资的10%，全部存入个人账户；第二，专门成立单一经营目标的养老金管理公司，由其负责缴费的收集、账户的管理以及基金的投资运作；第三，雇员自由选择私营养老金管理公司，退休时账户积累资产转化为年金，支付给参保人；第四，成立养老金监管局，负责对私营养老金管理公司的监管，并且由政府提供最低养老金保障；第五，养老基金投资资本市场，政府采取严格的数量监管模式，防范养老基金的投资风险。

2. AFP养老金管理公司的特点

（1）AFP公司的组建。

AFPs由养老基金监管局（Superintendencey of Pension Fund Administrators，SAFP）批准建立，按照智利养老金制度改革法案规定：AFP是以管理养老基金并提供退休金为唯一目标的私营机构。在性质上AFP属于公共有限责任公司，因此，它还要符合智利公司法的相关要求。在组建一家AFP时，发起人首先要向监管当局提交一份可行性研究报告，包括如下内容：第一，业务活动的内容和目标；第二，公司发起人身份及出资证明；第三，业务活动战略分析；第四，项目经济评估；第五，业务活动计划。报告提交后，监管局将根据法律相关要求，对可行性研究报告进行评估，从而做出批准或拒绝的决定。如果申请获得通过，还要对公司进行验资鉴定①。

---

① Supnerintendency of Pension Fund Aministrators：*The Chilean Pension System（Fourth Edition）*，2003，p. 106.

（2）经营活动基本法律要求。

第一，最低资本金。AFP公司的最低注册资本金为5 000智利发展单位（UF）[①]，随着公司管理的养老金计划成员数量的增加而增长。当计划成员达到5 000人时，净资本金最低为1万UF；达到7 500人时，资本金最低为1.5万UF；1万人以上时，资本金要求为2万UF。如果AFP不能满足最低资本金要求，它有6个月的期限进行补足。达不到上述规定，AFPs的营业执照就会被吊销，并进入破产清理。

第二，资产分离。法律规定AFPs管理的养老基金资产要独立于公司自身的净资产，账户养老金资产由托管银行保管。这样做的目的是出于安全性的考虑，即使在AFPs破产的情况下，也不会影响到账户资产的安全性。

第三，佣金结构。AFPs的经营利润来源于对其管理的养老金计划成员收取的佣金，视不同情况，佣金的征收对象为工资收入、账户余额以及账户转移资产等方面。依照法律规定的佣金结构，每家AFP可以自行设立各自的佣金收费水平，但对同一家公司内的全部参保成员，征收标准是统一的。

第四，AFP的解散。在下列情况下AFP会被强制解散：第一，法定期限内达不到最低资本金要求；第二，法定期限内强制储备金无法达到应有水平；第三，出现无法兑现养老基金投资回报达到最低回报率要求的情况；第四，6个月之内，出现两次以上不遵守养老基金安全保管承诺的情况。在AFP破产的情况下，由SAFP负责公司资产的清算。但这并不会影响到该公司管理的养老基金，个人的账户基金会转移到其重新选择的养老基金管理公司中去。如果个人在法定期限内没有选择替代的AFP，SAFP会将其账户转移给一家住址或办公地点在这个参保成员工作所处城镇范围之内的公司。如果该范围内有两家这样的公司，则选择一家回报率相对高的公司；如果该范围内一家这样的公司也没有，SAFP则按照区的范围来划定这样的公司。

（3）AFP公司的主要业务范围。

第一，管理个人账户。AFPs负责个人账户基金（包括缴费、自愿储蓄以及补偿储蓄）的收缴和记录工作。收缴方式主要有两种，第一种方式是

[①] UF是智利的一种指数化货币单位，即每日通过消费物价指数（CPI）调节的真实货币价值指数。目前，1UF大约40美元。

通过纸质文件和现金支付手段，AFPs 可以在自己的办公地点或分支机构收集资金，也可以和银行、家庭津贴赔偿基金（CCAFs）或其他 SAFP 许可的机构签订合同，由这些机构收集缴费；第二种方式是通过互联网收缴，在这种方式下，雇主或自雇者向网站同时发送两个电子指令，一个是支付通知，它会立即传送到 AFP；另一个是向银行发送资金支付指令，发出后雇员个人账户就会立即产生一笔对银行的负债。

第二，进行养老基金投资。AFP 负责对成员的账户基金进行投资，基金投资的金融工具要在中央银行和 SAFP 限定的范围之内，并且在投资安全性、最低收益保障、风险评级和关联公司等诸多方面要符合养老基金监管总署的相应要求。历史上 AFPs 只能设立一支投资基金，从 2002 年开始，AFPs 要为雇员设立 A、B、C、D、E 五支风险依次递减的投资基金，个人可以在五个基金中选择其一。

第三，确认和管理养老金给付。在养老金参保成员满足领取退休金的条件后，AFPs 需要对参保成员的养老金给付进行确认。为此，AFPs 要和保险公司签订合同，为雇员提供退休年金以及伤残和遗属年金，并且还要确认并兑现存入参保成员个人账户的认可债券（recognition bond）资金。

第四，提供服务和信息。为方便服务，AFPs 在全国各地设立了分支。另外，AFPs 聘请了专门培训过的代理业务员（营销人员），他们直接和参保成员联系，负责提供各地参保人员的信息，并解决各种社会保障事务问题。在信息服务方面，AFPs 需要定期为其成员提供书面信息，例如，每 4 个月一次的账户管理报告文件，也可以通过互联网传送报告。

第五，境外业务活动。按照法律许可，AFPs 还可以在国外进行一些与社会保障事务相关的顾问或投资业务活动，这些属于 AFPs 的辅助业务。

3. 养老基金投资政策

第一，在养老基金投资的渠道和范围上，政府采取了较为严格的数量监管方式。制度建立初期，养老金只允许投资于固定收益类工具，包括国债、金融机构债券以及公司债券等。从 1985 年开始，智利允许养老基金投资于股票，1990 年允许养老基金投资国外证券。目前政策允许的股票投资比重达 30% 以上，国外证券投资达到 40%。

第二，实行养老金投资产品风险评级制度。法律要求私营机构发行的金融投资产品只有经过政府许可的风险评估公司的风险认定后，才能成为 AFPs 的投资对象。

第三，交易市场要求。一般情况下，涉及养老金投资的交易都要在正式的二级市场内进行。

第四，禁止 AFP 公司的关联交易，以防止养老金投资产生利益冲突问题。

第五，雇员的投资选择权。历史上 AFP 公司只能设立一只投资基金，2000 年开始设立两只基金，2002 年增加到 A、B、C、D、E 五只投资基金，各只基金具有不同的风险回报组合，其主要区别在于股票投资所占的份额上。在股票投资份额上，基金 A 为 40%～80%，基金 B 为 25%～60%，基金 C 为 15%～40%，基金 D 为 5%～20%，而基金 E 则不能投资股票。

4. 养老基金的投资担保机制

AFP 公司有最低投资回报率和强制储备金要求。政府对 AFPs 的投资回报率有强制性的规定要求：即每家 AFP 每个月都要保障其管理的养老基金在过去 36 个月（2002 年以前为 12 个月）的实际投资回报达到一定的最低标准，即它的最低收益率不能低于该类基金市场平均收益率 2 个百分点或低于市场平均收益率的 50%（采用两个数据中的较低者）。为应对养老金投资波动可能造成无法满足最低回报率要求情况的出现，法律要求每家 AFP 都要建立储备金制度，即公司从自有资金中划出总量为其管理养老基金净值 1% 的资金作为储备金，并将储备金与其管理的养老基金一起进行投资。此外，管理当局还对养老基金的最高投资回报率制定了上限政策，即最高投资回报率超出 AFP 行业平均回报率的部分不能超过 2 个百分点或行业平均值的 50% 以上。超出的部分要作为一项养老基金的"利润储备金"储存起来。在 AFPs 的投资回报率下降时，储备金可以用于弥补实际投资回报率与最低投资回报率标准之间的差额①。

在智利个人账户养老金制度下，政府承担三方面的担保责任：首先是最低养老金保障。对于缴费满 20 年，但由于各种原因达不到领取最低养老金标准的参保成员，由政府补足其账户余额以达到社会最低养老金的标准；其次，保障养老金投资的最低回报率。当 AFPs 达不到前述投资回报率标准时，先由 AFPs 的储备金和自有资金补足，如此措施仍不满足回报率要求，

---

① 例如，如果前 3 年行业的平均投资回报率为 10%，一家 AFP 的回报率为 17%，那么这家 AFP 的超额回报就为 2%（17%－10%－10%×50%）；如果行业平均回报率为 2%，一家 AFP 的回报率为 4.5%，那么这家 AFP 的超额回报率就为 0.5%（4.5%－2%－2%）。

则政府将对该基金管理公司进行清算并负责保证基金持有人的权益；最后，特殊情况下的担保。在养老基金管理公司停止支付或破产的情况下，政府要保证伤残和遗属保险金的支付。在保险公司破产的情况下，对于选择终身年金支付方式的参保成员，政府为其提供一定的养老金保障。

5. 近 30 年来私营养老基金的投资效果

自 1981 年积累制养老金制度实施以来，养老基金积累规模快速增长。截至 2010 年 5 月，智利养老基金的总价值为 1 164. 391 亿美元。图 6 - 9 显示了历史上养老基金的积累速度，可以看出其资产余额增长速度非常快，养老基金占 GDP 的比重由 1981 年的 1% 上升到 2009 年末的 65% 左右。

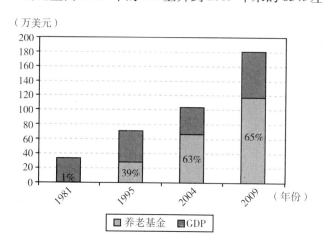

（万美元）

图 6 - 9　智利养老基金占 GDP 的比例（每年 12 月）

资料来源：智利养老基金监管局网站，http：//www. siap. cl.

智利养老基金的快速积累得益于历史上良好的投资回报效果。图 6 - 10 说明了养老基金历年的投资回报率情况，虽然回报率在金融危机期间的波动幅度较大，但长期平均下来的累计回报是相当可观的。在 1981 ~ 2010 年的 30 年期间，私营养老基金取得了年均 9. 23%（扣除通胀因素）的高额回报率。从图中的投资回报率变化趋势线可以看出，历年的回报率维持在 10% 左右的水平上，在长期内呈微幅下降趋势。

（三）丹麦 ATP 职业养老金计划

1. 多支柱养老金体系

丹麦的养老金体系包含三个层次，由公共养老金（Folkepension）、法定

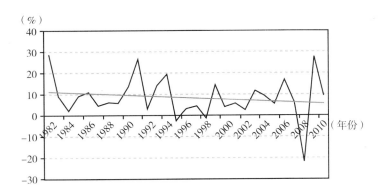

图 6-10　智利私营养老基金历年的投资回报率（扣除通胀因素）

资料来源：FIAP（国际养老金公司联合会）网站，http://www.fiap.cl/prontus_fiap/site/edic/base/port/trimestral.html.

补充养老金以及自愿性职业养老金计划三个层次组成（见表 6-8）。第一层次的公共养老金是一个家计调查型的社会养老金，融资来源于税收，全额待遇大约为社会平均工资的 17% 左右，待遇资格基于公民的居住年限，收入高于一定标准的居民，待遇水平相应削减。第二层次的劳动力市场补充养老金（Arbejdsmarkedets Tillægspension，ATP）是公共养老金的一个补充部分，具有法定强制性，采用完全积累的制度模式；第三层次为自愿性的职业养老金计划，由劳动力市场养老金（Labor market pension）和个人养老金计划组成。劳动力市场养老金主要覆盖正式部门的工人，由企业雇主和雇员通过谈判并签订协议来确定。

表 6-8　　　　　　　　　　丹麦多支柱养老金计划

	计划名称	强制性	覆盖人群	缴费	待遇
第一层次	公共养老金 Folkepension	强制参加，由国家发起设立	全体国民	来源于税收	定额待遇 领取年龄 65 岁
第二层次	法定职业养老 ATP 计划	强制参加，由雇主发起设立	全部劳动人口	定额缴费雇主承担 2/3，雇员承担 1/3	DC 型待遇，与个人缴费历史相关
第三层次	自愿型养老金	由雇主和雇员协调谈判建立	覆盖职业群体	雇主承担 2/3，雇员承担 1/3	DC 型待遇，年金或一次领取

资料来源：作者整理。

在丹麦，私营年金市场由强制型 ATP 计划和自愿型职业养老金计划组成。表6-9说明了丹麦私营养老金计划的规模和基金资产状况。可以看出，2003~2007年期间，年金市场资产呈现出较快的发展速度，期间养老基金资产占GDP的比重上升了4个百分点。

表6-9 丹麦私营养老金计划发展情况

年份	2003	2004	2005	2006	2007
养老基金规模（亿丹麦克朗）	3 989	4 510	5 219	5 323	5 490
养老基金规模占GDP比重（%）	28.5	30.8	33.7	32.4	32.4
养老金缴费占GDP比重（%）	1.1	0.5	0.5	0.5	0.5
养老金缴费占GDP比重（%）	0.6	0.6	0.5	0.5	0.6

资料来源：OECD Global Pension Statistics，http：//www.oecd.org/finance/financialmarkets/global-pensionstatistics.htm.

2. ATP计划管理和投资运营

ATP计划始建于1964年，起初只要求每周工作9小时以上的劳动者必须加入。20世纪90年代，丹麦扩大了ATP的覆盖范围，那些没有正式工作或以政府转移支付为主要生活来源的人员也纳入到ATP之内。至2006年末，ATP计划大约覆盖了85.5%的劳动人口（16~65岁），覆盖了大部分就业者。在ATP计划下，雇员退休时通常会以延迟年金的形式领取待遇，待遇额与雇员个人缴费的年限、指数化待遇回报以及ATP基金历年的回报状况相关，世界银行将ATP计划称为一种介于DB型和DC型计划之间的高效计划。[①]

ATP养老基金由丹麦ATP集团负责投资管理。ATP的整体管理战略主要由三部分组成：基金目标和风险容忍度、投资政策以及养老金政策（见图6-11）。ATP集团管理的目标是将这三项策略组合在一起，例如，提高基金投资股票市场的份额，额外的投资回报也可能会带来基金储备水平上升，从而影响到养老金待遇的指数化水平。相类似的，基金负债方的变化也会影响到投资政策，例如，参保者预期寿命的延长会相应增加基金负债水平，减少储备水平，这项变化就会限制基金风险投资的规模。因此，ATP基金管理的核心点是处理好三方面因素之间的关系，ATP集团采用的管理策略是通过内部动态的资产负债管理，将风险投资组合配置作为基金资产储备、

---

① http：//www.atp.dk/wps/wcm/connect/ATP/atp.com/about/omatp/investments/about_us/research_and_development/.

风险容忍度的函数，适时调整投资策略。

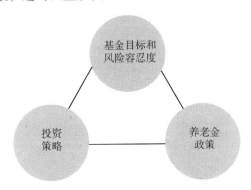

图 6 – 11　ATP 基金三个管理领域的关系

资料来源：Dengsøe and L. Rohde（2010），Higher Pensions and Less Risk：Innovation at Denmark's ATP Pension Plan：Rotman International of Pension Management，Vol. 3，Issue 2，C.

　　ATP 基金实行完全市场化投资取向，投资于股票、债券、基础设施、房地产等领域。在投资理念上，ATP 基金不同于传统的养老基金，实行积极投资策略，其管理模式主要有如下特点：第一，ATP 采用一体化的养老金管理模式，实行负债对冲（Liability Hedging）管理，提供适时的风险预警；第二，在投资方面，基金采用了绝对投资回报策略，将收益最大化和最小化两类投资组合分开，并实行风险对冲策略；第三，在负债的管理上，基金不断平衡养老金负债变化与投资收入组合，并调整生命表预期，以应对参保者长寿风险带来的财务支付问题。

　　ATP 基金的投资组合目标有两方面考虑：一是保护基金储备资产免受负面的金融市场影响；二是追求附加的投资回报。相应地，在投资策略上，ATP 基金采用两种风格迥异的投资组合，一是对冲组合，目标在于消除基金负债现值下降的市场风险；二是投资组合，旨在追求额外回报。在风险管理方面，ATP 基金实行动态风险预算管理机制（Dynamic Risk Budget），根据对市场风险容忍度的预警，提前几个月对基金的投资策略做出调整。

　　至 2011 年末，集团下所管理的养老金资金总额达 6 000 亿克朗（大约为 805 亿欧元），参保成员为 470 万人。[①]在过去 10 年内，ATP 的市场业绩超出了基金行业平均水平 4.2 个百分点，得益于债券、"利率掉期"投资工

---

　　① http：//www. atp. dk/wps/wcm/connect/ATP/atp. com/about/omatp/investments/returns ＿ and ＿ portfolios/.

具的应用以及多元化的股票投资策略，该基金取得了良好的投资业绩。同时，该基金还注重社会责任投资和绿色能源投资，在业界获得了良好的口碑。目前，ATP 已成为丹麦境内最大的机构投资者和全球最为成功的主权养老基金之一。

3. 零售年金产品市场

传统上丹麦有发育良好的退休年金产品市场，这得益于以下几个因素：一是社会保障计划的替代率较低，作为第一支柱的公共养老金仅提供 20% 左右的替代率；二是 DC 型的职业养老金计划（Occupational pension plan）非常发达，覆盖了大部分劳动就业人口，这为年金产品发展提供了资产收入来源。通常来讲，雇员可以领取的退休金有三种形式：一是一次性领取养老金；二是在一定期限内分次支取；三是以年金保险产品的形式领取。但法律要求，雇员需要在参保缴费时做出退休金领取形式的选择，因此，年金化领取逐渐成为一种主流选择。此外，在丹麦的年金产品市场上还有一种保障型年金，即承诺给予年金资产的一个最低投资回报率，在市场行情较好的情况下，受益人还可获得额外的投资回报。

（四）日本企业年金计划

1. 企业年金计划类型

日本养老保障制度又叫年金制度，主要由公共年金（国民年金和厚生年金）、企业年金和商业个人年金三个支柱构成。其中公共年金用来保障基本的、标准的年金给付，在年金制度中居于主导地位，它又分两个层次：第一层是国民年金，又称基础年金（National Pension Insurance，NPI），日本政府规定，凡处于规定年龄段的国民均须加入国民年金；第二层是与收入关联的厚生年金（Employment Pension Insurance，EPI）和共济年金，在参加国民年金的基础上，私营企业雇员和公务员等依据身份的不同而分别加入厚生年金和共济年金。由于这两个层次的年金均由政府来管理，并带有强制性，因此被称为公共年金。

·企业年金制度起源于 20 世纪 60 年代，历史上主要的企业年金计划有两种类型，厚生年金基金和税制合格年金，都是待遇确定型（DB 型）。从 2001 年起，日本企业年金发展进入一个"新的时代"，政府出台了 DB 型企业年金法和 DC 型年金法（DC 型年金包括企业年金计划和个人年金计划）。新的企业年金法、特别是日本版 401（k）年金计划的引入是企业年金制度模式转换的一个重要标志，这也意味着企业年金监管环境的变化和监管制度的重新架构。日本主要的企业年金计划主要有以下类型：

（1）厚生年金基金。

厚生年金基金于 1966 年开始实施，是根据劳资双方协商建立，由劳资代表管理的年金计划，缴费来自劳资双方，其中一部分为代替厚生年金（强制性的社会保险计划）的缴费，因此厚生年金基金有准社会保障计划的性质，它和厚生年金一起为雇员提供退休收入。该计划的缴费可免于缴纳收入税。历史上，厚生劳动省的年金局负责该类计划的注册登记和监督管理工作。

计划建立的条件有：[①]

● 公司雇员超过 500 人；

● 公司和信托银行或保险公司签订管理合同，也可以和投资顾问公司签订投资协议；

● 每五年一次进行保险精算；

● 退休金待遇采取年金形式；

● 计划要达到最低资本金要求；

● 向政府监管机构提供经过注册保险精算师审核的年度报告，包括计划负债和最低筹资标准等方面的信息；等等。

（2）税制合格年金计划。

税制合格退职年金于 1962 年引入，多为一般的中小企业实行，其资金的运用必须委托信托银行或社会保险公司进行。在此类计划下，雇主可以免缴公司税，政府对该计划的监管限制措施较少。历史上此类计划由财务省（原大藏省）的税务局管理。

（3）新的 DB 型企业年金计划。

传统的税制合格计划和厚生年金基金计划都是 DB 型的，但它们都存在一定的缺陷。厚生年金基金计划的主要缺陷在于：由于代缴部分厚生年金保险费，相应地加重了企业的债务负担；而税制合格年金的主要缺陷在于：由于缺乏严格的监管措施，该类计划经常由于筹资率不足而终止，雇员的受益权利无法得到有效保障。2001 年，DB 型企业年金法的出台统一了 DB 型计划建立的标准、税优政策和待遇规则，将企业年金分为契约式和基金式两种

---

① 日本厚生劳动省网站，"Overview of the Corporate Pension"，http：//www. mhlw. go. jp/english/org/policy/dl/p36 – 37d7. pdf。

形式。在契约式计划下，公司和信托银行、保险公司等机构签订合同，由其为雇员提供退休年金合同，养老基金的操作和管理独立于建立计划的公司之外。在基金式计划下，建立计划的企业成立养老基金运营实体，相关服务进行外包。新的基金制 DB 计划与传统厚生年金基金计划在各方面有很大的类似，不同之处就在于废除了企业承担的厚生年金保险费部分；而契约式 DB 计划则继承了一些原税制合格计划的特点。

2. 日本版 401（k）计划的引入

2001 年 10 月，日本国内通过了《确定缴费年金法案》，并于 2002 年 4 月生效。引入缴费确定型年金计划的原因主要有两方面：一是日本终身雇佣制度的逐渐瓦解和职业流动的增加，DC 型企业年金允许建立个人账户，从而方便了劳动者的职业流动；二是日本会计制度国际化所带来的"时价会计基础"的推广，使企业背负的中长期年金负债问题表面化，DC 型企业年金把资金运营的责任从企业转向了个人，从而明确了企业的年金负担额，方便了新会计制度的导入。

DC 型计划有企业年金计划和个人年金计划两种类型：企业型 DC 年金主要面向工薪族，个人型 DC 年金主要面向 20 ~ 60 岁的农民和个体工商户。在计划管理方面，日本 DC 型企业年金计划与美国的 401（k）计划有很大类似性（见表 6 - 10），计划管理采用信托模式，雇员可以参与养老金的投资决策，选择金融产品，可以投资的金融产品包括银行储蓄、公共债券、投资基金、股票、信托和保险产品等，管理年金计划的金融机构至少要为雇员提供三类投资组合，其一为保本基金，同时还要为雇员提供至少三个月一次的变换投资产品的选择机会，并在信息披露方面满足相应的要求。

表 6 - 10　　　　　　　　　日本版 401（k）年金计划

	401（k）企业年金计划	401（k）个人养老金计划
合格签约人	公司雇员	自雇人员或者公司没有任何年金计划
参与人年龄限制	60 岁以下	
资金来源	雇主	个人
缴费上限	没有其他形式年金计划的雇员：每月 3.6 万 ~4.6 万日元；有其他形式年金计划的雇员：每月 1.8 万 ~2.3 万日元	自雇人士：每月 6.8 万日元；没有其他形式年金的个人：每月 1.5 万 ~1.8 万日元

续表

	401（k）企业年金计划	401（k）个人养老金计划
资产配置	受托人负责（信托银行、保险公司、投资公司等）	
投资工具	邮政储蓄账户、上市证券（公债、股票、共同基金）、信托、保险等。每3个月必须至少调整投资组合一次	
待遇给付	60岁开始领取年金或集中付清	
税收政策	缴费阶段：税前列支；投资阶段：征收特别公司税收；给付阶段：征税（一次性支付可以免税）	

资料来源：日本厚生劳动省网站"Overview of the Corporate Pension."http：//www.mhlw.go.jp/english/org/policy/dl/p36 – 37d7.pdf.

3. "协议退出"企业年金计划

如前所述，"协议退出"是公共和私营养老金计划之间的一种替换方式。通常发生的情况是：个人或雇主可以从强制型的公共养老金计划缴费豁免一部分缴费资源，用于建立企业年金或个人养老金。作为交换条件，私营养老金计划必须满足一定条件，一般来说，其提供的养老金收入不得低于公共养老金下降的份额。1966年日本厚生年金基金计划的引入可以看作是这种"协议退出"做法的一个先例，该项立法允许雇主可以从公共养老金计划即厚生年金计划中抽出一部分缴费，建立私营化运作的厚生年金基金计划。当时这项立法的出发点在于：许多大企业雇主担心公共养老金计划过于慷慨，缴费率过高，这会威胁到两项新引入的企业年金计划（厚生年金基金计划和税制合格计划）的发展空间，因此，政府决定降低一定比例公共年金计划的缴费率，作为要求条件，新引入的厚生年金基金计划提供的待遇应不低于其替代的厚生年金计划待遇的130%。历史上，厚生年金基金计划的缴费率为工资的3.2%~3.8%。该项措施实施后，日本企业年金计划的覆盖面得到了较快扩展，1966年时厚生年金基金计划覆盖人口仅为50万雇员，到 2000 年时，参保人口已达到 1 700 万左右。[①]

但是，随着 20 世纪 90 年代以来日本经济的下滑，包括厚生年金基金在内的传统 DB 型企业年金开始面临困境，由于长期以来利率处于低水平，年金资产的投资回报率非常低，许多大中型企业的年金计划债务水平上升，出现大幅融资缺口。在这种情况下，"协议退出"的年金计划所提供的待遇保障水平开始下降，有些计划很难兑现"不低于公共养老金计划待遇"的承诺。为此，日本政府通过立法于 2002 年引入"401（k）"计划，旨在加强养老金积累，促进资本市场发展。但是，传统的 DB 型计划也面临着很大的改革压力，许多企业的"协议退出"计划在无法维持的情况下，又开始提出申请返回公共养老金计划，由政府负担私营年金计划的支付责任。在这种情况下，"协议退出"计划的发展出现了逆反趋势。

三、全球年金市场发展的经验启示

自 20 世纪 90 年代以来，中国的社会养老保障体系改革取得了巨大进展，已初步搭建了以基本养老保险制度为主体的制度框架，但作为第二、第三支柱的企业年金计划和个人商业养老保险仍处于起步阶段，年金市场发展整体滞后，在多层次养老保障体系中尚未发挥应有的作用。本部分首先对中国年金市场与发达国家作一个简单比较，然后借鉴全球年金市场发展的经验教训，得出促进中国年金市场发展的经验启示。

（一）中国年金市场发展的国际比较

20 世纪 90 年代初，借鉴发达国家"三支柱"的养老金体系，1991 年国务院在《关于企业职工养老保险制度改革决定》的文件中，首次提出建立国家基本养老保险、企业补充养老保险和个人储蓄性养老保险相结合的多层次社会保障体系的框架。经过 20 多年的发展，年金市场从无到有，覆盖范围不断扩大，基金规模持续增加，法律体系和制度架构逐步建立并日趋完善，取得了巨大的进步。但是从整体上看，中国年金市场仍处于起步阶段，

---

① Martin Rein and John Turner："How Societies mix public and private spheres in their pension systems"，in Martin Rein and Winfried Schmahl：*rethinking the welfare state：the political economy of pension reform*，USA，2003。

滞后于经济和社会发展需求，在多支柱养老保障体系中处于边缘地位；与发达国家乃至部分发展中国家的年金市场相比，都存在着较大差距。以下从企业年金计划的发展规模、覆盖面和替代率三个方面来做一个分析比较。

1. 发展规模比较

现阶段中国企业年金的基金积累量有了一定的规模。从 2000 年底的 192 亿元增加到 2011 年底的 3 570 亿元，平均每年增幅在 30% 左右，但在 GDP 甚至在养老保障体系中的占比仍然很低。我国企业年金在 GDP 中的比重不足 1%，远远不能发挥养老保障制度中第二支柱的重要作用。[①]

从企业年金资产占 GDP 的比例来看，中国企业年金资产仅仅相当于 GDP 的 0.71%，与世界上其他一些国家差距十分明显。一般来说，凡是在公共养老金制度上具有贝弗里奇传统的国家，其企业年金制度就较发达，这些国家主要集中在北欧地区和盎格鲁—撒克逊等英语国家。例如，在丹麦、美国、芬兰和加拿大等国，企业年金资产占 GDP 比例都高达 70% 以上，甚至超过 100%。这其中的主要原因在于这些国家的公共养老金计划比重较低，职业年金计划或私营养老金计划相对发达。相对而言，在俾斯麦模式盛行的欧洲大陆国家，传统上国家承办的社会养老保险计划在退休保障中起到绝对主导作用，企业年金发展比较滞后，即便如此，其占 GDP 比例也大大高于中国。例如，在法国、西班牙和意大利，企业年金资产占 GDP 比例分别是 6.12%、5.63% 和 2.92%。另外，需要注意的是，即使在一些新兴市场国家，企业年金资产占 GDP 比例也是明显高于中国的。例如，在墨西哥、韩国和土耳其，企业年金资产占 GDP 比例分别为 3.44%、2.87% 和 1.06%（见图 6 - 12）。

2. 覆盖面比较

2000 年全国建立企业年金的企业约有 1.6 万个，参加职工 560 万人。2011 年底，全国建立企业年金的企业达到 4.49 万个，参加职工 1 577 万人。同期，全国基本养老保险覆盖的职工人数分别为 10 448 万和 28 391 万，企业年金覆盖职工人数分别只占当年基本养老保险覆盖人数的 5.36% 和 5.55%。[②]

---

① 人力资源和社会保障部：《2011 年度人力资源和社会保障事业发展统计公报》；国家统计局：《2011 年国民经济和社会发展统计公报》。

② 人力资源和社会保障部：《2011 年度人力资源和社会保障事业发展统计公报》；国家统计局：《2011 年国民经济和社会发展统计公报》。

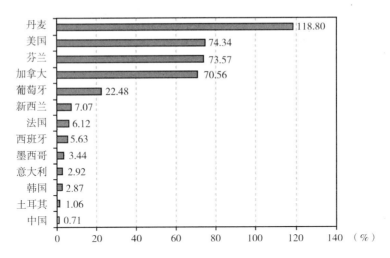

图6-12 企业年金资产规模国际比较

(企业年金资产占 GDP 比例)

注：中国为 2010 年数据，其他国家为 2007 年数据。

资料来源：郑秉文等著：《中国养老金发展报告 2011》，经济管理出版社 2011 年版。

从企业年金计划成员占总就业人口之比这一指标上看[1]，中国仅为 1.51%，不仅远远落后于瑞典、比利时、英国、美国、爱尔兰和加拿大等私营养老金市场十分发达的国家，同时也与奥地利、意大利、西班牙和葡萄牙等公共养老金占主体地位的国家存在较大的差距，而仅仅略微高于波兰和法国（见图6-13）。虽然中国在企业年金覆盖面上要好于波兰和法国，但是波兰具有一个覆盖良好的强制性私有化养老金制度，覆盖了全国 71.7% 的就业人口；而法国的公共养老金和强制性职业年金计划几乎覆盖全国所有就业人口。[2]

3. 替代率比较

中国企业年金的替代率目前约为 5%，而在年金市场发达国家，企业年金的目标替代率一般达到 30% 左右。表6-11 列出了中国与部分发达国家和发展中国家养老金替代率的比较情况。在美国、英国、爱尔兰和加拿大四国，自愿性的 DC 型企业年金计划的替代率都达到了 30% 以上，接近达到整个社会养老金替代率的一半左右。而在德国、比利时等其他几个国家中，企业年金的替代率也达到了 10% 以上，远高于中国 5% 的水平。在中国养老保

---

① 这里的企业年金计划是指与就业相关并自愿参加的养老金计划，不考虑强制性企业年金计划。

② OECD Private Pensions Outlook 2008 – ISBN 978 – 92 – 64 – 04438 – 8 – © OECD 2009, pp.111,190.

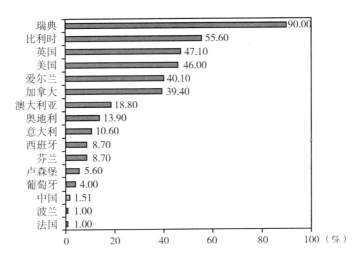

图 6 - 13 企业年金计划参保情况国际比较

（参保成员数量占总就业人数比例）

注：中国为 2009 年数据，其他国家为 2007 年数据。

资料来源：郑秉文等著：《中国养老金发展报告 2011》，经济管理出版社 2011 年版。

障体系中，由于企业年金计划所起的作用微乎其微，基本养老保险承担着几乎全部养老责任，造成政府承担责任和风险过高，以企业年金为标志的市场作用被严重忽视并排除在外。

表 6 - 11 　　　　　　　　世界各国养老金替代率比较 　　　　　　单位：%

	强制型公共 养老金	自愿型 DC 企业年金	合计
美国	39.4	38.8	78.2
爱尔兰	29	37.6	66.6
英国	31.9	36.7	68.6
加拿大	38.9	30.8	69.7
德国	42	16.9	58.9
比利时	42	15.6	57.6
新西兰	38.7	14.6	53.3
挪威	46.1	12	58
捷克	50.2	11.3	61.5
中国	58.5	5	63.5

资料来源：OECD（2011），"Pensions at a Glance 2011：Retirement-income systems in OECD and G20 countries"，OECD，Paris.

（二）来自全球年金市场发展的经验启示

自 20 世纪末以来，伴随人口老龄化和经济全球化的冲击，各国社会养老保障制度面临越来越大的改革压力。作为多层次社会保障体系中的重要组成部分，年金市场的作用显得日益重要。总结全球年金市场发展的历史经验和目前的改革趋势，可以得出以下几点经验启示。

1. 养老金制度结构性调整：由国家向市场责任的转移

在过去 30 多年，全球养老金市场发展的一个明显变化趋势是：养老保障责任由国家向个人、由政府向市场的转移。这主要体现在以下几方面：

第一，在社会养老保障私有化改革中，引入个人账户养老金计划。历史上，大部分国家的养老金制度依赖于现收现付的社会公共养老金计划，在人口老龄化形势的冲击下，该种制度模式面临着越来越大的财务危机。自 1981 年智利进行社保私有化改革以来，全球已有 20 多个国家引入了私营化运作的个人账户养老金计划（见表 6－12）。这些国家主要分布在拉美和中东欧国家，引入积累制个人账户计划的目标在于加强个人参保的激励性和责任性，增强养老金计划的可持续性，降低政府责任。

表 6－12　　世界上引入积累制个人账户社会养老金计划的国家

年份	改革国家
1981	智利
1993	秘鲁
1994	阿根廷，哥伦比亚
1995	乌拉圭
1997	墨西哥，玻利维亚，巴拿马
1998	萨尔瓦多，匈牙利，哈萨克斯坦
1999	波兰
2000	哥斯达黎加
2001	拉脱维亚
2002	保加利亚，克罗地亚，爱沙尼亚，科索沃
2003	多米尼加共和国，俄罗斯联邦，印度
2005	马其顿王国，斯洛伐克，尼日利亚，尼加拉瓜
处于改革中国家	乌克兰，立陶宛，捷克等

资料来源：作者整理。

　　第二，作为第二支柱的企业年金计划发展迅速。传统上，具有盎格鲁——撒克逊自由主义模式特点的英语国家企业年金市场非常发达，而欧洲大陆国家由于历史原因则发展滞后。近些年来，英美国家企业年金市场在深化发展的同时，欧洲大陆国家也开始注重私营养老金市场的发展，不少国家开始引入自愿型的企业年金计划，例如德国、意大利、西班牙等国家。图 6-14 说明了 2001~2007 年期间 OECD 主要国家私营养老金计划参保人数的增长趋势，可以看出在传统的欧洲大陆国家，私营养老金参保者数量的年均增长速度远高于市场成熟度较高的英、美和北欧国家，原因在于这些国家的企业市场规模较小，在初起阶段发展速度相对较快。

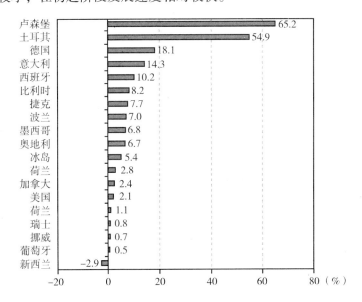

图 6-14　2001~2007 年 OECD 主要国家私营养老金计划参保者数量增长速度

资料来源：OECD Global Pension Statistics，http：//www. oecd. org/finance/financialmarkets/global-pensionstatistics. htm.

　　第三，个人养老金产品市场的兴起。一般来说，个人养老金计划属于第三支柱，包括个人退休金账户（美国的 IRA 计划）、各种形式的养老年金、养老保险合同以及养老储蓄产品等。其特点是自我储蓄、便携性强，适合中小企业雇员和非正式部门的灵活就业者。随着全球劳动力市场流动性的加强以及非正规部门的快速扩大，个人养老金计划的发展速度加快。在有些国家，出现了企业年金计划向个人养老金过渡的趋势，例如，在美国，雇员在退出雇主发起的企业年金计划（包括公共部门年金计划）时，可将资产转移到（Rolling Over）个人退休账户中去，到2011年，美国的个人退休账户资产已超过4万亿美元，与401（k）计划的总资产规模相当。在智利等拉美国家，除了强制性的个人账户计划外，往往还建立了自愿性的个人账户，政府采取税优、缴费补贴等方式鼓励工人参加养老金计划。

2. 年金市场发展：国家立法和税收政策的扶持

年金市场的发展受到经济社会环境多重因素的影响，既受到一个国家的历史文化、法律环境的影响，也与该国的经济发展模式、金融市场结构等因素相关。社会养老保障制度的设计是一个整体战略，需要各个养老金支柱之间的协调配合。分析发达国家年金市场的发展历程，年金市场的发展机制主要受到以下政策因素的影响：

第一，国家公共金制度的设计结构。一般来说，公共养老金支柱规模较大的国家，年金市场的发展空间就会受到限制。例如，在出现主权债务危机的南欧四国，由于公共养老金制度过于慷慨，退休金替代率往往达到了80%以上，作为第二支柱的企业年金计划几乎处于空白状态，造成国家财政负担过于沉重；而在美国、英国和澳大利亚等国家，社会公共养老金水平较低，主要用于维持社会底层的基本生活和再分配功能，而社会中产阶级则主要依赖于市场化运营的年金计划，整个养老保障体系的可持续性强，并能够满足社会各阶层的需要。

第二，养老金计划是否具备法律强制性特征。一般来说，实行强制性企业年金计划的国家，年金市场的规模要高于自愿性年金市场。这些国家分为几类：一是实行强制性个人账户养老金计划的拉美和中东欧国家；二是具有准强制性特征的北欧国家，其行业性的职业养老金计划非常发达；三是实行强制性超级年金计划的部分国家，比如澳大利亚和新西兰，这两国的基本养老金制度是家计调查型的，作为第二支柱的企业年金在社会保障中发挥主导作用。

第三，国家立法所提供的法律环境。养老金计划的市场化运营涉及保险、金融、税法、信托以及金融等多方面的法律法规，立法阶位的高低和法律效力直接关系到年金市场的良性发展。在发达国家的年金市场，各类职业养老金和企业年金计划通常是以国家立法的形式加以确定，并在税法、金融法规等方面辅之以相应的法规或条例，为年金计划的发展提供法律环境。例如，美国1974年出台的《雇员退休收入保障法》（ERISA），就是一项综合性的国家立法，为近40年来美国年金市场的规范性快速发展提供了保障。

第四，税收优惠政策的激励性。自愿性养老金产品是一种准公共产品，虽然其运作主要依赖于市场，但作为社会保障计划的补充部分，它仍然承担着部分社会保障的功能。从公共财政的角度出发，大部分国家对年金计划给予税优政策，虽然在短期内税收收入会有部分损失，但可以看作是国家承担的一种社会保障责任。从一定程度上讲，税收优惠的力度大小，关系到年金市场的发展速度。例如，美国税法对各类"合格延迟补偿"计划有着明确的规定，税收政策决定了各类年金计划的结构。自 20 世纪 70 年代以来，众所周知的 401（k）计划之所以呈现出迅猛的发展势头，就是因为该项税法条款的出台，为计划的发展带来了空间。

图 6 - 15 说明了 2003 年 OECD 国家对私营养老金计划的税收优惠情况，采用每单位缴费可获得的税收优惠比例指标，可以看出，OECD 各国的对养老金缴费的税优力度是非常高的，平均高达 21.5%，最高的达到了接近 40% 的税率优惠。

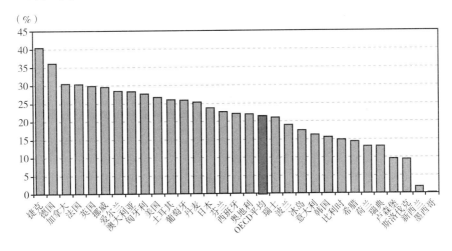

图 6 - 15　2003 年 OECD 国家私营养老金计划的税优幅度

（每单位缴费的净税优成本）

资料来源：Yoo, K. Y. and A. De Serres (2004), "Tax Treatment of Private Pension Savings in OECD Countries", *OECD Economic Studies*, Vol. 39, No. 2, OECD Publishing, Paris, pp. 73 - 110.

第五，监管体制框架的保障性。完善的监管体制可以促进良好市场竞争秩序的形成，保护参保者和受益人的利益，避免市场垄断，增强金融服务机构的信心，促进年金市场的需求和服务供给。一般来说，在发展中国家年金市场发展的初期，通常采用较为严格的"数量"监管模式，例如，以智利为代表的十几个拉美国家，在引入私营个人账户养老金计划后，大都在行业准入、投资管理以及担保措施等方面采取了严格的监管措施，以保护参保人的利益。而在英、美等年金市场较为成熟的国家，则采用"审慎人"监管模式，即不对年金管理和投资做出具体的数量限制，而是依据信托法精神，要求年金计划的投资管理人遵循"保障养老金计划受益人利益最大化"的原则。

3. 年金市场结构：由 DB 型向 DC 型转向的趋势

近些年来，许多 OECD 国家年金市场呈现的一个特点是企业年金计划由 DB 型向 DC 型的转变。在劳动力流动性日益加强、雇主福利负担加重以及近年来金融危机的背景下，许多企业针对新加入员工关闭了传统的 DB 型年金计划，并冻结老员工的 DB 型待遇，引入新的 DC 型计划。从图 6－16 中可以看出，在 2003～2007 年期间，OECD 国家的 DB 型养老金资产占总资产的比重下降了 2.5 个百分点，相应地，DC 型年金资产则上升了 2.5 个百分点。从总资产规模上看，DB 型资产仍占据市场主导地位，其原因主要在于：历史上发达国家的企业年金计划大都为 DB 型计划，尤其是大型企业的 DB 型年金资产规模较大。

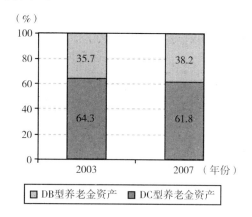

图 6－16　OECD 国家 DB 型和 DC 型年金资产的分布

（两类计划数量占比）

资料来源：Source：OECD Global Pension Statistics，http：//www.oecd.org/finance/financialmarkets/globalpensionstatistics.htm.

图 6－17 说明了不同国家年金市场 DB 和 DC 两类养老金资产的分布情况。可以看出，在新兴年金市场中，DC 型年金占据了绝对主导地位，例

如，捷克、匈牙利、波兰、斯洛伐克等发展中国家，所有养老金计划都采取了 DC 型模式；而在传统的年金市场发达国家，例如荷兰、挪威和法国等国家，DB 型年金仍是主要形式。在美国、墨西哥等国家，DB 和 DC 两种年金计划各占据了一定市场份额。总体上看，以 DC 型计划为主体的国家在数量上超过了 DB 型计划为主体的国家。

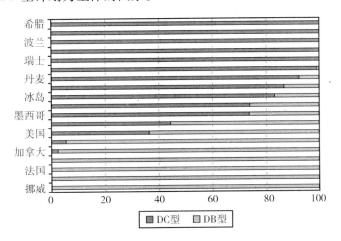

图 6 - 17　OECD 各国 DB 型和 DC 型年金资产的分布比重

（DB 型年金和 DC 型年金占养老金总资产的比重）

资料来源：Source：OECD Global Pension Statistics，http：//www. oecd. org/finance/financialmarkets/globalpensionstatistics. htm。

4. 年金市场监管：基于风险的监管模式变化

年金市场的监管体系与一个国家的法律传统、经济发展水平、金融体制以及养老金计划类型等多种因素有关。发达国家主要存在三种年金市场监管模式："一体化"监管模式、"专业化"监管模式和"部分一体化"监管模式。"一体化"监管模式的优点在于，实现规模经济，降低监管成本，避免重复和多重管理，实现信息共享，提供更综合的服务；"专业化"监管模式的优点在于，基于养老金产品与其他金融产品的差异性，单一监管部门更具效率，养老基金的安全保障性较高；"部分一体化"监管模式则是介于上述两种监管模式之间的一种混合体。来自 OECD 国家的监管实践表明，无论在何种监管模式之下，监管机构之间的合作机制都是十分重要的，只要建立了明确的职责分工，就可以通过相互合作与协调来达到规模经济、提高监管效率的效果。

近年来，许多 OECD 国家开始纷纷引入基于风险的监管理念，例如美国、加拿大、澳大利亚、德国、意大利、西班牙、荷兰、丹麦、爱尔兰和英国等年金市场发达国家。与传统的监管方式相比，基于风险的监管专注于高风险的计划和环节，根据具体养老金计划的特征，划分出高风险和低风险领域，对那些高风险计划实施积极的、密集的监管，而对那些低风险的计划实施宽松的监管。基于风险的监管方式可以有效地优化监管资源配置，节省监管成本，同时也提高了监管效率。

对于中国来说，企业年金监管采取的是类似于英美的"专业化"监管模式，企业年金监管以劳动与社会保障部门为主，涉及财政、税务、金融、保险等多个监管部门。在 OECD 国家中采用"专业化"模式的国家，普遍建立了企业年金的协同监管机制，不同监管部门责任明晰，分工合作，协同监管。在这方面，中国的企业年金监管还有很大的改进空间。此外，中国企业年金市场采取严格控制准入的主动监管方式，对于试点运营机构的数量、规模有合理选择，在市场逐步扩大和成熟之后，可借鉴国际上的先进做法，各监管机构可以逐渐由合规性监管向风险性监管过渡，即弱化审批机制的功能，随着企业年金市场主体的逐渐成熟，逐步取消审批，对风险暴露的部位进行重点监管，而对于其他合规主体，则利用市场约束力、第三方监管以及行业自律性对其进行监管。这种风险性监管可以降低监管的成本，提供监管效率。

（三）加快中国年金市场发展的几点政策建议

如上所述，中国目前的年金市场尚处于起步阶段，与发达国家有较大差距。在当前阶段下，中国年金市场发展仍面临一些制度性和政策性制约因素，例如基本养老保险和年金计划之间的关系、年金计划的运营模式以及税优政策等问题，都关系到年金市场发展的长远大计。解决这些问题，可以借鉴全球年金市场发展的历史经验，提出有针对性的政策建议。

1. 调整基本养老保险制度，扩大年金市场发展空间

中国的城镇职工基本养老保险制度缴费率过高，已经在很大程度上窒息了企业年金和个人年金计划的发展空间，这是影响年金市场发展的一个重要制约因素。如表 6 - 13 所示，OECD 国家社会公共养老金的平均缴费率为19.6%，欧盟 27 国平均水平为 22.5%，都低于中国 28% 的缴费率水平。在OECD 国家中，仅有匈牙利、意大利、西班牙三个国家的公共养老金缴费率

超过了中国。在表中所列的发展中国家中，仅有巴西（31%）的缴费率水平超过了中国，而俄罗斯、印度、沙特阿拉伯等国家的缴费率水平均低于中国。

表6-13　　　各国社会公共养老金缴费率水平比较

（公共养老金缴费占工资收入比重）　　　单位：%

	总缴费率	其中：雇员	其中：雇主
匈牙利	33.5	9.5	24.0
意大利	33.0	9.2	23.8
西班牙	28.3	4.7	23.6
捷克共和国	28.0	6.5	21.5
斯洛文尼亚	24.4	15.5	8.9
奥地利	22.8	10.2	12.6
爱沙尼亚	22.0	2.0	20.0
芬兰	21.6	4.5	17.1
希腊	20.0	6.7	13.4
土耳其	20.0	9.0	11.0
德国	19.9	9.9	10.0
波兰	19.6	9.8	9.8
瑞典	18.9	7.0	11.9
斯洛伐克	18.0	4.0	14.0
荷兰	17.9	17.9	0.0
法国	16.7	6.8	9.9
比利时	16.4	7.5	8.9
卢森堡	16.0	8.0	8.0
日本	15.4	7.7	7.7
美国	12.4	6.2	6.2
智利	10.0	10.0	0.0
加拿大	10.0	5.0	5.0
瑞士	9.8	4.9	4.9
韩国	9.0	4.5	4.5
以色列	6.9	3.9	3.0
OECD 国家平均	19.6	8.4	11.2
欧盟27 国平均	22.5	7.9	14.0

续表

	总缴费率	其中：雇员	其中：雇主
其他发展中国家			
巴西	31.0	11.0	20.0
中国	28.0	8.0	20.0
俄罗斯	26.0	0	26.0
印度	24.0	12.0	12.0
阿根廷	23.7	11.0	12.7
沙特阿拉伯	18.0	9.0	9.0
印度尼西亚	6.0	2.0	4.0

资料来源：OECD（various years），Revenue Statistics；Social Security Administration，United States（various years），Social Security Programs throughout the World；OECD pension and tax models.

如第一节所述，在年金市场发展的四种模式中，私营养老金与公共养老金之间有着协调合作的关系。在"自发型"年金市场中，基本社会养老保险的替代率较低，从而为年金市场发展预留了空间；在实行"强制型"私营养老金计划的国家中，国家从立法层面上推动了年金市场的发展。目前，中国的企业年金计划属于自愿型补充养老保险，沿袭了英、美国家"自发型"年金市场的发展路径，但十几年来的发展效果与预期有很大差距。在中国，由于强制性基本养老保险的缴费率已经很高，如果采用"强制型"年金市场，增加一个附加的年金计划支柱，操作空间较小。因此，借鉴国际年金市场发展的经验，一个可供参考的路径是学习历史上英国和日本年金市场发展的做法，采取类似于"协议退出"方式，降低基本养老保险的缴费比例，利用置换出来的缴费资源，为企业年金和个人养老金发展提供空间。在这种情况下，基本养老保险和企业年金计划之间是一种替代关系，即在总的养老金缴费率不变或略有下降的情况下，缩小基本养老保险的比例，增加企业年金或职业年金计划的比例，通过年金市场的作用来分散国家养老的责任。

2. 改进年金市场治理结构，引入专业化养老金管理公司

目前，中国企业年金制度采用 DC 型法人受托制的治理模式。在企业年金计划的投资管理过程中，涉及受托人、账户管理人、投资管理人和托管人四类分工角色不同的金融管理机构。当前，企业年金市场发展面临的一个突出问题是，市场分工过于分散、委托代理链过长，作为核心角色的受托人地位弱化，造成年金市场过度竞争，年金运营服务商面临生存困境。

从国际上看，引入专业化的养老金管理公司，为参保者提供"一站式"、方便快捷的养老金管理服务，是年金市场投资运营的大势所趋。综观全球，世界各国养老金管理公司基本可以分为两大类：一类是"金融集团"背景下把托管人与投资管理人捆绑在一起的养老金管理公司，这样的公司或是专职的（专业化），或是兼职的（多元化经营），由于历史的原因，在欧洲大陆常常看到的是以银行为背景的受托人，而在美国则大多以基金公司为背景；第二类则相反，由专业性的养老金管理公司管理养老金业务，这类公司是独立并且专营的，其特点一般是提供"全天候"一站式购齐的全部服务，包括受托、账户和投资等，还包括收费和待遇发放的核准等，有的甚至还包括在退休时领取待遇以后在保险公司购买年金保险产品等。

拉美国家的私营化养老金管理公司是专业化养老金公司的典型案例。以智利为代表的十几个拉美国家，在过去30多年的社保私有化改革过程中，引入了完全积累制的个人账户养老金体系。其中的一个创举就是成立专业化的养老金管理公司，将管理养老基金并提供退休金作为唯一的运营目标，专司养老金管理业务，包括从缴费征集、账户记录、投资管理到待遇领取的全过程服务。在过去30年中，智利的私营养老金取得了年均接近10%的投资回报率，虽然这种模式初期的运营费用也相对较高，但总体上看，随着市场规模的扩大，市场竞争性加强，管理费用呈下降趋势。同时，严格专业化的市场监管也保证了私营养老金行业的竞争秩序。可以说，在金融市场尚不成熟的情况下，拉美国家采用专业化养老金公司模式的做法是一种有益的探索，这也为中国企业年金制度治理结构的改革提供了可供参考的案例借鉴。

3. 加强税收政策支持，优化"税优"模式

通过立法形式，对年金市场发展提供明确的税收优惠待遇，是发达国家促进年金市场发展的一条成功经验。例如在美国，每项企业年金计划在缴费、积累和领取各环节是否享受税收优惠以及享受多大程度的税收优惠都有明确的规定。以最为典型的401（k）计划来说，雇员在参加401（k）计划的最高缴费比例可以占到工资额的25%，如果不超过规定的免税限额（2009年免税额上限为每年16 500美元；50岁及以上雇员为每年22 000美元），全部缴费都可以从应税收入中扣除；另外，雇员参加401（k）计划还可以从雇主那里得到配套缴费（雇主自愿缴费），如果雇主缴费，那么一般要求相当于雇员缴费额的50%，但最多不超过雇员工资的6%。[①]

目前看来，中国对企业年金和个人商业养老保险的税优政策出台滞后，税收优惠幅度非常有限。从企业年金计划的税优政策来分析，按照目前相关规定，中国企业年金制度对于个人缴费部分不提供任何税收优惠，而只在缴费环节对企业缴费部分提供一定程度的税收优惠。在商业个人年金方面，相应的个人递延纳税政策尚未出台。可以说，税优政策的滞后已成为制约年金市场发展的一个瓶颈因素。

税优政策的出台涉及部门博弈、税制冲突、文化传统等多个因素，其中一个关键性的问题是对于税优模式的争论。年金产品的所得税征收主要涉及缴费筹资、基金运营和养老金领取三个环节。从国际上看，年金税收模式主要有后端征税的 EET、前端征税的 TEE 和中端征税的 ETE（E 表示免征，T 表示征税）三种。在 OECD 国家，采取 EET 模式的国家是主流，EET 税优政策与 DC 型计划已具有一种本源关系，可以促进扩大计划参与率。但是，从中国目前的税收环境体制看，实行"EET"制存在着两方面大的障碍，一是该模式与中国目前实行的分类个人所得税制有较大抵触。《个人所得税法》第四条第七款规定，"按照国家统一规定发给干部、职工的安家费、退职费、退休工资、离休工资、离休生活补助费"将免纳个人所得税。这就为企业年金在领取阶段征税带来矛盾，按照税法，目前中国各种形式的退休收入尚未在征税之列。二是 EET 模式养老金面临社会文化的软约束。在目前的社会环境下，"退休皆免税"已深入人心，尤其对那些个人账户累计余额较多的领取者来说，一次性支取的适用税率可能是很高的，其后果也是难以接受的。

总体上看，实行 EET 模式面临着种种现实障碍。在这种情况下，应重新考虑企业年金税优模式的选择性问题，一个可供参考的方案是借鉴美国近些年来 Roth 401（k）计划的发展经验，实行"部分 TEE"税优模式。美国的 Roth 401（k）计划诞生于 2006 年，与传统的 401（k）计划不同，采用的是"TEE"税优模式，其养老金缴费来自税后收入，而在支取阶段则不需缴税。表 6 – 14 比较了 Roth 401（k）与传统 401（k）计划的基本特点，除了税优政策不同外，一个重要区别是在 Roth 401（k）计划下，雇员在 59.5 岁之前提取养老金时，其缴费本金可免于罚款；而在传统计划下，参保人提

---

① OECD Private Pensions Outlook 2008 – ISBN 978 – 92 – 64 – 04438 – 8 – © OECD 2009，P. 299.

前领取账户资产时，账户全部资产要被处以 10% 的罚款，这对于在紧急需求情况下有提前支取养老金需要的参保者来说，是一项优惠政策。可以说，采用"TEE"模式的 401（k）计划为雇员享受税优政策提供了一种新的选择。从根本上比较，Roth 401（k）和传统 401（k）哪个更有优势，取决于参保人对所得税税率变化的判断：如果税率呈上升趋势，加入 Roth 401（k）计划会受益；如果税率下降，传统 401（k）计划则有优势。近几年来，美国加入 Roth 401（k）计划的人数呈上升趋势，年轻雇员中的参与率较高。

表 6 - 14　　美国 Roth 401（k）计划与传统 401（k）计划的特征比较

	Roth 401（k）计划	传统 401（k）计划
缴费阶段	征税	不征税
领取阶段	不征税	征税
对提前支取的罚款	在 59.5 岁前领取待遇时，不对缴费本金处以罚款，而仅对计划的投资收入部分处以 10% 的罚款	在 59.5 岁前领取待遇时，对计划的全部资产处以 10% 的罚款
强制领取退休金资产的年龄规定	70.5 岁之前领取一个最低额度	70.5 岁之前领取一个最低额度
是否允许从计划贷款	允许	允许
对参保人的收入限制	无	有

资料来源：Roth 401ks vs. Traditional 401ks，http：//www. moneyunder30. com/roth - 401k - traditional - 401k.

中国采用"部分 TEE"税优模式的思路如下：明确规定在中端和后端免除个人所得税；在前端征税设计中，企业缴费保持目前 5% 的税优比例不变，而在个人缴费征税设计上实行"部分纳税"，即对个人缴费额按一定比例给予税优，比如：个人缴费为工资的 1%，享受税优的比例可设计为工资额的 0.5%；个人缴费 5%（享受税优的上限）①，税优享受额度则为 2.5%。在目前的税优政策困境下，部分 TEE 模式可以说是一种"过渡安排"，在分项所得税制不改革的前提下，在缴费阶段既纳一些税，同时又享有税优政策，后端（退休领取时）则免税。从长远发展看，应尽快引入 EET 模式的税优政策，以促进中国企业年金计划覆盖面的扩展。同时，借鉴美国 Roth 401（k）

---

①　根据 2009 年 6 月财政部和国家税务总局联合颁发的《关于补充养老保险费补充医疗保险费有关企业所得税政策问题的通知》，企业缴费可享受的最高税优比例为 5%。

计划的做法，TEE 模式也是企业年金税优政策的一种可行选择方式。

结　语

综观世界各国社会养老金体系，凡是年金市场高度发达的国家，都比较好地解决了社会养老问题，经济和社会发展显示出活力。从全球年金市场发展的历史规律中，我们可以得出诸多项经验启示，这些经验既有制度模式选择方面的，也有宏观经济环境和政策调控措施等方面的。但对于中国年金市场的发展来讲，问题的关键在于认清形势，把握定位，找出症结所在，敢于突破和改革。毋庸回避，中国现阶段的年金市场规模既与发达国家存在着较大差距，也与中等收入阶段我国已达到的经济总量地位不相称。面对未来老龄化社会潜在的巨大社会养老需求，年金市场尚不足以承担起第二、第三支柱的保障责任。党的十八大指出，"我国发展仍处于可以大有作为的重要战略机遇期"。对于处于起步阶段的中国年金市场来讲，未来十年、二十年乃至更长时期内，同样面临着战略机遇期内的跨跃式发展问题。如何借鉴国际经验，树立正确的发展理念，采取切实可行的制度调整和政策促进措施，促进年金市场突破困境，迈向健康可持续发展，对于完善社会保障体系，增进人民福祉至关重要。

本章参考文献：

1. 国家统计局：《2011 年国民经济和社会发展统计公报》。

2. 人力资源和社会保障部：《2011 年度人力资源和社会保障事业发展统计公报》。

3. 郑秉文、胡云超：《英国养老制度改革"市场化"取向的经验与教训》，载《辽宁大学学报》2003 年第 4 期。

4. 郑秉文等著：《中国养老金发展报告 2011》，经济管理出版社 2011 年版。

5. 郑秉文译：《福利资本主义的三个世界》，法律出版社 2003 年版。

6. OECD，中国养老金网译：《养老基金监管：组织与方法》，中国发展出版社 2004 年版。

7. 丹麦 ATP 集团网站：http：//www. atp. dk/。

8. 美国社会保障总署网站：http：//www. ssa. gov/。

9. 日本厚生劳动省网站：http：//www. mhlw. go. jp/。

10. 智利养老基金监管局网站：http：//www. siap. cl/。

11. Mitchell, Olivia S. (1997), "New Trends in US Pensions".

12. Munnell, Alicia H. (2012), 401 (k) Plans in 2010: an Updated from the SCF, Center for Retirement Research at Boston College.

13. OECD (2011), "Pensions at a Glance 2011: Retirement – income systems in OECD and G20 countries", OECD, Paris.

14. OECD Global Pension Statistics, http://www.oecd.org/finance/financialmarkets/globalpensionstatistics.htm.

15. OECD, Private Pensions Outlook 2008 – ISBN 978 – 92 – 64 – 04438 – 8 – © OECD 2009.

16. Rein, Martin and John Turner: "How Societies Mix Public and Private Spheres in Their Pension Systems", in Martin Rein and Winfried Schmahl: *Rethinking the Welfare State: the Political Economy of Pension Reform*, USA, 2003.

第七章

中国年金市场未来发展战略与政策建议：2013～2023

引 言

对于一个现代化的市场经济国家而言，没有一个有效的年金制度是不可思议的。市场之手和政府之手是社会资源配置的两种手段，而在社会保障领域，企业年金市场恰恰应该是这两种手段结合得比较紧密的一个结点。未来十年，中国年金体系将如何构建？年金市场又将形成怎样的格局？中国年金市场要保证持续健康发展应具备哪些条件、需要突破哪些障碍？对这些问题的讨论是我国年金市场发展的基础，也是政策制定的重要出发点和参照。

一、中国养老保障制度发展与改革的未来取向

（一）国际养老保障制度发展和改革的趋势

1. 养老保障制度的改革从公平优先向公平与效率并重转变

国际社会保障协会主席施尔曼（K. G. Scherman）曾说过：一个功能良好的社会保障体制是任何现代社会的基本要素。很少有什么样的变革能像目前福利领域正在进行的改革那样，既有重大的政治意义，又有重大的经济意义。如果一个国家的福利体制不能得到民众的认可，那么，这个国家的民众

对未来也将缺乏信心。因此，能够增强人们信心的体制改革也将促进经济发展①。21 世纪以来，社会保障制度的重要性不但没有丝毫减弱，反而显得更加重要。

无论是在席卷全球的金融风暴中深陷经济危机的欧洲福利国家，还是在作为全球经济引擎的新型市场经济国家，社会保障制度，尤其是养老保障制度改革都是一个宏大的主题。作为福利橱窗的欧洲福利国家，全面而丰富的社会保障因为财政危机而展现了其不可持续的黯淡前景，尽管阻力重重，但改革却是唯一的选项——政府提供全面的社会保障不但使财政难以维系，赤字累累，也在逐渐扼杀一个国家和民族的生机与活力，财政危机②、失业危机③、政治危机和社会危机④接踵而至，政府提供充足社会福利的制度安排已经显露出不容忽视的负面效应。人们充分认识到，一个没有效率的社会保障制度最终也将失去公平。

新兴市场经济国家的社会保障制度一般都比较薄弱，但政府在经济的快速成长中积累了雄厚的资源，政府有能力迅速提高公民的社会保障水平。无论是属于"金砖五国"的巴西、俄罗斯、印度、中国和南非，还是其他经济增长较快的发展中国家，在经济增长的同时，也积累了诸多的社会矛盾，而解决民生问题自然成为当局化解社会矛盾、缓解贫富差距、维护社会稳定的切入点。福利国家模式的弊端犹如前车之鉴，警示着新兴的市场经济国家在社会保障制度的构建和改革中，不能再忽视效率而一味地追求绝对的

---

① 参见：K. G. Scherman's introduction of the book *Older and Wiser*：*The Economics of Public Pensions*，written by Lawrence H. Thompson，the Urban Institute，1998。

② OECD 国家社会福利方面的开支平均占 GDP 的 25%，占公共总开支的 60%，公共开支的增加部分全部花在了社会福利方面。德国为社会福利保障所付款项为国内生产总值的 1/3，而德国的财政赤字占到国内生产总值的 2.7%，接近欧盟《稳定和增长公约》规定的 3% 的上限。

③ 各国失业率的截面数据：加拿大的失业率是 7.9%（2010 年 6 月），德国是 9.6%（2010 年 8 月），芬兰是 8.5%（2010 年 8 月），比利时是 8.7%（2010 年 6 月），整个欧盟高达 9.7%（2010 年 6 月）。在加拿大，一位未婚女性育有两个孩子，她不需要工作就可以从各级政府领取 65 000 加元的福利金，相当于一个大学毕业生刚就业时的薪水，是一个普通蓝领工人的两倍。在德国，一个育有两个孩子的母亲，在公司工作的月工资是 2 000 马克，工薪税 70 马克，如果她辞掉工作，两个孩子的福利金是每月 2 800 马克，她自己的失业补助金是 1 340 马克。

④ 右翼极端主义、贸易保护主义和种族主义的抬头与社会保障制度有着紧密的联系——削减移民的社会保障和本国人优先是其口号。奥地利极右政党自由党在联合政府中占据了副总理、财政部长、国防部长、司法和社会事务部长等六个重要职位。法国、德国、意大利、荷兰、丹麦、奥地利等国的极右翼政党以各种方式影响政局发展，有些政党甚至进入执政联盟。极右翼政党的一个突出共同点是极端排外，仇视移民。在 2010 年 9 月的瑞典大选中，极右翼的瑞典民主党赢得 5.7% 的选民支持，成为议会政党。

"公平"。政府提供的全面社会保障一旦沦为支配和取代个人意志的强制性制度安排,官僚机构就会随着国家干预和社会服务的扩大而日趋庞大,企业和家庭税收负担大幅度增加,公民可支配收入减少,势必会削弱个体和家庭的自我保障能力,从而最终会减损社会保障的效率。

老龄化的浪潮是全球性的,养老保障制度的构建与改革是社会保障制度建设的重中之重,世界各国都在努力探索一条更有效率的养老保障制度改革之路,这条路关系到每一个国家和地区,关系到每一个政府和企业,也关系到每一个家庭和个人。这条路因其漫长而多艰,因其曲折而多险,走好这条路不但需要政府与社会的互动,也需要各个层面的研究和探索,并最终形成以各个利益主体多方参与的顶层博弈为基础的顶层设计。

2. 社会养老保障领域的公私合作得到更多的重视

20世纪全球性的市场经济和计划经济的对照性实验引导着今天主流经济理论向"中庸"的方向发展,结合政府之手和市场之手的资源配置方式和国民经济治理模式得到更多的认同。"市场失灵"、"政府失灵"理论和第三部门的兴起,以及治理理论的发展使公共产品和社会保障等公共服务领域的公私合作供给成为最优的选择,人们更清楚地认识到"安排者"与"生产者"分离,公私部门之间的协作和配合可以使公共产品和公共服务的供给更有效率。

对政府而言,为公民提供基本的社会养老保障仍然是现代政府执政的合法性基础之一。公共产品和公共服务不应是政府在日益扩大的权限中求证自身存在的理由,而应是在为公民服务的需求中获得更充分的合法性的基础。这种合法性既来源于社会保障制度的公平,也来源于社会保障制度的效率,而从各国近些年的实践来看,公私合作是提高其效率的关键。

世界银行1994年的研究报告《防止老龄危机》提出了三支柱养老保障的建议;2005年的报告《21世纪的老年收入保障——养老金制度改革国际比较》又提出了五支柱养老保障的建议。三支柱分别是政府的社会基本养老保险、补充养老保险(企业年金和职业年金)与个人养老保障(例如储蓄和商业保险)。五支柱包括:提供最低保障水平的非缴费型的"零支柱";与工资收入水平相关联的缴费型"第一支柱";个人储蓄账户式的强制性的"第二支柱";个人或雇主发起的自愿性"第三支柱";非正式的家庭内部或代际之间的医疗卫生和住房方面的资金或非资金支持的"第四支柱"。

从三个支柱到五个支柱，公私合作的趋势进一步加强。政府机构、非政府组织、企业、个人和家庭的合作汇聚了更多的养老保障资源，并使这些资源在科学的配置与组合中发挥着更大的作用。

3. 养老保障的个人责任在政策中得到更多的体现

在养老保障方面，国际上渐趋形成的一个基本的共识是：与医疗、工伤、失业等社会保障相比，养老保障应更多地体现个人责任。

对绝大多数人来说，老年阶段是人的一生必然要经历的过程。而老年阶段的收入要少于青壮年时期，却有更多的医疗护理休闲旅游等支出，这也是每个人都知道的确定无疑的事情。因此可以说，老年并非一种事故，而是一种必然结果。因老年风险的相对确定性，其可保性也是较弱的。老年风险之所以仍能承保，是因为对于任何一个人来说，养老时间的长短是不确定的，寿命长的人有更长的老年期，一般也会有更多的花费（起码保险公司支付终身生存年金的期限要长），而寿命较短的人则有更短的老年期，花费的养老成本较低。

为应对老年阶段的风险，个人应承担更多的责任，每个家庭和个人在年轻的时期都应该有自己的养老规划，控制青壮年阶段的消费，将退休之前的部分财富积累起来以应对退休之后的养老所需，如果每个国民都将养老负担推给政府提供的社会保障，巨大的财政负担将是政府所无法承受的。同时，人的禀赋以及一生的营养状况、教育状况、生活环境、可以获得医疗服务的水平等都影响着人的寿命，因此，公民所处社会阶层的不同，平均寿命也会有所差别，比如在中国，同一年龄人群的城市人口的平均余命要高于农村人口的平均余命，保险业经验生命表的平均余命要高于国民生命表的平均余命①，在政府强制实施的社会保障制度中，寿命短的人向寿命长的人进行转移支付的机制下，"劫贫济富"的逆向分配是存在的，保障水平过高的社会养老保障恰恰有违社会的公平与正义。

在各国养老保障制度的改革实践中，更多地体现个人责任也是一个潮

---

① 生命表：在生态学中，指死亡表和寿命表，用于简单而直观地反映种群存活和死亡过程的统计表。在人口学中，又称"死亡表"（MortalityTable）和寿命表，是对相当数量的人口自出生（或一定年龄）开始，直至这些人口全部去世为止的生存与死亡记录。国民生命表一个是国家统计出来的全体国民的年龄死亡率，经验生命表是保险公司从自己业务统计出来的被保险人的年龄死亡率。因为逆向选择，购买养老保险的人大多是预期寿命较长而经济能力比较强的人，因此经验生命表中同一年龄人群的平均余命远高于国民生命表的平均余命。

流。以美国为例，2011 年，美国的退休金资产为 12.3 万亿美元，雇主计划的特点则由 DB 转向 DC，其中 401（k）计划目前为 3 万亿美元，IRA 为 4 万亿美元。据美国著名的养老金和退休储蓄管理公司信安金融集团预计：2030 年美国的个人退休资产将会占到收入来源的 36%[①]。随着人口老龄化、养老成本上升和退休方式的变化，为适应工作岗位流动性日益加强的需要，年金由 DB 到 DC 的变化趋势明显，商业个人年金市场越来越重要，社保的地位正在削弱。养老保障已经进入了"个人责任的新时代"。

4. 市场化元素在养老保障体系中的作用日益凸显

市场化元素是在市场经济的发展过程中被逐步引入到社会保障体系之中的，企业年金、职业年金和商业年金的发展过程实质上就是市场向政府社会保障管理领域渗透的过程，而其中又以商业保险融入社会保障体系的过程最为典型。

商业保险在社会保障体系中地位的变化经历过一个漫长的演化过程。在早期的社会保障体系和有关社会保障制度的研究文献中，商业保险是不被涵盖在社会保障制度之中的。不论是 1601 年以英国的《济贫法》为标志的现代社会保障制度的初萌时期[②]、1883 年以德国的《疾病保险法》出现为标志的现代社会保障制度的发展时期，还是以 1935 年美国的《社会保障法案》为标志的现代社会保障制度的普及时期，以及以 1942 年英国《贝弗里奇报告——社会保险和相关服务》和《国民保险法》为标志的现代社会保障制度的全面推进阶段，商业保险都不是社会保障制度的组成部分。社会保障制度被定义为政府的政策性行为，是政府为达到某种政治目标而实施的一项社会政策，与商业保险无关。

商业保险逐渐被一些国家纳入社会保障体系是在 20 世纪 70 年代之后[③]。1973 年第一次世界石油危机爆发，致使整个世界经济发展停滞，在此背景下，福利国家的财政危机、失业危机、政治危机和社会危机纷至沓来，以政府为主体的社会保障制度受到质疑，商业保险的效率优势受到重视，商

---

① Jerry Patterson, Annuities in the U. S. , Principal Financial Group, 2012.

② 《济贫法》是 1601 年英女王伊丽莎白时期通过的，但内容是规定由教会负责济贫工作，一般认为还算不上是现代社会保障制度的开始。

③ 即使到今天，也有一些国家和地区的社会保障制度没有把商业保险涵盖进来，比如中国香港地区的社会保障就仅指以政府为责任主体的生活保障计划，包括综合保障援助计划、公共福利金计划、暴力及执法伤亡赔偿计划、交通意外伤亡援助计划和灾民紧急救济。

业保险才被纳入到社会保障体系之中。把商业保险引入社会保障体系，或者利用商业保险公司的管理制度和人才技术优势，把一些项目交由商业保险公司商业化运营成为很多国家社会保障制度的改革趋向。

国际劳工组织在 1942 年和 1999 年对社会保障的不同定义可以比较清楚地显示这一点。1942 年的定义是，"所谓社会保障，就是政府采取一系列综合性的政策和措施，对因疾病、失业、年老以及死亡而中断收入来源、陷入贫困的公众加以保护，比如提供必要的医疗服务，对有幼儿的家庭发放补助金等"；1999 年的定义是，"社会保障是通过一定组织对这个组织的成员所面临的某种风险提供保障，为组织成员提供保险金，以预防或治疗疾病，或在失业时给予资助并辅助其重新就业。"商业保险显然符合这一定义的所有要件①。

商业保险是个人和家庭自我保障的一个重要工具。在社会保障体系中，与政府主导的社会保险相比，商业保险在效率上具有的比较优势主要体现在以下几个方面：

第一，商业保险产品的多样性和便利性。商业保险可以通过产品设计满足不同层次的保障需求，商业保险追求的是保障的差异性；而社会保险则追求的是保障的均等性。

第二，商业保险的技术优势。我国商业保险公司已经积累了大量的人力、物力和技术资源。虽然从长远来看，如果加大投入，社会保障机构也可以获得这些优势，但一些关键人才和技术，社保部门和商业保险公司还是无法竞争的，这在发达国家是非常普遍的现象，社保部门难以像保险公司一样以每年几十万元的年薪雇佣精算师。

第三，商业保险的网络优势。在当前社会保险统筹层次很低的情况下，全国性的商业保险公司具有明显的网络优势，可以很容易地实现异地划转。当然，如果未来社会保险的统筹层次提高，达到全国统筹的水平，商业保险公司的优势将降低，而最佳的结果则是社保和商保分享共用网络资源，整个社会保障体系一定会更有效率。

第四，商业保险费用控制优势。商业保险公司从自身的利益出发，会尽量减少生活保障支出方面的不合理现象，比如保险公司会针对不同的人群设计更适合其需要的年金产品，实现供需对接、保障均衡，以最小的成本达到

---

① 参见刘子操、王国军等：《社会保障制度研究》，中国金融出版社 2008 年版。

最佳的保障效果；社会保险部门虽然也会采取一些措施，但作为政府管理部门，委托代理关系不像商业保险公司那样直接，利益关系也没有商业保险公司那样紧密，所以其积极性是难以保证的，这在现实当中有相当多的例证。

其五，商业保险在风险管理方面的优势。保险机制所应对的就是风险，是一种有效的风险管理手段，那么由谁来进行风险管理呢？根据市场经济社会分工的原则和经济学的原理，具有比较优势的组织和个人可以以最小的成本获得最大的风险管理收益[1]。由熟悉风险的人或者专业的风险管理机构来承担风险恰恰是比较优势原理的一个最佳应用。无论是人力、技术、信息还是资本，保险公司在风险管理方面都具有强大的比较优势，从国际经验来看，社保部门在风险管理方面的优势一般是比较弱的（即使是在福利制度比较发达的瑞士，政府的福利部门也会选择将风险管理外包给瑞士再等商业机构），在未来社会分工更加明确的背景下，商业保险机构可以在整个社会的风险管理中发挥更大的作用。

综合以上优势，商业保险的价值是不容忽视的。而恰恰是这些优势，使商业保险在各国的社会保障体系中逐渐得到重视。就连德国这样一个世界上最早建立社会保险制度的国家，政府也开始允许满足一定条件的成员可以退出法定社会保险，转入商业保险，这一政策的效果非常显著。基于商业保险的独特优势，商业保险在各国社会保障体系中的作用得到更多的发挥将是历史的必然。

与商业年金一样，企业年金和职业年金中的市场化因素使之效率优势日趋明显，因而在各国的养老保障体系中也将发挥越来越重要的作用。

（二）中国养老保障制度发展和改革的未来取向

改革开放以来，中国社会保障制度建设虽然是在"摸着石头过河"中前行，但其制度设计基本追随的是德国模式，政府是社会保障制度建设中的主角。作为国有企业改革的配套措施，城市职工的社会保险，尤其是基本社

---

① 亚当·斯密的《国富论》明确写到：如果购买一件东西的代价比自己生产的代价小，就永远不会自己生产，这是每一个精明的家长都知道的格言。裁缝不想亲自制作自己穿的鞋子，而是向鞋匠购买；鞋匠也不想缝制自己穿的衣服，而是找裁缝做衣。农民既不想缝制自己的衣服，也不希望自己做鞋，而是把这些工作交给裁缝和鞋匠。裁缝、鞋匠和农民都感到，为了他们自身的利益，应当把他们全部的精力用到比他人更有优势的方面，然后以产品的一部分，换取他们所需要的任何其他物品。

会养老保险成为率先突破并占有绝对统治地位的第一支柱，涉及农村居民、城市居民的社会保障制度则以"碎片化"的形式汇合到整个社会保障制度网络中来，但其主导仍然是政府，即政府用"看得见的手"在配置保障资源，而利用市场配置社会保障资源的范围仅限于企业年金等领域。这种制度安排的必然结果是第一支柱独大、政府承担过多责任而效率低下。在国际社会保障制度改革的背景下，特别是在中国所追随的德国模式都在进行大力度市场化改革的潮流中，中国社会保障制度的发展与改革也在发生着巨大的变化。

目前中国社会保障制度改革的基调是：统筹推进城乡社会保障体系建设，坚持全覆盖、保基本、多层次、可持续方针，以增强公平性、适应流动性、保证可持续性为重点，全面建成覆盖城乡居民的社会保障体系。改革和完善企业和机关事业单位社会保险制度，整合城乡居民基本养老保险和基本医疗保险制度，逐步做实养老保险个人账户，实现基础养老金全国统筹，建立兼顾各类人员的社会保障待遇确定机制和正常调整机制。扩大社会保障基金筹资渠道，建立社会保险基金投资运营制度，确保基金安全和保值增值。完善社会救助体系，健全社会福利制度，支持发展慈善事业，做好优抚安置工作[①]。

尽管"保基本、广覆盖、多层次、可持续"的基本方针既无评价标准，也未明确具体的实现路径，但我们仍可以依此判断中国养老保障制度发展和改革的未来取向。

1. 政府提供社会养老保障的水平不会太高

"保基本"这一原则的最初版本是"低水平"。有学者提议"低水平"含有一定的贬义，所以后来的政府文件就将之改为"保基本"。但无论以何种文字来做表述，其"保障水平较低"的本质内涵是不变的。

然而"低水平"的社会保障并非不好，因为在既定的经济发展水平和财政能力下，"低水平"是"广覆盖"的保证，出于社会保障制度内含的公平和正义原则，政府责任下的养老保障首先要保证的是"广覆盖"，最好是人人有份的全民保障。在做到"广覆盖"的前提下，将政府提供的基本保障水平提高一些，但仍不能超出现有的经济发展水平和政府的财政能力，同

---

① 党的十八大报告：《坚定不移沿着中国特色社会主义道路前进为全面建成小康社会而奋斗》，2012 年 11 月 8 日。

时，也不能因提高保障水平而减损经济效率和社会公平。知易行难，中国社会养老保障制度的发展和改革仍将在"低水平"和"广覆盖"的方针下艰难前行①。

让每一个老年公民都"老有所养"是一个现代文明社会的基本要求，因此，一个基本层次的养老保障是必不可少的，基本层次的养老保障制度体现着政府的基本责任。目前已经成为共识的是：基本层次的社会保障强调的是政府责任，所要达成的目标是社会公平，保障的对象是全体公民。但如果基本层次的养老保障水平越高，其劣势则会越明显：在可保风险的七个理想条件中②，有一条至关重要，即事故和损失的发生必须具有偶然性，必然不会发生和必然发生的风险是不可保的。道理很简单，必然不会发生的风险没有保险需求；必然发生的风险没有保险供给。保险是一种社会互助机制，是用全体投保人缴纳的保险费补偿少数被保险人发生保险事故后所造成的经济损失，如果每个被保险人都注定会发生事故和损失，都能拿到保险补偿，保险"千家万户保一家"的功能就无法发挥出来，保险的意义也就不存在③，

---

① 目前国家机关工作人员、事业单位职工的退休金与企业职工养老保险金的名义基本养老金差距约为 4:3:1。2011 年企业退休职工基本养老金月人均 1 531 元，公务员退休金大约为 6 124 元。因公务员和事业单位职工的退休金全部由财政支付，企业职工基本养老金还包含了由职工缴纳的个人账户养老金，所以实际的养老金差距更大。如果再将农民工和农村老人考虑进来，现行养老金制度的多轨制已经造成了极大的不公平。

② 可保风险的理想条件包括：（1）有大量独立相似的风险载体；（2）损失的概率分布是可确定的，可以提供保费厘定和保险经营的数理基础；（3）事故和损失的发生必须具有偶然性，必然发生和必然不会发生的风险是不可保的；（4）损失在时间、地点和金额等方面是易确定的，否则无法确定损失是否在保险人的赔偿范围之内；（5）一般不会发生能导致保险公司无力赔付的巨灾；（6）经济上的可行性，低频率、可能造成较大损失的风险对于保险是最适合的——大损失使得被保险人自身无法承担，低频率使得保费与可能损失相比相对较低；（7）原则上保险标的都有遭受损失的可能性。

③ 保险的意义在于将个人无法预见和不容易负担的小概率事故和可能发生的较大损失（风险）汇聚到保险公司，保险公司基于大数法则，能够比较准确地测算出群体未来某段时间和确定空间内发生事故和损失的概率，然后从所有投保人那里收取保险费，从而使收支相抵稳健运营。而对于投保人而言，可以利用保险机制以缴纳少量（不会对生产和生活造成较大影响）的保费的形式，将未来可能发生的自己难以承担的较大损失转嫁给保险公司。保险的优势在于利用了大数法则，即个体事故和损失发生的不可测性及群体事故和损失发生的可测性这一本质差别。在"生、老、病、死、残"等人身风险中，养老保险的"保险"性质几乎是最弱的，因为只要不出意外，每个人都会经历"老"的阶段，因此可以说"老龄风险"是一个"确定的"事故，投保人大多都会拿回属于自己的那份保险金，投保人"自助"的性质远强于保险"互助"的性质。老年风险之所以还能承保，是因为不同个体老年阶段的时间长度不同，这个不同导致了养老保险制度中投保人一定程度的互助，这也就决定了养老保险可以做但保障水平不能太高。

而在自主和财富累积方面，储蓄和其他类型的个人资产配置工具显然会比保险更有效率，这一原理既适用于商业养老保险，也适用于社会养老保险。

基本层次的养老保障显然是必要的，但其保障水平不能过高，唯其如此，才能扬长避短，在保障制度公平性的同时，发挥基本层次养老保障制度的效率优势。虽然在中国独特国情的背景下，政府提供的基本层次的养老保障制度改革艰难曲折，但"低水平、保基本"的基本层次的养老保障却是一条别无选择的必由之路。

2. 政府提供的社会养老保障将向覆盖全民的一体化方向发展

就目前而言，我国的社会保障体系仍然是一个高度分散化的网格状结构，有学者形象地称其为"碎片化"①。在这个碎片化的网格状结构中，存在很多遗漏和不足。

在覆盖人群上，表现在城市与乡村分割；在城市中，城市职工和城市居民分割；企业单位、事业单位和机关单位公务员系统彼此分割；不同省份和一个省份的不同地区甚至不同区县之间彼此分割等。在保障项目上，社会保险针对的是城市企业单位，但其中的基本养老保险、基本医疗保险、失业保险、工伤保险和生育保险的覆盖率大多低于80%，而且，基本养老保险、基本医疗保险被分割在2 000多个统筹单位之中，各统筹单位之间政策是不统一的，比如个人缴费比例、保障水平、保障范围、个人账户和社会统筹的分割等都不统一。社会福利、社会救助、优抚安置等与社会保险相并列的社会保障项目也都未能做到应保尽保。总而言之，各个公民群体被分置在社会保障棋盘的各个细碎的网格之内，城乡之间楚河汉界，城市内部和乡村内部也是各自为阵，彼此分立，难以接续融通。

对于中国这样一个发展中的大国而言，碎片化的社会保障弊端重重：除了造成并明显加重了社会不公和社会群体分割之外，还不利于人力资本的流动，难以形成一个全国性的人才流动的大市场；导致户籍制度的改革无法推进，现行户籍制度的弊端无法根除；同时，城市和农村碎片化的社会保障制度网格上的不同群体无法在空间和时间上形成社会保障制度上的财务互济，容易受到短期和长期财务危机的威胁，最终有可能导致社会的动荡。

改革开放以前，简单的中国城乡二元社会结构并不需要一体化社会保障

---

① 郑秉文：《中国社保"碎片化制度"危害与"碎片化冲动"探源》，载《甘肃社会科学》2009年第3期。

制度，因为，针对少量的农转非人群，只需要在户口迁移的过程中将迁出者从一个社会保障体系转入另一个社会保障体系之中即可，这也是计划经济体制下，中国城乡社会保障制度可以长期分立的根本原因。

社会保障制度的改革应顺应历史发展的潮流，而不应成为社会经济发展的障碍。改革开放以来，我国的社会结构发生了深刻的变化，城乡的二元分层已经被多元化的社会结构所取代，作为社会安全保障系统的重要组成部分，社会保障制度的建立、发展与改革必然要与之回应。越是分化的社会结构越是需要整合的社会保障制度，因为公民身份的迅速转变需要统一的保障制度与之配套①，碎片化的社会保障制度只会阻碍人力资本的顺利流动。因此，在适应社会结构变化的基础上，社会保障制度更应促进城乡市场的整合、社会经济的发展，以推动我国社会文明进步的进程。

多层次、一体化的社会保障制度将是我们社会保障制度的发展方向。所谓"一体化"的社会保障制度是指大一统的、在制度上统一的社会保障制度，它是与碎片化的社会保障制度相对的。当然，一体化的社会保障制度并非能够一蹴而就，它首先是一个发展原则和发展方向：要由国家和地区一体化的社会保障制度发展战略作为引导，形成诱导型的制度变迁，循着一体化的原则建立和改革每个网格上的社会保障制度，待时机成熟时，通过各个预置好的接口顺利整合到一起。

3. 多个层次的养老保障制度是必然选项

与中国社会经济结构的急遽变化相对应，中国的社会保障制度也处在一个快速发展演变的阶段，这种演变是否能够与社会经济发展形成正反馈以进入良性循环和持续发展的轨道至关重要，这是因为，社会保障制度改革的迟滞甚或陷入误区将严重阻碍社会经济发展的步伐，影响民众对未来的信心，从而影响生产和消费。受制于社会保障制度的福利刚性和制度的路径依赖，整个社会都将为之付出巨大的代价②。

---

① 我们在田野调查中接触到的一个农民，他在 2008 年 1 年中的活动就充分显示了在一个社会结构复杂分化的时代，居民身份发生急剧变化的情况：春天，他在农村的田地里完成作物播种，之后来到城市的工厂里打工。夏天过去，工厂的生产进入淡季，他又成了一个在城市游荡四处寻找打零工机会的自由职业者。到了秋天，他回到乡村参加秋收。秋收完毕，他开始和同村的几个乡民到镇里租了一间房屋贩卖从乡下收购的农产品。2008 年的最后一天，他加入了一家煤矿的长途贩煤车队。

② 比如，城镇几十个基本养老保险方案的统一、转移和接续问题；基本医疗保险中的异地报销问题；农民工的退保问题，都需要耗费巨大的补救成本来解决。

　　在城乡二元经济时代，相对简单的社会保障制度架构即可满足有限的几大社会群体的需要，因为这个时候的社会群体构成也非常简单。比如在计划经济时代，中国城市针对国家机关和企、事业单位的公费医疗制度、离退休制度和劳保制度，农村的合作医疗制度和五保户供养制度，已经基本可以满足绝大多数公民基本生活保障的需要，与之对应，社会保障体系也可以按"工"、"农"两大阶层简而化之。

　　然而，随着社会结构的分化、经济系统复杂程度的增强，社会阶层高度复杂化。城市在国家机关和企、事业单位之上分化出不同的所有制形式、不同行业管理模式、不同就业状态、不同收入水平，并因此处于不同社会保障项目之下的在职人群；非在职的城市居民则形成了一个基本游离于社会保险制度之外的庞大群体。同时，国家机关和事业单位也开始分化[①]，这一群体包括1 100万机关单位职工和2 700万事业单位职工，也包括为数众多的其他财政供养人口。而农村人口则分化为在农村耕作的农民、到城市打工或者已经迁徙到城市定居的庞大农民工群体、在农村的工厂中工作的专职或兼职农民、早已失去土地但户口仍是农民的城中村村民、留守在农村的没有劳动能力的老年农民和未成年人，以及目前人数较少但会越来越多的集中了农村土地使用权的农庄或农场主（他们大多来自城市并拥有城市户口，但其产业却在农村，利用现代化的生产设备在较大规模的土地上从事绿色农业或旅游农业生产），等等。如果再从另一个角度考虑到城乡中有雇主的雇员和没有雇主的自由职业者，这个社会结构的分化程度更是中国历史上前所未有的。

　　对于一个高度分化的现代社会而言，仅有体现政府责任的基本层次的养老保障是不够的，有了"一柱独大"而仅涵盖职业人群的城镇职工基本养老保险制度也是不够的。在低水平的基本层次之上，作为个人和家庭生活保障的第二支柱和第三支柱，突出雇主责任的企业年金和职业年金等员工福利制度和强调个人与家庭责任的补充层次的保障，更是不可或缺的。

　　目前我国养老保障体系的主要问题不是没有设定多个层次。实际上，无论是在指导方针上还是在实践中，多层次体系的制度框架已经存在：覆盖国家机关工作人员的退休养老制度、覆盖城镇职工的基本养老保险制度、覆盖农村居民的新型农村社会养老保险制度，以及覆盖城市居民的社会养老保险

---

　　① 其标志是国家公务员制度的实施和事业单位的社会保障制度从国家机关分化出来的改革试点。

制度都先后建立起来了；在第二支柱中，部分企业建立了企业年金制度，在第三支柱中，商业养老保险也已有了一定规模。只是这个体系内部彼此分割，强弱不一，形成一个个碎片化的孤岛。

调整养老保障体系的内部结构，使各个层次的养老保障制度彼此衔接，有机整合，将是我国未来养老保障体系建设的重点。其中职业年金制度和企业年金制度的并行发展和最终整合，以及商业年金的快速发展是重中之重，第二和第三支柱将发挥更大的作用[①]。

4. 养老保障制度建设将兼顾公平与效率

公平是社会保障制度的第一要义，但社会保障制度的建设与改革也必须注重效率。国内外的教训已经充分证明，没有效率的社会保障制度不是一个可持续的社会保障制度。

社会保障制度的效率体现在两个方面：其一，社会保障制度本身需要效率，也就是说，社会保障制度的运作体系应该是一个体现效率的体系；其二，作为社会安全稳定系统的重要组成部分，社会保障制度能够在尽量保证公平的条件下，提高社会生产流通系统、社会财富分配系统和社会安全稳定系统中其他各项制度的效率。

社会保障制度本身的效率首先来源于社会保障的制度设计，激励相容的制度设计是高效率社会保障制度的前提条件。社会保障领域的公私合作是提升制度效率的有效途径，在这方面有很多值得借鉴的国际经验，本书的第六章已经多有论述。在未来中国养老保险体系的结构调整中，把养老保障体系的第二和第三支柱做强，实质上就是在发挥年金市场的效率优势。

一个体现效率的社会保障制度将带动整个社会的生产流通系统、财富分配系统和安全稳定系统效率的提升，这也恰恰是世界各国加强社会保障制度

---

① 具有更多市场化元素的第二和第三支柱在中国社会保障体系中的地位和作用也和世界其他国家一样，从无到有并逐渐增强：1982 年中国在"七五"计划中提出的社会保障体系主要包括社会保险、社会救济、社会福利、优抚安置四项内容。而《国民经济和社会发展"九五计划"和 2010 远景目标纲要》则指出：加快养老、失业、医疗保险制度改革，初步形成社会保险、社会救济、社会福利、优抚安置和社会互助、个人储蓄积累保险相结合的多层次社会保障制度；在大力发展社会保险的同时，积极发展商业保险，发挥其对社会保障的补充作用，"十五"规划则把鼓励有条件的用人单位为职工建立企业年金和补充医疗保险的内容也加了进去，而中国企业年金的商业化运营模式在 2004 年之后已经非常明确。"十一五"规划更是将商业保险界定为社会保障制度的一个重要组成部分，并将着力于企业年金制度的发展和职业年金制度的建设。"十二五"规划强调发挥商业保险补充性作用和多个支柱养老保障体系的建设。

建设的本因。对于幅员辽阔、人口众多的中国而言，多层次、一体化的社会保障制度对社会生产流通系统效率的提升既在于通过人力资本市场的整合，实现人才在全国范围内不分城乡、职业身份、所有制形式的无障碍流动，也在于通过人力资源素质的提升从而提高其劳动生产率，更在于完善的社会保障制度可以改变家庭和个人对未来的预期，转变储蓄倾向，使人民敢于消费，从而从根本上扩大内需，实现生产消费储蓄和投资的良性循环，保证经济的健康持续发展。

社会保障具有社会财富分配的功能，主要保障的是较低收入者的基本生活，也是为全体公民提供"生命波折期"的保障。从生命周期的角度看，除了极少数的高收入者几乎是纯粹为社会保障制度做贡献外，社会保障制度的受益者占社会的比例极高，因此对整个社会的有效需求影响极大。同时，高收入阶层虽然也消费，但相对他们巨大的财富量来说，占的比例很少，即高收入者的边际消费倾向低，而低收入者的边际消费倾向高。特别是当大量财富集中在少数高收入者手里，低收入者又没有比较稳定和充裕的社会保障的情况下，必然造成社会有效需求不足。

多层次一体化的社会保障制度设计，可以在很大程度上改变目前农村居民、城市居民，特别是边缘群体的消费结构，有助于我国经济从外需拉动型向内需推动型的经济发展模式转变，从而实现社会经济效率的全面提升。

无论是为了实现我国社会养老保障制度的可持续发展，还是为了获得养老保障制度的效率溢出效用，中国的社会养老保障制度都会向公平与效率并重的方向发展。

■ 二、中国年金市场发展的必要条件

年金市场的发展面临着诸多的约束条件，如果这些条件具备，年金市场的发展就会水到渠成；反之，如果这些条件不足甚至缺失，市场的发展就会陷入停滞乃至倒退。因此，研究中国年金市场的未来及其相应的发展战略，首先要关注年金市场发展的必要条件有哪些，应当如何改善，并推断在未来的某个战略阶段这些条件如果能够达到年金市场发展基本的要求，战略选择应该怎样；达不到又应当如何。对于相关政府部门进行未来年金市场制度的顶层设计而言，了解并推动这些条件的改善则更为必要，如果忽视这些必要条件，将可能导致政府的既定目标无法达成，政策许诺无法实现，甚至变成空头

支票，其影响将是非常负面的。因此，分析年金市场发展的必要条件意义重大。

（一）政策条件

养老保障体系的结构调整和全面系统的财税体制的改革是企业年金发展的必要基础。从前面各章的分析可以看出，我国城镇职工社会保险的高缴费率已经使企业不堪重负，极大地压缩了年金市场的发展空间；财税体制改革的滞后、税收信息系统建设的迟缓无法保证征税信息的准确以及税赋的公平与效率。同时，最需要年金市场来保障老年生活的弱势人群，如非在职的或者从事自由职业的城市居民、农村居民、农民工以及中小私营企业的员工因为无法参与到企业年金制度中来，使企业年金事实上成为以国有企业为代表的"富人俱乐部"而深受社会各界诟病，初衷良好的税收优惠政策在实践中演变为"劫贫济富"的工具，人们从最初对企业年金制度的希冀和拥护已经演变为对税收优惠的失望和质疑，导致改革的步伐踯躅不前。

税收优惠制度的踟蹰，使年金市场的发展失去了基本的原动力。而毋庸置疑的是，如果养老保障体系的结构不能调整，财税体制改革不能到位，年金市场的发展无论如何都将仅仅是一个镜花水月的蓝图而已。

事实上，与很多领域的市场化改革一样，我们所面临的主要问题并不是最初的改革所造成的，而恰恰是改革不彻底中途退缩的结果，既得利益群体维持现状的动机和从中渔猎暴利的心态很可能葬送改革的成果。

年金市场是一个典型的以政策推动发展的市场，因此，制度的顶层设计决定着年金市场的发展水平。在可以设想的政策条件中，在养老保障结构的调整方面，最理想的状态是：政府能够增加财政对养老保障的投入或者从国有资产中切出更多的资源，在不降低现有养老保障水平的前提下，主动逐步降低城镇职工基本养老保险的缴费率，同时改革并缀合国家机关工作人员、事业单位退休养老制度、城镇职工基金养老保险制度、城镇居民养老保险制度、新型农村社会养老保险制度，使之整合为第一支柱的国民年金，制度统一并覆盖全民。同时，着力建立体现雇主责任的企业年金和职业年金制度，并使两者逐渐并轨，再从制度设计上大力推动年金市场的发展。

在财税体制改革和税收优惠制度方面，最理想的状态是：政府能够建立健全收入监控制度和建立强大而有效的信息系统，将目前个人所得税按收入分项征收改革为按综合收入征收的制度，借鉴美国等发达国家的经验，综合考虑住房、教育、医疗和养老等支出，实行科学的个人所得税退税制度；以按家庭收入征收取代目前按个人收入征收的制度，实现个人所得税的公平和效率；同时，推进企业营业税向增值税的改革，逐步降低消费税的税率，切实减轻企业的税收负担，提高个人家庭可支配收入的水平，藏富于民，为企业承担养老保障第二支柱的责任和个人家庭提高保障养老生活的能力腾挪空间。提高职业年金和企业年金的税收优惠幅度，在设定严格上限的前提下，实现个人缴费部分的税收优惠，试点并推广商业年金的税收优惠制度，通过制度设计，赋予单位和个人在参加基本养老保险前提下自主选择参加企业年金、职业年金或者商业年金的权利，借鉴德国等国家的模式，尝试建立单位、个人和家庭在基本养老保险和企业年金及商业个人年金计划之间选择和转换的通道。

当然，这些理想政策条件的满足不可能一蹴而就，但"取乎其上，得乎其中；取乎其中，得乎其下"，确立理想的目标是进步的前提，在理想的目标终究无法实现的情况下，退而求其次也是不错的选择。毕竟，在当今的社会政治经济条件下，有什么样的政策条件，就会有什么样的年金市场。

（二）经济条件

宏观经济条件对年金市场的发展有着决定性的影响，而良好的宏观经济条件是企业年金可持续发展的必要前提。

根据本书第二章的研究结论：我国经济发展三大红利——转型红利、开放红利和人口红利都呈现边际递减的态势，人口红利正在消失，转型和对外开放红利对经济增长的贡献也变得更为有限，加之世界经济复苏步伐显著放缓、我国经济增速降低、经济结构转型推进，未来的经济增长速度和财政收入增长速度也将不复从前。

在这样一个大的经济背景下，年金市场发展的经济条件并不乐观，如果对养老保障体系的内部结构不做调整，在近年来财政对城镇职工基本养老保险、城镇居民社会养老保险和新型农村社会养老保险的补助成倍增加的情况下，完全依靠财政推动企业年金、职业年金和商业年金制度的快速发展是有一定难度的。尽管我国社会保障事业占财政支出的比例与发达国家相去甚远，但因为国防、教育、医疗、最低生活保障制度等方面的支出也在迅速增加，政府的财力将捉襟见肘。由此可见，在制约政府的行政权和征税权、拉动内需和民间消费成为改革大势的条件下，通过调整养老保险体系的结构来促进年金市场的发展，利用市场的力量配置资源，壮大和巩固养老保险体系的第二和第三个支柱才是比较可行的选择。

在年金市场健康发展的宏观经济环境中，资本市场的发展是一个非常重要的因素。年金是长期产品，对基金收益性、安全性和流动性的要求恰恰和资本市场的性质相匹配①。

所有类型的年金都有基金的保值和增值问题，正如人们经常所说的保障和投资是商业保险发展的两个轮子一样，一个公平有效的资本市场也是年金市场健康稳定发展的必要条件。年金市场，包括商业个人年金，也包括企业年金和职业年金，都需要从资本市场上获得比较稳定的收益才能够使基金在比较长的时间内保值增值，抵消通货膨胀对年金的侵蚀并满足人们日益增长的生活需要，才能够具有吸引力，也才能够达到保障人们老年生活的目的。反之，如果没有一个运作良好的资本市场，积聚的资金不能保值增值，年金市场的发展就会缺乏基础，很难实现可持续发展。

在逆境中成长的中国年金市场的发展特别需要资本市场的助力，然而遗憾的是，与发达国家的资本市场相比，中国的资本市场还非常不成熟，也有很多的制度性障碍，"圈钱市"、"投机市"、"政策市"等特征就显示着中国资本市场仍存在着重大的缺陷。二十多年来，中国的资本市场在短暂的暴涨和长期低迷中颇受诟病，没有和发达市场经济国家的资本市场一样，作为经济的"晴雨表"并成为社会大众分享经济发展成果的工具，更没有给广大的个人投资者和多数机构投资者带来理想收益。这样的一个资本市场实际上已经抑制了中国年金市场的发展②。

尽管目前社会各界对资本市场改革的呼声很大，证监会也推出了诸如强

---

① 资本市场是金融市场的一个主要部分。与货币市场相比，资本市场主要有三个特点：第一，融资期限长。至少在1年以上，也可以长达几年甚至几十年，甚至没有到期日。第二，流动性好。尽管在资本市场上筹集到的资金多用于解决中长期融资需求，会导致资本的流动性相对较弱，但因为上市公司股票交易的便捷性和即时性以及非上市公司产权交易市场的开放性，很大程度上缓解了资本市场资金的流动性问题，所以，资本市场的流动性也已今非昔比。第三，风险大而收益较高。由于融资期限较长，发生重大变故的可能性也大，市场价格容易波动，投资者需承受较大风险，但作为对较高风险的报酬，其收益也较高；在资本市场比较完善的情况下，资本市场的监管使得投资风险，尤其是长期投资的风险得以大幅降低。

② 由于投资渠道狭窄、体制建设落后等原因，中国的社保资金、企业年金等长期资金面临着保值增值的巨大压力。截至2011年底，全国社会保险基金累计结余3万亿元，98%存放在金融机构。与此类似，全国住房公积金余额2.1万亿元，也只能存银行或买国债，机会成本很高，隐形损失较大。在此方面，美国20世纪80年代以来的成功经验和中国全国社保基金过去10年的有益尝试，都说明对这些资金进行集中运营和专业管理，以市场化方式实现保值增值，确有必要，但因为中国资本市场的缺陷，资本市场投资的可行性却令人怀疑。

制分红、内幕交易零容忍、IPO 制度改革、创业板退市制度等 70 条改革政策，在保障投资者权益、打击违规行为、释放证券市场主体创新活力方面起到了一定的作用，但中国的资本市场要革除多年积弊提升效率，却是一个相对缓慢的过程。

中国资本市场的兴利除弊和健康发展与中国年金市场的发展一样，取决于中国未来的改革方向和改革进程。中国继续深化推进的市场化改革将在释放出新一波以市场化和内需拉动为基础的转型红利的同时，也将保证资本市场改革的顺利推进，为中国年金市场的发展提供强大的动力。从发达市场经济国家的经验来看，占资本市场投资额 1/3 以上的年金资产对资本市场的改革、稳定和健康发展也将起到巨大的推动作用。进一步的市场化经济体制改革将推动中国资本市场和年金市场相互促进协同发展，共同成为市场经济体系中的中坚力量。

（三）技术条件

年金市场的运作与监管是一个非常复杂的庞大系统，无论是英美还是其他年金市场比较发达的国家，都注重包括年金市场管理在内的社会保障体系管理技术的提升，而信息化水平的提升则是重中之重。

社会保障的信息化建设在发达国家受到很高的重视。比如，在作为美国奥巴马政府新一轮医疗改革蓝本的《奥巴马—拜登计划》中，奥巴马提出的三项主张中的第一项就是采取先进的医疗信息技术系统。美国正在建立一个全美医疗保险交换系统（National Health Insurance Exchange），这个系统中的信息平台将所有经营商业健康保险的机构，包括公立医疗保险保障组织的信息集中在一起，大大提升了医疗保险的效率[1]。美国在年金管理方面的信息化水平也比较高，联邦和各州统一的信息化网络保证了美国的年金市场在低风险和高效率的轨道上运行。

现代社会对政府行政工作的透明度具有很高的要求，并且将行政信息透明度作为评定政府工作的一项重要指标。而对于我国年金市场的发展来说，信息化建设有着更为重要的意义，因为年金市场的创立、运行和监管所依赖的首先是信息。

---

[1] 详见孙祁祥、郑伟等：《商业健康保险与中国医改——理论探讨、国际借鉴与战略构想》，经济科学出版社 2010 年版。

在年金市场上，不但要管理所有参与者的个人和家庭信息，建立所有企业、家庭和个人的账户，管理资金筹集、运营和发放三个时刻变动的巨大资金流量，还要根据参与者的信息确定未来几十年之内维持制度运行和资金发放的能力，也就是所谓的"偿付能力"是否充足。更具体而言，就是要通过精算技术，利用过去和现在的数据预测未来的支付成本，以计算年金的费率水平和资金的筹集数量，从而实现综合平衡，使未来实际发生的管理费用和资金支出不高于资金来源和投资收益，维持整个年金制度的收支平衡，达到均衡几十年现金流量、综合配置几个世代养老保障资源的目的。由此可见，数据是年金制度可持续运行的基础。作为一个涉及多数公民利益、关系国家财政长期收支平衡的事业，年金市场的科学运营对信息化的依赖程度相当高。年金市场的发展应充分利用当代最前沿的信息技术。

我国的社会保障部门也早已意识到社保信息平台的重要性，并已经在着手建设这样一个信息平台，即著名的"金保工程"①。2003 年 8 月，经国务院同意，金保工程全国整体正式立项。金保工程是利用先进的信息技术，以中央、省、市三级网络为依托，支持劳动和社会保障业务经办、公共服务、基金监管和宏观决策等核心应用，覆盖全国的统一的劳动和社会保障电子政务工程。《2011 年人力资源和社会保障事业发展统计公报》显示：金保工程一期建设全面完成。年末，全国 32 个省级单位全部实现了与部中央数据中心的网络连接，28 个省份实现了部省市三级网络贯通，城域网加速向街道、社区、乡镇基层服务机构延伸。230 多个地区发放了符合全国统一标准的社会保障卡，实际持卡人数 1.99 亿人，284 个地级以上城市开通了 12333 专用公益服务电话。各地向人力资源社会保障部上传的基本养老保险联网监测月度数据涉及参保人员已达到 1.98 亿人。

金保工程的稳步推进为包括企业年金的社保信息平台的建设打下了良好的基础。为了给企业年金市场创造更好的技术条件，国家有必要加大投资力度，加快建设进程，抓紧时间开始金保工程二期项目的建设，使这张全国性的社会保障信息网尽快完善起来，并与其他电子政务信息系统整合为一个强

---

① 人力资源和社会保障部用"一二三四"概括了金保工程的内涵："一"是一个工程，指在全国范围建设一个统一规划、统筹建设、网络共用、信息共享、覆盖各项人力资源和社会保障业务的电子政务工程；"二"是两大系统，指建设社会保险子系统和劳动力市场子系统；"三"是三级结构，指由中央（人力资源和社会保障部）、省、市三层数据分布和管理结构组成；"四"是四项功能，指具备业务经办、公共服务、基金监管和宏观决策四项功能。

大的电子政务信息网络。比如，金保工程与管理社会救助和社会福利保障项目的民政部门的信息系统的整合可以为社会保障制度的一体化发展奠定基础；与人口和计划生育部门的信息整合可以使两者更好地实现信息的真实性、动态性方面的互补，从而实现科学的政府决策；与卫生部门的信息整合则能够提高健康保险管理的效率并在国家医疗卫生费用控制方面实现大的突破；与国家统计的部门的合作则可以缓解部门之间信息冲突的矛盾，优势互补，使有关社会保障的信息更准确、更完整；与国家发展改革部门的信息整合则可以使手握重权的政府决策机构避免在决策中出现重大的失误；与金融保险部门的信息整合则可以为年金市场的资金运用提供透明而高效的平台。

（四）法制条件

年金市场涉及广阔的空间和时间，不同职业、不同年龄、不同身份、不同地域的人群通过年金市场在广阔的空间内进行风险的汇聚和分散；从受托管理、账户管理到投资管理，再到现金管理和年金发放，牵涉到众多的政府部门、金融机构、社会组织和个人家庭；一份年金合同要维持几十年的缴费期然后再延续几十年的支付期，有着极长的时间跨度。在这样一个复杂的交易关系和时空状态下，如果没有一个良好的法制条件作为保障，人们很难建立起有效的信任机制从而有足够的积极性参与到年金市场中来，年金市场本身也难以形成有力的规范，难以保证整个市场的规范运行和健康发展。

年金市场的发展需要公平、公正、公开、有效的法制条件。从发达国家企业年金制度发展的经验分析，我国年金市场发展理想的法制条件是：立法的完整性与可持续性；司法的独立性与可监督性；执法的有效性与公正性。

首先是立法的完整性与可持续性，从这个角度来说，中国年金市场发展最需要的是一部《中华人民共和国年金法》或《年金条例》。年金发展，立法先行，像美国一样，在制度的初始阶段，制定相应的法律条文，然后根据市场的发展情况及时调整补充修改。

当然，基于中国的国情，我们认为这一理想条件在十年内实现的难度较大。作为中国社会保障制度的核心法律文件，《中华人民共和国社会保险法》从 1992 年就开始酝酿，2007 年开始审议，历经 3 年 4 审，于 2011 年 7 月 1 日起施行，耗时恰好 20 年。从酝酿到出台的时间间隔来看，《社会保险法》的出台可谓颇费周折，而且一些关键问题还有待国务院出台的相关文件和高法的司法解释来补充，这也从一个侧面反映了制定社会保障相关法律的难度。

社会保险法也好，年金法也好，立法的第一个"两难"在于，如果法律规定得过于详细，则会限制实践过程中因地制宜、因时制宜的可能性，因为实践是变化万千、丰富多彩的，而法律是严格刻板、严谨生硬的。而且，根据不完全合约理论，世界上没有完全的合约，更没有尽善尽美、严密无暇、无懈可击的法律。而如果过于简略，则在实践中会出现更多的无所适从，不同的利益群体有不同的解读，导致法律条文使用中的混乱。

第二个"两难"在于，如果法律将所有的难题都留待后来解决，那法律本身的意义将会大打折扣；反之，如果在条件没有成熟、共识尚未达成，立法者对如何规定才更公平、更有效都不清楚的情况下，贸然出台相关的条款，则可能导致实践误入歧途，而根据路径依赖理论，其直接成本和间接成本都是相当大的。

基于制定法律的两难，为保证年金市场法律规范的完整性与可持续性，从制定年金市场发展的行政法规或部门规章着手是较为明智的选择。2004年以来，为规范企业年金的发展，人力资源和社会保障部先后出台了21个部级"令"、"办法"、"指导意见"或"通知"①，这些文件的出台和修订对企业年金市场的规范发展起到了决定性的作用，保证了企业年金一直在一个比较规范的轨道上运行。企业年金市场法规的进展是令人称道的，也是值得职业年金、商业年金所仿效的。

其次是司法的独立性与可监督性。年金市场的运行广泛，涉及政府、企业、职工等各方的权益，在规范年金市场的司法实践中，地方保护主义、部门保护主义等观念和行政权力的渗透经常会影响到司法的独立性，从而影响到司法的公正性。在现实中，企业所掌握的资源远远多于一个普通员工，因此，其在社会上的话语权比较大，寻租能力比较强，而当地的一些政府部门可能会基于经济增长、税收收入和社会就业等需要，易于与企业形成利益同盟，共同应对企业员工的法律抗辩。

为了促进年金市场的司法独立，综合考虑到年金市场司法的技术难度，我国可仿效一些发达国家，建立全国性的年金诉讼巡回法庭制度，由年金领域最专业的法律工作者组成全国性年金巡回法庭，审理影响较大、难度较高，特别是有其他势力介入的案件，以保障司法的公正性，并为全国各地年

---

① 详见第三章表 3－1：规范中国企业年金发展的重要法律法规。

金领域的司法实践提供案例范本，供地方法院参考，企业年金的司法环境将非常有助于年金市场的发展。

第三是执法的有效性与公正性。执法，亦称法律执行，是指国家行政机关依照法定职权和法定程序，行使行政管理职权、履行职责、贯彻和实施法律的活动。在企业年金的法律法规体系中，执法与立法和司法一样，是不可或缺的重要一环。公正有效的执法环境至少包括以下四个方面：其一是统一的执法标准；其二是建立执法责任制及其相关的配套措施；其三是执法案卷管理的标准化；其四是公开的执法流程。

三、政策建议：未来十年中国年金市场发展的战略路线图

未来十年，中国年金市场或者将在有关部门的无所作为中归于沉寂，或者将在社会养老保障体制和财政税收体制的锐意改革、在年金市场发展的几个必要条件的持续改善中获得巨大的生机和活力，真正担当起中国养老保障体系的两大支柱，承担起从容应对2030年中国进入老龄化高峰后银发浪潮的历史责任。两种前途，两种命运，皆悬于中国进一步深化改革的方向和进程。年金市场是市场经济的重要组成部分，中国坚定不移的市场化改革是年金市场发展的基础，在此基础上，基于前面各章的研究，本章提出一个未来十年中国年金市场发展的三阶段的战略规划，具体战略阶段的安排参见图7-1。

任何战略构想的实现都依赖于具有可操作性的实施步骤，而总体规划、分步实施是中国年金市场发展应遵循的基本规则。鉴于此，我们将未来十年中国年金市场的战略实施期划分为三个阶段（见图7-1）。

（一）第一阶段：2013~2016年

2013~2016年，既有可能是中国年金市场发展的停滞期，也有可能是年金市场发展的黄金机遇期，究竟会如何发展，关键在于前面分析的各种条件，特别是政策条件能否得以改善。如果决策部门能够在这个阶段适时地对已有养老保险体系的结构进行调整，在保证这一阶段内总的保障水平基本不变的情况下，随着第一支柱保障水平的自然降低，努力提高第二、三支柱的保障水平，促使养老保障的结构逐渐发生变化，年金市场的发展就会出现大的转机。我们乐观地预测，在党的十八大之后，在继续深化改革的内在动力、社会舆论的外在压力和市场需求的拉力之下，这个转机是很有可能发生的。

	第一阶段（2013~2016年）	第二阶段（2017~2020年）	第三阶段（2021~2023年）
支柱调整	研究缀合养老保障制度的碎片，形成体现政府责任的基本养老保险，降低城镇职工基本养老保险的缴费率，改革机关事业单位的退休体制，推动职业年金制度的建立，促进职业年金和商业年金市场的发展，明确企业年金、职业年金和商业年金的发展目标，明确三个支柱的替代率。*	基本养老保险制度成型，继续调整养老保险体系的支柱结构，城镇职工养老保险的缴费率较大幅度下降，企业年金、职业年金初步整合的同时替代率有较大幅度的提高。	统一企业年金和职业年金制度，形成结构合理的三个支柱的养老保障体系，体现政府责任的基本养老保险、体现雇主责任的企业年金和职业年金、体现个人责任的商业年金各司其职并协同发展，在制度上形成多层次一体化的养老保障制度。
税制改革	税延型个人年金的试点与初步推广，允许年金保费个人缴费部分一定比例且有上限的税前列支，由单位和个人选择参加企业年金、职业年金或者商业年金，研究制定年金缴费、投资收益和年金支付三个阶段的税制。*	将税延型个人年金保险的试点推广至全国，在法规层面上确定企业年金、职业年金、商业年金的税优比例和适格的缴费上限，明确退出年金账户的税优返还制度，明确年金缴费、投资收益和年金支付三个阶段的税制。*	与国家的税收体制改革相协调，在经济条件允许的情况下，扩大年金市场的税收优惠比例，完善和修改有关年金的税收制度，并以法律的形式确定企业（职业）年金和商业年金的税制，在公平与效率兼顾的基础上进一步促进年金市场的持续发展。
监管优化	成立相关部委年金市场的监督管理的部际联席会议制度，推动年金市场的合规与有序经营。	在部级联席会议的基础上，着手建立专门的年金市场监管机构，明确年金监管机构的职责、权利与义务。*	推动年金市场监管的法制化建设，在根据前两个阶段的经验和教训的基础上，完善年金市场监管的组织和制度框架，力图制定并颁布一部具有强大法律约束力的《中华人民共和国年金法》。*
技术革新	推进“金保”工程二期建设，将“金税”工程的功能从“增值税管理监控系统”扩大到“财政税收信息系统”。	初步实现“金保”工程和“金税”工程的信息共享，利用这两大信息系统实现企业年金、职业年金和商业年金市场运行和监管的信息化。*	年金市场的信息完全融入政府强大的电子政务系统和市场高效的交易与服务信息系统之中，技术的进步与革新使年金市场运行和监管更加透明也更加规范。
产品创新	尝试赋予企业年金和职业年金的参加者在投资渠道和比例方面以投资选择权。创新集合年金产品，以“大受托”等形式为客户提供更好的服务。	在年金市场上引入更多的金融保险服务商；推广给予年金参加者以更充分和方便的投资选择权。鼓励金融保险服务商在产品和服务上有更多的创新。	金融保险服务商将在既定的法律法规框架下，逐步形成自己的核心竞争力，为消费者提供更有优势的产品和服务。*

图7-1　未来十年中国年金市场发展战略路线图

注：* 为本阶段的战略重点。

目前，城镇职工基本养老保险非常高的缴费率和较低的替代率形成鲜明的悖论，通货膨胀对养老金购买力的快速侵蚀以及空账问题的久拖不决，国家机关事业单位和企业职工养老保障水平差距过大的严重不公，碎片化养老保障制度导致人力资源市场的分割，以及日益增加的财政补贴，都已经引起社会的广泛关注和激烈论争。在第一支柱独大的现有体系内的修修补补或者试探延迟退休年龄，都不能完全解决问题，这样一个制度与"多层次"、"可持续"的方针背道而驰，已经走到了不得不调整的地步。

实际上，无论是学界还是政界，人们都已经认识到现有养老保险体系结构不合理是诸多问题的一个主要根源，正是第二支柱和第三支柱的薄弱导致民众对城镇职工基本养老保险的期待过高，财政压力有增无减。城镇职工基本养老保险制度承担着过多的社会责任，而其本身又存在若干难以克服的制度缺陷，如安全性和收益性的矛盾无法化解、投资回报率过低、保值增值能力不足、统筹层次低、财政压力大、个人账户资金堆积和不当运用等问题。目前除了调整现有养老保障体系的结构之外，没有其他的路径可走。

理性的做法是开始对养老保障体系的支柱结构进行调整。在这一阶段，深入研究并初步缀合城乡和不同职业人群之间养老保障制度的碎片，有目标、有计划、有步骤地在大的养老保障制度框架内，将城镇职工基本养老保险制度、新型农村社会养老保险制度、城镇居民社会养老保险制度整合起来，勾勒出一个体现政府责任的全民共享的普惠型国民年金制度雏形。逐步降低城镇职工基本养老保险的缴费率，提高作为第二支柱的职业年金和企业年金的保障水平，特别是要明确企业年金、职业年金和商业年金的发展目标，明确三个支柱的替代率水平。

为了提高企业和个人家庭参保的财力、推动第二和第三支柱的发展，除了在养老保障制度框架内对三个支柱进行调整之外，在此阶段还需要逐步降低企业其他社会保险项目的缴费率，比如将若干年来资金结余比较多的工伤保险的缴费率从 0.5% ~2.0% 统一调整为 1%，或者更进一步，根据不同行业的风险状况确定不同的费率标准；将同样资金结余较多的失业保险的缴费率从 3% 左右统一调整到 0.6% 左右①。更科学的方案是组织精算领域的学者根

---

① 失业保险一直是一个"结余多，支出少"的险种，资金闲置浪费现象比较普遍，因此广东、浙江、海南等省市的一些地区曾下调失业保险的缴费率，在一些地方下调缴费率的可行性论证中发现，0.6% 的缴费率是一个能够现实收支平衡的比例。

据多年来失业保险、工伤保险和生育保险的数据进行精算，将三种社会保险的缴费率降到更低的水平。在五项社会保险中，养老保险的比例最大，当前的政策是除职工缴费部分以外，企业需要按职工工资总额的20%左右缴纳基本养老保险费，这是企业社会保险缴费负担沉重的主要原因。目前在空账问题得不到解决、通胀对养老金购买力侵蚀严重的情形下，除非加大财政补贴，否则，大比例地降低城镇职工基本养老保险缴费率是不现实的。因此，比较可行的办法是用四年左右的时间逐步降低基本养老保险企业缴费的比例，保持个人缴费的比例，并研究制订具体的方案，提高个人账户资金的使用效率。

在税制改革方面，用两年左右的时间完成个税递延型养老保险的试点，再用两年左右的时间扩大试点范围，允许企业年金和职业年金保费个人缴费部分一定比例且有上限的税前列支，由单位和个人选择参加企业年金、职业年金或者商业年金，切实增强养老保险第二支柱和第三支柱的支撑能力。与财税部门建立健全综合与分类相结合的个人所得税制和企业所得税制的改革相协调，调整企业年金的企业缴费部分的税收优惠比例。

优化年金市场的监管是我国年金市场健康发展的一个重要保障。在2013～2016年这一战略阶段，需要初步建立并理顺企业年金、职业年金和商业年金制度的监管体系，明确养老保险社会统筹基金、个人账户基金、全国社会保障基金、企业年金、职业年金和商业年金的性质、定位和运作方式，明确人力资源和社会保障部、全国社保基金理事会、财政部、发改委、保监会、证监会和银监会的职责和义务。增加各相关政府部门年金监管人员的数量，提高官员的能力和知识水平，建立包括人力资源和社会保障部、全国社保基金理事会、财政部、发改委、保监会、证监会、银监会等相关部委年金管理的部际联席会议制度，推动年金市场的合规与有序经营，逐渐形成年金专门管理机构的雏形，为成立年金专门监管机构做好准备。

在2013～2016年这一阶段，实施年金市场的技术革新战略具有重要的意义，因为在这个阶段，国家电子政务建设的"两网一站四库十二金"工程①建

---

① "两网"是指政务内网和政务外网；"一站"，是政府门户网站；"四库"，即建立人口、法人单位、空间地理和自然资源、宏观经济等4个基础数据库；"十二金"则是要重点推进办公业务资源系统等12个业务系统。这12个重点业务系统又可以分为3类：第一类是对加强监管、提高效率和推进公共服务起到核心作用的办公业务资源系统、宏观经济管理系统建设；第二类是增强政府收入能力、保证公共支出合理性的金税、金关、金财、金融监管（含金卡工程）、金审5个业务系统建设；第三类是保障社会秩序、为国民经济和社会发展打下坚实基础的金盾、金保、金农、金水、金质5个业务系统建设。

设也将进入一个快速发展时期，"十二金工程"大多已经进入第二期或者第三期建设阶段，十二个工程所形成的"信息孤岛"也将进入初步的战略整合阶段，如果运用得当，"借船出海"也好，"借鸡下蛋"也罢，这样一个大型电子政务信息系统的整合将为年金市场的运行与监管技术提升提供坚实的基础，年金市场可以抓住这一战略机遇，以"金保工程"的信息网络为基地，为年金市场发展营造更好的技术环境。

经过金保工程一期建设，社会保障部门的信息网络和其他部门的信息网络相比已经具备了一定的优势。为了充分发挥其作用，需要将民政部门、人口与计划生育部门、卫生部门、教育部门、统计部门和国家发展改革部门等国家政府部门的信息网络整合起来，在信息管理上彻底打破部门界限，实现科学决策，改变各个政府部门的信息系统各自为政、数据相互矛盾，政府决策在信息盲点中无所适从的状况。

对于年金市场的发展，政府部门的战略选择是关键，但年金市场上金融保险服务商的作用也是不可低估的。除了寄希望于政策环境、监管环境和技术环境的改善之外，金融保险服务商必须重视本身的服务和产品创新战略，金融机构要在年金市场上生存、发展乃至胜出，首先要保证参加其年金计划的客户及管理的年金资产达到一定的规模，而在市场竞争中的吸引力则来自勇于创新之下的核心竞争力，或者投资收益高，或者提供的产品和服务好。在现有的政策约束下，在2013～2016年这一阶段内，金融保险服务商不妨尝试赋予企业年金和职业年金的参加者个人以投资选择，允许参加年金的职工在不同类型和不同风险的投资组合中自由选择。在产品和服务创新方面，一些金融保险服务商的尝试就很有成效，比如泰康养老保险公司所尝试的"大受托"的服务就是很好的范例①；而国寿养老保险公司精心打造托管能

---

① 泰康养老在深入研究国际年金市场先进管理经验的基础上，在业内首创了"大受托"服务模式，通过系统整合、流程整合、技术整合、服务整合进而整合受托、账管、托管、投资四方管理人职责，为客户提供一站式和一体化的企业年金管理服务。泰康养老探索的"大受托"服务模式，力图使每一位泰康的企业年金受托客户只花一份受托管理费，即可同时乐享泰康集受托管理服务、账管信息查询、投管咨询服务于一体的服务。"大信托"的服务模式具有很好的效果。比如，在计划建立及缴费环节，受托人可通过"大受托"管理平台对客户申请进行预处理，过滤出问题后及时反馈客户。这一做法使业务处理反应时效提升50%，外部账管人问题下降50%。通过采用"大受托"管理平台数据对账户管理人的成交后报表进行实质审核，当期发现问题当期予以解决。避免了当期交易的遗漏，保证了交易数据在可控范围之内，解决了常规的受托服务中缺乏对外部账户管理人的成交后报表进行有效审核的工具，如账户管理人的成交后数据出现问题，因为这些问题在当期往往很难发现。在季报或年报发现时，由于已经过若干个计价周期，无法进行回滚处理，极易给客户利益造成损失。

力的做法也很有特色①。

在我们所设计的年金市场发展第一阶段的战略规划中，支柱调整、税制改革、技术革新战略是重点，监管优化和产品创新战略次之，五个战略需要相互配合，协同推进。

（二）第二阶段：2017～2020 年

我们所设计的中国年金市场的第二个战略发展阶段从 2017 年开始，大约到 2020 年结束。在这一时期，老龄化高峰即将来临的迹象已经非常明显，老年人的比例明显增加，基本养老保险的空账问题和资金缺口已经对政府的财政构成相当大的压力，政府、社会、企业和个人家庭都将明显感受到老龄社会带来的诸多变化。如果 2013～2016 年期间我们所设定的第一个阶段的战略由于各种原因未能主动实施，那么，在 2017～2020 年这一阶段，在巨大的养老压力下，第一阶段的战略将被迫展开，但其效果将会大打折扣，这是我们所不希望看到的结果。

如果年金市场发展第一阶段的战略得以顺利实施，2017～2020 年第二阶段发展战略的实施则会顺理成章，水到渠成。第一个战略阶段将为我国年金市场的进一步发展打下牢固的基础，而第二阶段的战略重点也将发生转移。在第二阶段中，监管优化战略成为重中之重，支柱调整和税制改革仍需要继续推进，技术革新和产品创新战略应由政府主导逐渐转变为由市场推动。

在这一阶段，普惠型的国民年金制度基本成型，一张覆盖全体城乡居民、充分体现政府责任和制度公平性的基本养老保障网将担当起基本养老保障的职能。在这一网络之下，包括城乡最低生活保障制度的社会救助制度、社会福利制度（如养老院和农村五保户供养）和优抚安置等为特殊人群或最贫困人群提供保障的制度将为基本养老保障起到查缺补漏的作用。

在这一阶段年金市场的发展与改革中，仍需要继续调整养老保险体系的

---

① 国寿养老自主研发了国内首个专业养老金精算咨询系统，能够为客户提供方便快捷的精算咨询服务，为企业量身定制企业年金计划，满足企业的个性化、多样化、差异化需求。公司以专业的受托管理能力为核心，以完善的受托管理系统为平台，以科学的监管机制为基础，以严密的风险控制为保障，从受托年金资产的安全、高效管理出发，制定符合市场、贴近企业的资产配置策略，对各运营机构进行有效管理、实时监督、完全评估，整合企业年金服务流程与价值链，为客户提供完整全面的企业年金计划管理服务。

内部结构，继续降低城镇职工基本养老保险的缴费率，使之达到并维持在一个合理的水平。在企业年金、职业年金初步整合为统一制度的同时，替代率要有较大幅度的提高，继续推动商业年金市场的发展并保持其繁荣稳定，这一阶段养老保障体制支柱调整的目标是达到第一阶段所设定的三个支柱各自的替代率水平。

从中国财税体制改革的规划来看，在2017~2020年这一阶段，财税体制改革应该已经取得了一定成果，综合与分类相结合、综合考虑家庭收入和支出的个人所得税制改革、企业营业税改增值税的改革以及其他的结构性减税措施，将为本阶段年金市场的发展提供更好的条件。在这个阶段，个税递延型的商业年金试点已经结束，可以再用1~2年左右的时间推广到所有地区行业的应保人群，在法规层面上确定企业年金、职业年金、商业年金的税优比例和适格的缴费上限，明确退出年金账户的税优返还制度，在经济条件允许的情况下，还应考虑提高企业年金和职业年金保费个人缴费部分税前列支的上限，同时给商业个人年金的税收优惠以更大的空间。

在年金市场的监管优化战略方面，在此发展阶段，可以考虑在企业年金监管部级联席会议的基础上，整合分属于各个政府部门的年金市场的监管资源，着手建立专门的年金市场监督管理机构，明确年金市场监管机构的职责、权利与义务，梳理并改进有关年金市场发展的各项法律法规，实现年金市场的综合化和专业化管理。

这一阶段的技术革新战略的重点仍然是年金市场运营和监管的信息化，基本实现"金保工程"和"金税工程"的信息共享。按照"金税工程"三期的建设规划①，两个信息网络已经具备了对接的条件，对接后就利用这两大信息系统实现基本养老保险、企业年金、职业年金和商业年金市场管理的信息化。年金市场监管部门即可以借助年金市场专业监管机构的资源和优势，充分利用国家联网的电子政务系统，并在其中发挥比较关键的作用。

在我们所设计的年金市场发展战略的第二阶段中，年金市场发展所必需

---

①　金税工程三期是在对金税工程二期四个子系统进行功能整合、技术升级和业务与数据优化的基础上，进一步强化征管功能，扩大业务覆盖面，形成有效的、相互联系的制约和监控考核机制。金税工程的三期项目的目标是将系统功能拓展到一般纳税人认定、发票发售、纳税评估等业务环节，建成一个业务覆盖全面、功能强大、监控有效、全国联网运行的税收信息管理系统，加强税务部门与其他部门，如工商、银行、外贸、海关、质监、公安、统计等系统的信息共享，实现跨部门的网络互联，加快电子政府工程的进程。

的政策、经济、技术和法制条件的改善将为金融保险服务商的产品创新创造出更好的条件。在年金产品和服务创新方面，美国的金融保险服务商提供了很好的典范。美国信安金融集团的数据显示，为了给美国 6 000 万 65 岁以上老年提供有效的养老保险，2011 年，信安集团为市场提供了 1.6 亿美元的变额年金、0.36 亿美元的固定收入年金、0.32 亿美元的指数年金和 0.08 亿美元的即期年金。信安金融集团以丰富的产品和服务，在美国的年金市场创造了核心竞争力。同样，在这个阶段中，监管部门有必要在年金市场上引入更多的金融保险服务商，鼓励金融保险服务商在产品和服务上有更多的创新。中国年金市场上的金融保险服务商也应当创造出自己的优势产品和服务，比如推广给予年金参加者以更充分和方便的投资选择权的做法，以市场竞争的力量推动年金市场的健康发展。

（三）第三阶段：2021～2023 年

2021～2023 年，中国已经跨入老龄化高峰的前期。如果在这个阶段多层次的养老保障制度仍然没有建立起来的话，再去补救为时已晚，社会终将为此付出巨大的代价。

如果我们所设计的前两个阶段的年金市场发展战略进展比较顺利的话，这个阶段的年金市场已经初具规模，养老保障体系中的第二和第三个支柱在年金市场的发展壮大中，已经初步具备应对老龄化高峰的能力。

当然，为保证中国安然度过老龄危机，这一阶段年金市场发展战略的实施也是非常重要的。如果措施得当，既可以进一步夯实我国年金市场发展的基础，也可以为未来年金市场的发展提供更强大的动力和保证。在这一阶段，年金市场应该实现市场竞争和政府监管的完美结合，因此，此阶段的战略重点是监管优化和产品创新。

在养老保险体系的结构调整战略中，在这个阶段要完成企业年金和职业年金制度的统一，形成结构合理的三个支柱的养老保障体系，体现政府责任的基本养老保险、体现雇主责任的企业（职业）年金、体现个人责任的商业年金各司其职并协同发展，在制度上形成多层次一体化的养老保障制度，构筑起坚固的堤坝，迎接中国老龄化高峰的到来。

在我们所设计的促进年金市场发展的第三个战略阶段，税制改革仍具有重要的战略地位。这个阶段的重点在于根据前两个阶段的经验和教训实现税法上的突破，其战略目标是：与国家的税收体制改革相协调，在经济条件允许的情况下，扩大年金市场的税收优惠比例，修改和完善有关年金的税收制度，并以法律的形式确定企业（职业）年金和商业年金的税制，在公平与效率兼顾的基础上，进一步促进年金市场的持续发展。

在这一阶段的年金市场监管优化战略中，战略重点应是推动年金市场监管的法制化建设，在总结前两个阶段年金市场监管的经验和教训的基础上，进一步完善年金市场监管的组织和制度框架，力图制定并颁布一部具有强大法律约束力的《中华人民共和国年金法》。

当今世界，信息化技术的发展可谓一日千里，以我们当前的知识背景去规划若干年之后的技术革新战略是缺乏实际意义的，因此，企业年金市场发展第三阶段的技术革新战略只能是一个大致的思路或者愿景而已：届时，年金市场的信息应该是能够完全融入政府强大的电子政务系统和市场高效的交易与服务信息系统之中，技术的进步与革新使年金市场运行和监管也更加透明和规范。

在年金市场经过两个战略阶段的发展后，尤其是当养老保障体系的结构调整和与年金市场发展相关的税制改革已经完成、监管的组织和制度构架已经建立，信息化建设已经达到一个较高的水平之后，政府将从年金市场发展中的主导地位退居到次要地位，政府主要做的是根据市场的发展进行必要的政策微调，以及市场行为的合规性监管①、年金的偿付能力监管等。与此同时，金融保险服务商的产品和服务创新将在年金市场的发展中上升到主导地位，金融保险服务商将在既定的法律法规框架下，借鉴信安金融集团等发达国家的金融保险服务商的经验②，根据我国年金市场的发展环境，逐步形成自己的核心竞争力，为消费者提供更有优势的产品和服务。

结　语

根据本书前面各章的分析结论，本章在分析国际社会保障制度和中国养老保障制度发展趋势的基础上，探讨了中国年金市场发展所需的几个重要条

---

① 　主要包括年金替代率、参加者年龄、资金流动性、信息披露要求、破产要求和税惠的适格性等方面的监管。

② 　信安金融集团等美国年金市场的金融保险服务商通过独立的理财顾问来销售退休金产品的经验就很有特色。目前全美约有32.5万注册的金融产品理财顾问，其中7万人专业致力于销售退休金产品。金融保险服务商通过中介服务模式，服务于小企业和雇主非常有效。

件，并设计了 2013~2023 年中国年金市场三个发展阶段中的五大战略：养老保障体系的支柱调整战略、税制改革战略、监管优化战略、技术革新战略和产品优化战略。年金市场的建立、发展与改革是一个复杂而宏大的工程，它需要学界、业界和监管部门各方以谨慎的态度、科学的思维和探索的精神来共同破译。我们在此进一家之言，提供一些可资参考的战略思路，为中国年金市场的健康发展，为应对即将到来的中国人口老龄化高峰，提供决策参考。

本章参考文献：

1. ［美］斯科特·哈林顿等著，陈秉正、王珺、周伏平等译：《风险管理与保险》，清华大学出版社 2001 年版。

2. 刘昌平、徐裕人：《中小企业集合年金计划研究》，载《中国社会保险研究》2012 年第 1 期。

3. 孙祁祥、郑伟等：《中国社会保障制度研究——社会保险改革与商业保险发展》，中国金融出版社 2005 年版。

4. 孙祁祥、郑伟等：《经济社会发展视角下的中国保险业——评价、问题与前景》，经济科学出版社 2007 年版。

5. 孙祁祥等：《中国保险市场热点问题评析》（有关各年），北京大学出版社 2004、2006、2007、2008、2009、2010、2011 年版。

6. 锁凌燕：《转型期中国城镇医疗保险体系中的政府与市场——基于城镇经验的分析框架》，北京大学出版社 2010 年版。

7. 王国军：《中国社会保障制度一体化研究》，科学出版社 2011 年版。

8. 郑秉文主编：《中国养老金发展报告 2011》，经济管理出版社 2011 年版。

9. 郑功成：《中国社会保障改革与发展战略（养老保险卷）》，人民出版社 2011 年版。

10. Ponds, E., C. Severinson and J. Yermo, 2011, "Funding in Public Sector Pension Plans: International Evidence", OECD Working Papers on Finance, Insurance and Private Pensions, No. 8, OECD Publishing.

11. Murray, M. L., 1976, "The Theory and Practice of Innovation in the Private Insurance Industry", *Journal of Risk and Insurance*, 43, pp. 653 – 671.

图书在版编目（CIP）数据

中国养老年金市场：发展现状、国际经验与未来
战略/孙祁祥，郑伟等著．—北京：经济科学出
版社，2013.3

ISBN 978 - 7 - 5141 - 3088 - 1

Ⅰ．①中…　Ⅱ．①孙…②郑…　Ⅲ．①退休金 -
研究 - 中国　Ⅳ．①F249.213.4

中国版本图书馆 CIP 数据核字（2013）第 042421 号

责任编辑：齐伟娜
责任校对：隈立娜
版式设计：代小卫
技术编辑：李　鹏

中国养老年金市场
——发展现状、国际经验与未来战略
孙祁祥　郑　伟　等著
经济科学出版社出版、发行　新华书店经销
社址：北京市海淀区阜成路甲 28 号　邮编：100142
总编部电话：88191217　发行部电话：88191540
网址：www. esp. com. cn
电子邮件：esp@ esp. com. cn
北京欣舒印务有限公司印装
787×1092　16 开　20. 25 印张　320000 字
2013 年 3 月第 1 版　2013 年 3 月第 1 次印刷
ISBN 978 - 7 - 5141 - 3088 - 1　定价：45. 00 元
（图书出现印装问题，本社负责调换，电话：88191502）
（版权所有　翻印必究）